프스코프 주 이야기:

변방의 요새에서 북서 러시아의 관문으로

한국외국어대학교 러시아연구소
HK연구사업단 러시아연방총서 2

프스코프 주 이야기:
변방의 요새에서 북서 러시아의 관문으로

HUFS BOOKS

프스코프 주 이야기

머리말

국내 독자들 대부분에게 프스코프(Псков)는 낯선 곳일 것이다. 러시아 전문가들에게도 프스코프는 그리 잘 알려진 곳은 아니다. 모스크바의 크레믈린이나 상트페테르부르크의 겨울궁전같이 러시아를 상징하면서 전 세계적으로 유명한 명승고적이 있는 곳도 아니다. 그렇다고 우랄 지역처럼 각종 중공업과 제조업 시설이 몰려있는 지역도 아니다. 쿠르스크나 볼고그라드처럼 제2차 세계대전의 격전지도 아니고, 사할린, 블라디보스토크처럼 한국과 가까운 거리에 있는 낯익은 러시아 지역도 아니다. 프스코프는 러시아연방의 북서쪽 국경지대로서 서쪽으로는 에스토니아, 라트비아, 남서쪽으로는 벨라루스와 국경을 접하고 있다. 주변에서 가장 가까운 대표적 도시는 상트페테르부르크로, 프스코프에서 북동쪽으로 약 280km 떨어져 있다.

그럼 왜 이처럼 별 특색 없는 프스코프 지역에 대해서 알아야 하나? 한 국가의 변방에 있는 오지라도 사실 나름대로 '특색' 없는 지역은 없다. 국가 전체에 대한 경제적, 산업적 기여도가 높지 않더라도 한 국가를 이루는 구성주체로서 그 지역만이 해낼 수 있는 역할이 있다. 물론 다른 나라와 비교해 러시아는 사회, 경제적 발전 측면에서 중앙과 지방의 차이가 너무 많이 나고 거의 '모든 것'이 모스크바, 상트페테르부르크와 같은 '중앙'에 집중되어 있어 지방에 대해 잘 몰라도 러시아를 어느 정도 이해할 수는 있다. 하지만 앞으로는 그렇지 않을 것이다. 20세기 말 소련이 해체되고 냉전이 종식된 이후 거대한 러시아가 열리기 시작하고 전 세계적으로 글로벌화, 글로컬화, 탈경계화가 가속되면서 러시아의 지방이 바깥세상에 점점 더 노출되고 있다. 이제는 모스크바, 상트페테르부르크만 알아서는 '수박 겉핥기'식 이해가 되는 날이 오고 있다. 최근 한 언론기사는 한국의 한 중소기업이 중국 지방 도시에 진출한 후 그 지방의 역사적 인물의 동상을 세움으로써 지역 사회로부터 큰 호감을 얻어 비즈니스에 성공한 사례를 소개한 적이 있다. 글로벌화가 세계 여러 나라 지방으로 확산되는 이 시기에 아이러니하게도 지역주의는 더욱 강화되고 있다. 이러한 점에서 러시아에 대해서도 이제까지 소홀히 했던 지방에 대한 이해를 제고해야할 때가 온 것이다.

"러시아가 여기에서 시작되었다"는 프스코프 주 공식사이트의 문구처럼 프스코프 주는 러시아에서 몇 안 되는 천년고도가 위치한 곳이다. 이 지역이 러시아 역사 기록에 처음 등장한 것은 903년으로 노브고로드 지역에 러시아 최초의 국가가 성립된 것으로 알려진 862년으로부터 약 한 세대 이후이다. 이는 곧 프스코프 지역이 러시아 국가 발전과 역사, 문화 형성에서 중요한 역할을 한 지역임을 의미한다. 이런 점에서 프스코프 지역에 대한 이해는 러시아를 이해하는 데도 중요하다. 이외에도 한국이 프스코프에 대해서 잘 알아두어야 하는 이유도 물론 있다. 프스코프 지역은 지정학적·지경학적 측면에서 본다면 러시아에서 유럽으로 들어가는 관문으로 볼 수 있다. 물론 유럽에서 러시아로 들어가는 관문이기도 하다. 2009년 러시아 상품의 약 1/3이 프스코프 지역을 통해서 유럽으로 수출되었다. 향후 한국 물품이 시베리아 횡단철도를 거쳐 유럽으로 수출될 때 바로 이 프스코프 지역을 통과하게 될 것이다. 또한, 최근 한국의 자동차 제조 및 부품 공장이 상트페테르부르크 인근에 설립된 예를 통해 보듯이 러시아와 유럽 수출의 전초 기지를 프스코프 주에 세워야 할 경우도 생길 것이다. 그러기 위해서는 먼저 프스코프 지역의 다양한 면모와 특성에 대해서 알아야 할 것이다. 이 책은 이와 같은 점들을 염두에 두고 집필되었다.

이 책을 집필하면서 필자가 특히 중점을 둔 점은 다음과 같다. 첫째, 프스코프 지역을 총체적으로 소개하면서 동시에 가능한 한 단순 편람식의 내용과 구성을 피하고자 했다. 이를 위해서 프스코프 지역의 정치·경제·역사·사회·문화 등의 영역을 골고루 다루면서 동시에 각 영역에 대한 정보를 평면적으로 소개하는 것에서 한 걸음 더 나아가 해당 지역이 지니고 있는 정치·경제·사회·문화·역사적 특성, 문제점, 당면 현안 등에 대한 '분석'을 제공하고자 하였다. 둘째, 프스코프 지역의 사례를 통해 러시아연방 전체의 상황을 이해할 수 있도록 하였다. 이를 위해 곧 프스코프 지방의 경우만 소개, 분석하지 않고 프스코프가 속한 북서연방관구 그리고 러시아연방 전체의 사례도 제공함으로써 독자들이 프스코프 지역을 러시아연방 전체 맥락 속에서 자리매김할 수 있도록 하였다. 아울러 국가 전체의 상황과 프스코프 지역의 경우를 비교 고찰할 수 있게 하여 지방의 사례와 경험이 국가 전체의 상황과 어떻게 상이하고 유사한가를 보여주고자 하였다.

러시아와 같이 거대한 영토를 지니고 강력한 중앙집권적 제도를 지닌 국가를 연구할 때 '숲'과 '나무'를 동시에 보면서 비교하고, 지방의 사례를 통해 전체 국가의 상황을 고찰하는 것은 무척 중요하다고 생각한다. 왜냐하면, 겉으로 보기에 중앙이 모든 것을 통제하는 것 같고, 국가 전체가 중앙에서 발견되는 몇몇 특성이나 경향에 의해 통일된 것처럼 보이지만 사실은 그렇지 않은 경우가 많기 때문이다. "러시아에는 두 개의 러시아가 있다. 하나는 모스크바이고 또 하나는 모스크바 밖의 러시아이다"는 말이 있다. 필자는 이 말을 '모스크바 밖의 러시아'에서 직접 체험 할 기회가 있었다. 2000년대 초반 우랄의 마그니토고르스크를 방문했을 때 만난 한 인사는 "모스크바는 러시아가 아니다"고 말했다. 모스크바나 상트페테르부르크 같은 몇 개 대도시가 러시아 전체를 대변하는 것이 아니라는 말이다. 지방은 모스크바와 다르다는 의미이다. 이런 점을 고려할 때 러시아 지방에 대한 연구는 다음과 같은 이유에서 중요하다고 생각한다. 첫째, 러시아를 이해하는 데에 중앙에 편중되지 않은 균형 잡힌 시각을 제공해 줄 것이고, 둘째, 중앙의 사례를 마치 러시아 전체의 상황으로 획일화, 단순화, 일반화하는 것을 피할 수 있게 해 줄 것이다. 결과적으로 러시아 지방 연구는 러시아를 더욱 깊이 그리고 정확히 이해하는 데 일조할 것이고, 앞으로 우리가 러시아에 대한 정치, 경제, 사회, 문화, 외교적 접근을 취할 때 큰 자산이 될 것이다.

이 책을 완성하기 위해 많은 분으로부터 도움을 받았다. 본인의 전공분야 밖의 영역 집필 시에 조언을 해주고 자료를 제공해준 한국외대 러시아연구소 HK팀원들은 다양한 분야의 전문가들과 함께 같은 공간에서 일한다는 것이 얼마나 큰 자산인가를 새삼 깨닫게 해주었다. 이 외에도 집필에 필요한 자료를 신속하게 입수해준 한국외대 도서관 직원 여러분은 물론, 유용한 인터넷 자료를 성실하게 찾아준 한국외대 러시아연구소의 이진실, 이창길 조교에게도 감사의 마음을 전한다. 또한, 경제 관련 단원에 대해 논평을 해준 국민대 김상원 교수님과 자진해서 선뜻 원고를 읽어준 한국외대 러시아연구소 김준석 박사에게도 고마움을 전한다. 아울러 인내심을 가지고 원고의 완성을 기다려주신 한국외국어대학교 출판부 탁경구 팀장님께 감사드린다.

이 책은 한국외국어대학교 러시아연구소 HK(인문한국) 아젠다 '러시아 인문공간의 한국적 재구성'(KRF-2009-362-B00005)의 연구 결과물로 러시아 북서쪽 국경지역에 대한 연구이다. 이 책이 기업이나 지자체 또는, 개인이 프스코프 지역과 향후 인연을 맺고자 할 때 유용하게 사용되기를 바란다.

2012년 6월
송준서

목차

프스코프 주 이야기:

변방의 요새에서 북서 러시아의 관문으로

러시아어 표기 원칙

• 러시아어의 한글표기는 '국립국어원(http://www.korean.go.kr)'의 외래어표기법을 따랐다. 단, 일반적으로 널리 알려져 쓰이는 용어는 통례에 따라 표기하였다.

• 러시아 행정 구역 명을 한글로 옮길 때 주(州, область) 단위 이상은 어미를 제외하고 원명을 찾아 기록하였고, 그 이하 단위는 어미를 모두 살려 표기하였다. 자연 지역 명을 표기할 때도 대규모 단위는 원명을 찾아 기록하였지만, 소규모 단위는 어미를 모두 살려 표기하였다. 단, 일반적으로 널리 알려져 쓰이는 용어는 통례에 따라 표기하였다.

• 각종 편집 기호와 각주 및 참고문헌 작성 방식은 한국외국어대학교 러시아연구소 학술지『슬라브硏究』편집규정에 따랐다.

I

서론:

국내외 학자들은 프스코프 지역에 대해 이제까지 큰 관심을 기울이지 않았다. 그 이유 중 하나는 프스코프 지역이 그동안 정치, 경제적으로 주목을 받을만한 특이점을 지니고 있지 않기 때문이었다. 지정학적으로 소련의 서쪽 국경에 위치해 있어 전략적 이유로 소련 지도부는 프스코프 지역에 주요 산업시설을 육성하지 않았다.[1] 실제로 프스코프는 제1차, 2차 세계대전 시에 독일군에 점령된 경험이 있는데, 1차 대전 때에는 1918년 2월부터 11월까지, 제2차 대전 때에는 1941년 7월부터 1944년 7월까지 만 3년간이나 독일군 점령하에 있었다.[2] 과거 적군에게 점령당한 경험이 있는 프스코프 지역에 소련 지도부는 전략적 차원에서 중공업보다는 경공업 시설을 주로 육성하였다. 따라서 이 지역에 전화기, 통신장비, 라디오 장비, 인조섬유 등의 생산시설이 들어서게 되었다.[3] 소비에트 시절 그나마 이 같은 경공업 공장이 도시 경제를 지탱하고 있었지만, 소련 해체로 인한 소비에트 생산체계의 붕괴로 이 공장들은 거의 파산 직전에 이르게 되었고 1990년대 지역 경제는 특히 어려운 국면을 맞았다. 2000년대 들어서서 1990년대보다는 경제 상황이 호전되었으나, 그다지 만족스러운 상황은 아니다.

비록 경제·산업적으로 프스코프 지역은 러시아 전체 경제 성장에서 차지하는 비율이 그다지 높지 않지만, 오늘날 러시아를 이해하는 데 이 지역의 경험은 여러 가지 분석 프리즘을 제공해 준다. 첫째, 역사·문화적 측면에서 볼 때 오늘날 러시아에서 정교의 사회적, 정치적 영향력이 나날이 중요성을 더해 가고 있는데, 프스코프 지역은 러시아 정교의 발전과 확산에 깊이 연관되어있는 곳이다. 이런 점에서 오늘날 러시아에서 정교의 위상과 국가 정체성 그리고 러시아 민족주의를 이해하는 데 많은 도움을 줄 것이다. 사실 프스코프는 10세기 중반 최초로 기독교를 수용한 러시아 지도자 올가 공후(княгина Ольга, 890(?)-969)의 고향이다. 더구나 올가 공후의 손자 블라디미르(Владимир)는 988년 마침내 정교를 러시아 최초의 국가 키예프 루시(Киевская Русь)의 국교로 선포한 인물이다.[4] 또한, 올가 공후는 여성으로서는 최초로 16세기 중반 러시아 정교회에 의해 사도와 동급의 성인으로 시성된 인물이기도 하다. 러시아 최초로 기독교 세례를 받은 지도자이자, 최초의 여성 성인 올가 공후가 프스코프 출신이라는 것은 최근 우크라이나와 국가 기원에 대해 날 선 논쟁을 벌이고 있는 러시아에게는 무척 중요한 사실이다. 우크라이나는 소련 붕괴 이후 독립한 이래 새로운 국가 정체성 수립과 상징을 만들어내는 데 국가적 차원에서 상당한 노력을 기울이고 있다.[5] 이 과정에서 우크라이나 정부와 사학자들은 키예프 루시를 러시아가 아닌 우크라이나 최초의 국가로 간주하고, 988년을 러시아가 아닌 우크라이나 기독교 개종의 해로 간주하면서 러시아와 마찰을 빚고 있다.[6] 러시아 정부와 학자들은 키예프 루시를 우크라이나만의 국가가 아닌 러시아인, 우크라이나인, 벨라루스인과 함께 '대러시아 공동체'를 이루며 살았던 시기로 간주하면서 우크라이나의 독자적인 역사 해석에 반대한다.[7] 이런 상황에서 프스코프 지역의 역사와 문화에 대한 연구는 오늘날 러시아 정치문화와 사회의 특성, 더 나아가 국가 정체성을 이해하는 데에 중요한 단초를 제공해줄 것이다.

둘째, 러시아 영토 북서부 국경지역에 있는 프스코프 지역은 오늘날 러시아 국경지방이 처한 정치·경제적 딜레마와 국경지방의 특수성에 대해 잘 보여줄 것이다. 보통 국경지역은 '프론티어,' '변방'의 의미를 내포함으로써 '중앙'에서 멀리 떨어진 개발이 덜 된 지역으로 인식되는 경우가 많다. 국경지역은 종종 인접한 외국과 교역을 통해 지역 경제의 활로를 모색한다. 그런데 만약 일국의 중앙이 안보 문제 등으로 인접국과 관계가 좋지 않다면 그들 국가와 접해있으면서 교역을 해온 국경지역은 중앙과 마찰을 일으키게 된다. 지역 이익을 위한 인접국과의 협력강화와 중앙의 눈치 보기 사이에서 국경지역은 늘 신중하게 저울질을 해야 하는 처지에 놓이게 된다.[8] 그 뿐만 아니라 이들 지역은 국경과 접해있기 때문에 역사적으로 외침을 자주 받아 왔고 그 결과 여타 지역보다 강한 민족주의 성향을 보이기도 한다. 프스코프 지역에 대한 연구는 국경지역이라는 지정학적 위치가 해당 지역의 정치, 경제, 사회, 문화적 특성에 어떠한 영향을 미치는지 보여줄 것이다.

셋째, 프스코프 지역이 당면해 있는 사회·경제적 문제점의 많은 부분은 오늘날 러시아 국가 전체가 지니고 있는 문제점과 많은 점에서 유사하다. 무엇보다도 인구감소문제는 러시아연방 전체가 당면한 문제로 국가적 맥락에서 고찰되어야 하며, 프스코프 주의 비교적 낮은 삶의 질과 산업 생산성 등은 현재 러시아 지방이 처해있는 문제점들을 대표적으로 보여주기도 한다. 사회적 측면에서 보았을 때, 1990년대 이후 프스코프 지역 시민사회의 특성에 대한 고찰은 2011년 12월 러시아 총선과 2012년 3월 대선을 전후해서 나타난 러시아 중산층의 민주주의에 대한 갈망 표출과 최근 러시아 시민사회의 변화를 이해하는 데 도움을 줄 것이다.

이 책에서 필자는 프스코프 지역의 정치, 경제, 사회, 문화, 역사적 특성을 살펴보고 그 특성을 러시아 전체의 큰 틀 속에 자리매김하는 작업을 통해 프스코프 주가 가진 특수성과 보편성을 살펴볼 것이다. 이를 통해 획일화되고 단순화된 국가 단위의 접근법으로는 잘 드러나지 않았던 보다 다양하고, 역동적인 러시아 인문 공간의 모습을 좀 더 정교하고 구체적으로 구현하고자 했다.

프스코프 주 이야기

II

개관:
유럽과 러시아 사이의 국경지대

1. 자연환경

• 위치

프스코프 주의 면적은 55,399㎢로 한국(남한)의 절반 크기이다. 전라남북도, 경상남북도 그리고 충청북도를 합한 면적과 비슷하다. 면적 기준으로 83개 러시아연방주체 중 48위에 올라있다. 행정구분 상 러시아연방의 8개 관구 중 북서관구에 소속된 주로서 행정 수도는 프스코프 시이다. 행정 경계로는 동쪽으로 레닌그라드 주(Ленинградская область), 노브고로드 주(Новгородская область), 트베리 주(Тверская область), 스몰렌스크 주(Смоленская область)와 경계를 맞대고 있으며, 서쪽 국경에는 벨라루스, 유럽연합(EU) 회원국인 에스토니아와 라트비아와 국경을 맞대고 있다. 에스토니아와는 270㎞의 국경을 맞대고 있고, 라트비아와는 214㎞, 벨라루스와는 305㎞의 국경을 마주하고 있다.[9)]

프스코프 주의 위치는 프스코프 주 정부가 투자 유치를 위해 선전하는 가장 중요한 요건 중의 하나이다. 프스코프 주는 상트페테르부르크, 모스크바는 물론 에스토니아, 라트비아, 리투아니아 등 발트 해 국가들의 주요 도시와 인접해 있고, CIS권 국가인 벨라루스, 우크라이나의 주요 도시와도 가까운

[표 1] 프스코프 시로부터 주요 도시 간 거리[10)]

도시 (국명)	거리 (km)
탈린 (에스토니아)	254
리가 (라트비아)	274
상트페테르부르크 (러시아)	280
민스크 (벨라루스)	480
모스크바 (러시아)	689
헬싱키 (핀란드)	700
키예프 (우크라이나)	780
스톡홀름 (스웨덴)	860
베를린 (독일)	1,200
브뤼셀 (벨기에)	1,740

편이다. 프스코프 주의 수도 프스코프에서 주요 도시와의 거리는 표1에서 보는 것과 같다. 국경 지대에 있는 덕분에 프스코프 지역은 러시아 북서 지역 교통의 요지라고 할 수 있는데, 프스코프 지역으로 발트 해 국가의 주요 도

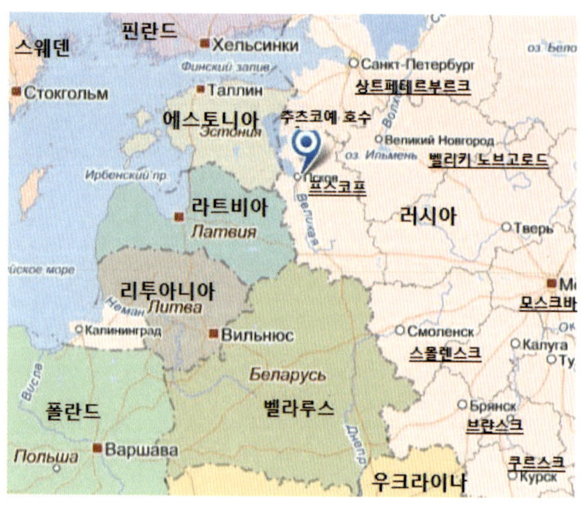

[그림 1] 프스코프와 인근지역[11)]

[표 2] 프스코프 지역을 관통하는 주요 도로 및 철도[12)]

	구간
도로	모스크바-르제프-벨리키예 루키-리가(라트비아) [M9 고속도로]
	상트페테르부르크-프스코프-네벨-비첩스크(벨라루스) [M20고속도로]
	상트페테르부르크-프스코프 주-키예프-오데사(우크라이나)
철도	상트페테르부르크-프스코프 주-키예프-빌니우스(리투아니아)
	모스크바-프스코프 주-리가
	상트페테르부르크-프스코프 주-오데사
	상트페테르부르크-프스코프 주-리보프(우크라이나 서부)
	상트페테르부르크-프스코프-빌니우스(리투아니아)-칼리닌그라드
	상트페테르부르크-프스코프-리가(라트비아)

시는 물론 우크라이나, 벨라루스의 도시까지 연결되는 도로와 철도 노선이 관통하고 있다.

• 지리

프스코프 주는 동유럽평원의 북서지역에 위치하고 있어 낮은 구릉이 펼쳐져있는 지형으로 평균 고도는 해발 110m 이다. 프스코프 주 내 3대 고지대로는 북쪽의 루시스카야 고지대(Лужская возвышенность), 중부의 수돔스카야(Судомская), 그리고 남부의 베자니츠카야(Бежаницкая) 고지대가 있다. 이들의 고도는 200-300m 내외로 각각 코체부시 산(гора Кочебуж, 204m), 수도마 산(гора Судома, 293m), 그리고 로브노 산(гора Лобно, 339m)으로 불리는 최고봉이 있다. 반면 프스코프 주의 가장 낮은 지대는 프스콥스코-추츠코예 호수(Псковско-Чудское озеро) 연안으로 해발 30m 정도의 높이이다. 서쪽 지역의 저지대는 벨리카야 강(река Великая) 주변이며, 동쪽은 주에서 두 번째로 중요한 수원인 로바티 강(река Ловать)이 흐르는 프리일멘스카야 저지대(Приильменская изменность)이다. 북쪽으로는 루시스카야

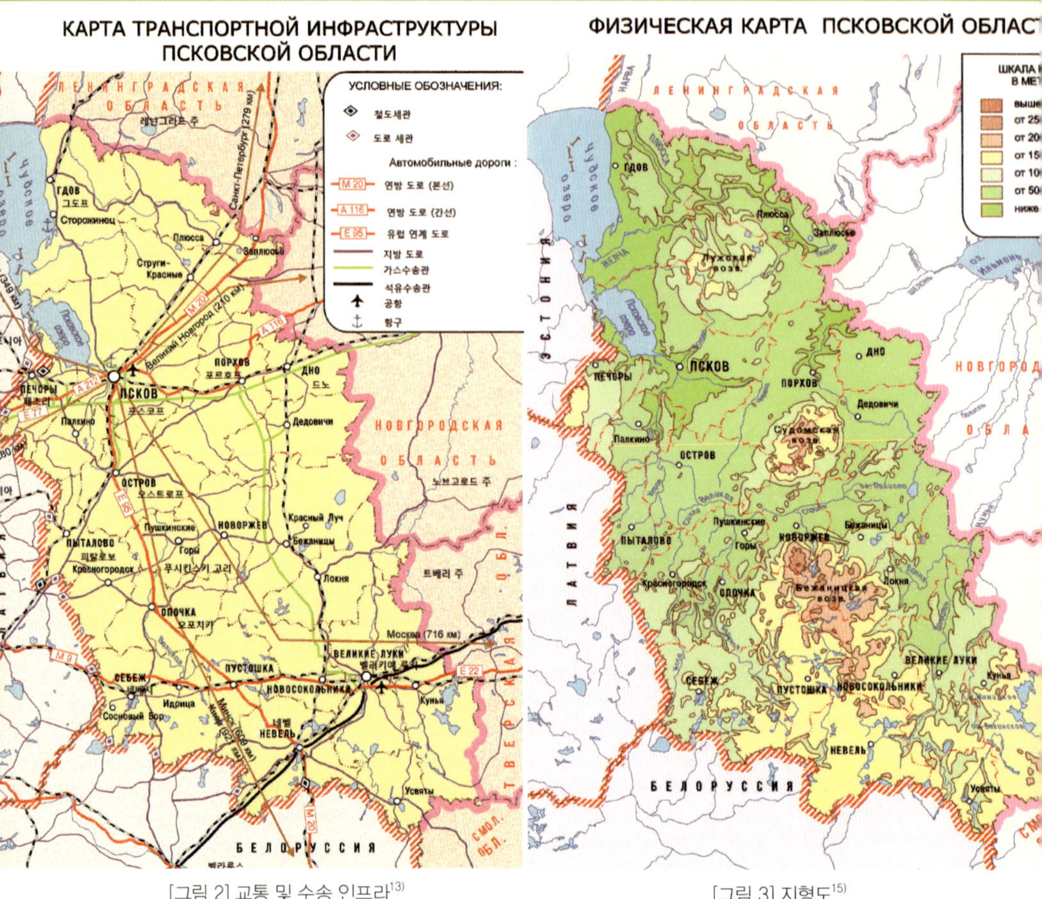

[그림 2] 교통 및 수송 인프라[13]

[그림 3] 지형도[15]

고지대와 수돔스카야 고지대 사이에 힐롭스카야(Хиловская) 저지대가 위치하며, 주 내의 중부지대에는 수돔스카야와 베자니츠카야 고지대 사이에 소롯스카야(Соротская) 저지대가 위치한다. 주 내의 가장 북쪽 지대에는 플류스코-루시스카야 저지대(Плюсск-о-Лужская низменность)가 있다.[14]

프스코프 주 전체 면적의 38%는 산림지대로 이루어져있다. 전체 산림 면적의 45%, 즉 20,685㎢ 중 12,135㎢는 침엽수림이고, 34.5%, 즉 8,550㎢는 활엽수림이다.[16] 이외에도 프스코프 지역 면적의 10%는 습지대로 이루어져 있다. 침수 지역을 포함한다면 습지대 면적은 프스코프 주 전체 면적의 16%(약 8,500㎢)를 차지한다. 프스코프 주의 6%(3,130㎢)는 담수지역으로, 이 지역

[그림 4] 프스코프 시를 가로지르는 벨리카야 강[19]

에는 약 3,700여 개의 호수가 존재한다.[17] 이들 호수 중 가장 큰 것은 프스콥스코-추츠코예 호수(Псковско-Чудское озеро)로 유럽 전체에서 규모면에서 3번째로 큰 호수로서 30여개의 크고 작은 강들이 이 호수로 흘러들고 있다.[18] 프스코프 지역은 크고 작은 강이 많이 있다. 이 지역을 흐르는 주요 강으로는 로바티 강(530m), 벨리카야 강(430m), 플류사 강(река Плюсса, 281m), 셸론 강(река Шелонь, 248m) 등을 들 수 있다.

프스코프 주는 특히 버섯과 베리 류(블루베리, 크랜베리, 월귤)의 열매가 풍부하고 약초도 많이 나는 것으로 유명하다. 또한, 프스코프 지역에는 야생 동물 21종이 서식하고 있는데, 그중엔 값진 모피로 사용되는 비버, 담비, 수달, 밍크 등이 있고, 이외에도 사슴, 멧돼지, 토끼, 여우 등이 있다. 새들도 다양하게 서식하고 있는데 그중 뇌조 류가 가장 흔하다. 이외에도 뱅어, 송어, 잉어, 농어, 청어류의 고기가 강, 호수 등지에 서식한다.[20]

• 천연자원

프스코프 지역에서 가장 값진 천연자원 중 하나는 건축용 자재로 쓰이는 것들이다. 석회암, 모래자갈, 백운암, 이회토, 석고, 진흙 등을 예로 들 수 있다.[21] 특히 건축용 벽돌을 만드는데 사용되는 저온에서 녹는 진흙의 보유량은 2,500만m³에 달한다. 프스코프 주는 특히 유럽 러시아 지역에서 가장 풍부한 양의 토탄-또는 이탄(泥炭)-을 가지고 있다. 토탄은 이끼나 식물이 늪지대나 못의 물밑에 쌓여서 생기는 것으로 매몰된 기간이 오래되지 않은 석탄을 일컫는 것으로 주로 비료나 연탄 같은 연료로 많이 쓰인다. 프스코프 주에는 5백63만 톤의 토탄이 매장되어있으며 329군데의 채굴지가 있다. 토탄 채굴지로는 베자니츠키(Бежаницкий), 그돕스키(Гдовский), 세베시스키 군(Себежский район)이 유명하다.

주 전체에 완만한 구릉이 펼쳐져 있고 상당한 면적이 활엽수와 침엽수의 혼합 산림으로 뒤덮여 있으므로 목재는 프스코프 주의 대표적 자연 자원 중의 하나이다. 오늘날 프스코프 지역 산림 자원의 단 30%정도만이 상업적 목적으로 이용되고 있어 아직 개발 잠재력을 많이 가지고 있다. 산림 자원 개발의 가장 큰 걸림돌은 산림 지역으로 향하는 도로의 부재와 지역 경제의 침체이다.[22] 산림업과 관련하여 현재로서는 벌목이 주를 차지하고 있지만, 점차 목재가공업도 늘고 있다. 하지만 이 분야는 아직 더 많은 투자가 필요한 실정이다.[23]

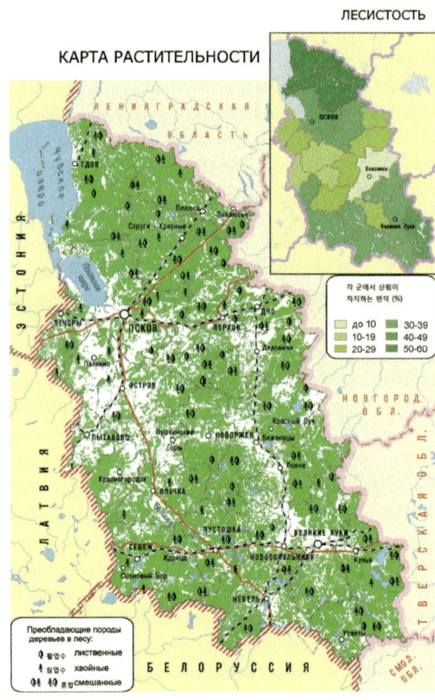

[그림 5] 산림 분포도[24]

프스코프 지역은 3,700여 개의 호수와 크고 작은 강에 풍부한 수자원을 보유하고 있어 어업 활동이 활발히 이루어지고 있다. 프스코프 지역 호수에서 주로 잡히는 물고기로는 빙어, 흰송어, 강꼬치고기 등이

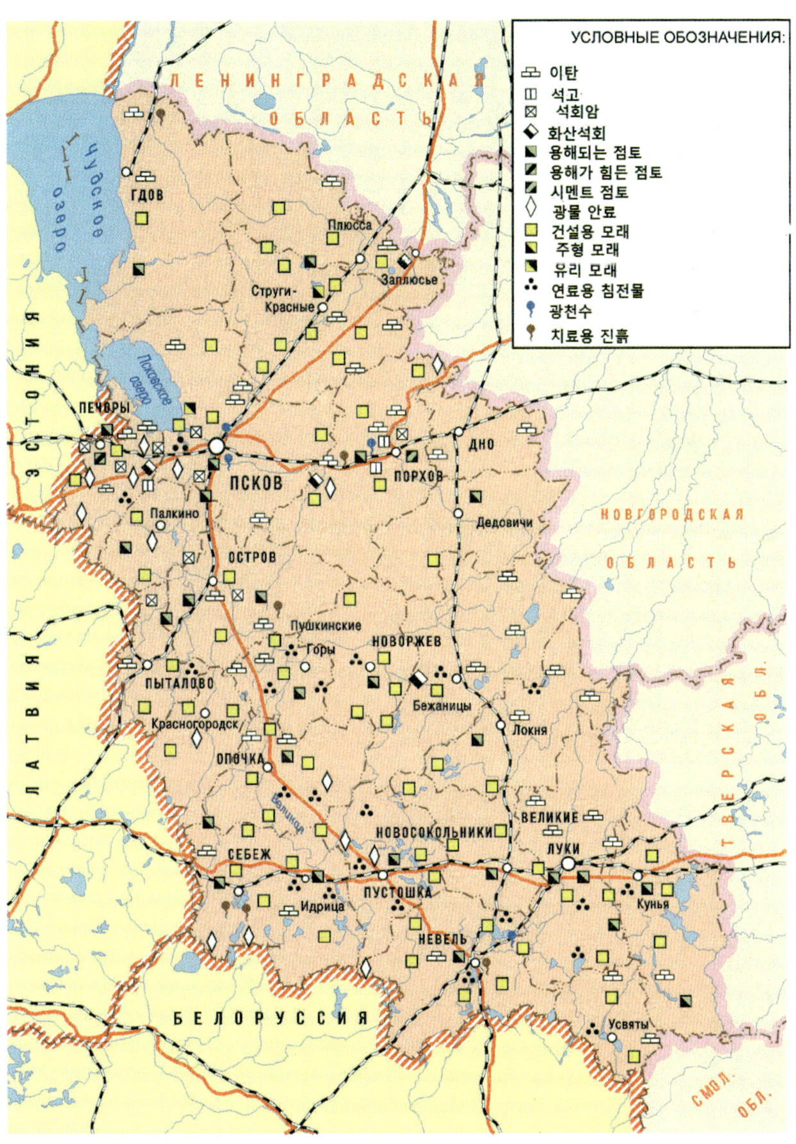
ПОЛЕЗНЫЕ ИСКОПАЕМЫЕ ПСКОВСКОЙ ОБЛАСТИ
УСЛОВНЫЕ ОБОЗНАЧЕНИЯ:
이탄
석고
석회암
화산석회
용해되는 점토
용해가 힘든 점토
시멘트 점토
광물 안료
건설용 모래
주형 모래
유리 모래
연료용 침전물
광천수
치료용 진흙
ЛЕНИНГРАДСКАЯ ОБЛАСТЬ
НОВГОРОДСКАЯ ОБЛАСТЬ
ТВЕРСКАЯ ОБЛ.
СМОЛ. ОБЛ.
БЕЛОРУССИЯ
ЛАТВИЯ
ЭСТОНИЯ
Чудское озеро
Псковское озеро
ГДОВ
Плюсса
Струги-Красные
Заплюсье
ПЕЧОРЫ
ПСКОВ
ПОРХОВ
ДНО
Дедовичи
Палкино
ОСТРОВ
Пушкинские Горы
НОВОРЖЕВ
ПЫТАЛОВО
Красногородск
Бежаницы
Локня
ОПОЧКА
ВЕЛИКИЕ ЛУКИ
НОВОСОКОЛЬНИКИ
СЕБЕЖ
ПУСТОШКА
Идрица
Кунья
НЕВЕЛЬ
Усвяты

[그림 6] 광물자원[29)]

있다. 이러한 어업 활동은 호수 주변 주민의 중요한 소득원이 되고 있다. 프스코프 주에는 벨리카야 강(река Великая), 로바티 강(река Ловать), 플류사 강(река Плюсса), 그리고 벨리카야 강의 지류인 이사 강(река Исса), 셸론 강(река Шелонь) 등이 흐르고 있고 이 강과 호수에서 낚시를 포함 수상 스포츠, 레저 활동이 활발하게 이루어지고 있다. 특히 프스콥스코-추츠코예 호수 근처의 습지대는 세계적으로 중요한 생물들이 서식하는 곳으로 습지대 보호와 지속적인 이용을 목적으로 만들어진 람사르 협약(The Ramsar Convention)에 의해 보호지역으로 지정되어있다. 이를 바탕으로 최근에는 이 지역에 환경 관광 프로그램이 개발되기도 하였다. 이 외에도 프스코프 주는 여덟 군데의 수원에 약 500만㎥의 광천 지하수를 보유하고 있다.

• 기후

스웨덴의 남부 지역과 비슷한 위도에 위치한 프스코프 주의 기후는 연평균 최고 온도가 섭씨 9.1도(한국 17.9도)로 10도를 채 넘지 않고, 연평균 최저 기온은 -1도(한국 8.2도) 정도이다. 연중 가장 더운 달은 7월로 평균 기온은 12.3~22.7도(한국 8월: 22.2-28.8도) 사이이며 가장 추운 달은 2월로 -10.6~-3.7도(한국 1월: -8.2~7.5도) 사이를 넘나든다. 연평균 강수량은 614mm로 우리나라(1,499mm)의 절반도 안 되므로, 종합해 볼 때 프스코프의 평균 기후는 한국의 가을 기후와 비슷하다고 볼 수 있다.[30)]

2. 행정구역

13세기부터 16세기 초에 이르기까지 프스코프 지역은 독립적인 봉건 공화국을 형성하고 있다가 모스크바 공국의 바실리 3세 통치 시기인 1510년 모스크바 공국의 일부로 합병되었다. 이후 1708년까지 약 200년 동안 프스코프 지역은 프스콥스키 군(Псковский уезд)으로 모스크바 공국의 한 부분을 이루고 있었다. 그러다가 1708년 프스콥스키 군은 표트르 대제의 칙령에 따라 인게르만란츠크 현(Ингерманландская губерния)에 속하게 되었다.[31] 2년 후 1710년 인게르만란츠크 현은 상트페테르부르크 현으로 개칭되었고 프스코프 군은 한 동안 상트페테르부르크 현의 일부로 남아있게 되었다. 그러나 1719년 표트르 대제는 현의 영토가 너무 광대하여 지역 전체를 효과적으로 다스리지 못하게 되자 군과 현 중간의 행정 단위인 프로빈치야(провинция)를 만들어 상트페테르부르크 현을 11개 프로빈지야로 재편하였다. 이때 프스콥스키 군도 프스콥스카야 군(Псковская провинция)으로 재편되었다. 그러다가 1727년에 프스콥스카야 군은 노브고로드 현의 한 부분으로 새로 재편되었다.[32] 그러나 45년 후인 1772년 예카테리나 2세(Екатерина II)의 명으로 프스코프 지역도 드디어 현으로 승격되었다. 이후 1776년에 프스코프 현은 벨리코룩스카야 군(Великолукская провинция), 드빈스카야(Дви-нская) 군, 폴로츠카야(Полоцкая) 군, 비텝스카야(Витебская) 군, 프스콥스카야 군 등의 5개 군으로 나뉘었고, 현의 수도로 오포치카(Опочка)가 선정되었다. 그러나 1년 후인 1777년 행정구역이 재정비되기 전까지 프스코프 현은 벨리코룩스카야 군과 프스콥스카야 군의 두 개로 이루어지게 되었다. 이렇게 되면서 현의 중심지가 프스코프 시로 옮겨졌다. 이후 1777년 10개 군으로 구성된 프스코프 관구(Псковское наместничество)가 만들어졌는데 그 구성주체는 프스콥스키 군을 비롯하여 오스트롭스키 군(Островский уезд), 오포체츠키(Опочецкий), 노보르젭스키(Новоржевский), 벨리코룩스키, 토로페츠키(Торопецкий), 홀름스키(Холмский), 포르홉스키(По-рховский), 루시스키(Лужский), 그돕스키(Гдовский) 군이었다. 이후 1796년 파벨 1세는 다시 프스코프 관구를 루시스키, 그돕스키, 홀름스키, 노보르젭스키 군을 제외한 6개 군으로 재편하였다. 알렉산드르 1세 시기인 1802년에는 노보르젭스키 군과 홀름스키 군이 프스코프 현의 구성체로 다

시 복구되었고, 이 체제가 20세기 초반까지 지속되었다.[33)]

20세기 들어 프스코프 지역은 수난을 당하게 된다. 러시아 혁명 직후 내전(1918~1921)이 시작되면서 혼란한 상황에서 1920년 에스토니아와 라트비아가 페초리(Печоры) 지역과 피탈로보(Пыталово) 지역을 점유하였으며, 1924년에는 프스코프 현의 남쪽에 위치한 벨리시스키 군(Велижский уезд), 네벨스키(Невельский) 군, 세베시스키(Себежский) 군도 벨라루스 공화국의 비텝스크 현(Витебская губерния)으로 이양되었다. 이후 1927년에 '현'이라는 행정단위가 폐지되면서 소비에트 정부는 프스코프 현을 아예 없애버리고 그 지역을 레닌그라드 주(область)에 편입시켜버렸다. 이 과정에서 프스코프 현의 일부였던 벨리코룩스 관구는 스몰렌스크가 수도인 서부 주(Западная область)로 편입되었다. 이후 1941~1944년 동안 오늘날의 프스코프 주에 해당하는 영토는 독일군에게 점령당하였다가 나치 독일군의 점령이 끝난 직후인 1944년 8월 23일 프스코프 주(Псковская область)로 다시 복구되었다. 이후 1945년 1월 16일 에스토니아와 라트비아 소비에트 공화국으로부터 페초리(Печоры)와 피탈로보(Пыталово)지역이 프스코프 주로 다시 편입되었다. 이는 1920년 이 두 개 지역이 인접한 에스토니아와 라트비아에 편입된 지 25년 만의 사건이었다. 1957년에는 폐지되었던 벨리코룩스 주의 서쪽 지역이 프스코프 주로 편입되고, 이듬해인 1958년 7월 29일에는 기존에 프스코프 주에 있던 플로스코시스키 군(Плоскошский район)이 칼리닌 주(Калини область)-오늘날의 트베리 주-로 편입되고 홀름스키 군이 노브고로드 주로 편입되면서 현재와 같은 모양의 프스코프 주가 형성되었다.[34)]

이러한 복잡한 영토 재조정을 거쳐 형성된 프스코프 주는 2009년 현재 24개의 군(район)으로 이루어져 있고, 주정부 관할하의 도시인 주도 프스코프(2011년 인구 202,884)와 제2의 도시 벨리키예 루키(2011년 인구 98,552) 외에 14개의 주요 도시를 지니고 있다.

[표 3] 프스코프 주의 군(район)과 중심 도시[35]

	군 명칭	인구 (2010)	중심 도시	인 구 (2010)
1	베자니츠키 군 Бежаницкий район	14,462	베자니치 Бежаницы	4,333
2	데도비치스키 군 Дедовичский район	14,692	데도비치 Дедовичи	8,798
3	드놉스키 군 Дновский район	13,341	드노 Дно	8,800
4	그돕스키 군 Гдовскийрайон	15,439	그도프 Гдов	4,411
5	크라스노고로츠키 군 Красногородский район	7,328	크라스노고로츠크 Красногородск	3,869
6	쿤인스키 군 Куньинский район	10,277	쿤야 Кунья	3,127
7	로크냔스키 군 Локнянский район	9,535	로크냐 Локня	3,872
8	네벨스키 군 Невельский район	26,657	네벨 Невель	16,324
9	노보르젭스키 군 Новоржевский район	9,334	노보르제프 Новоржев	3,695
10	노보소콜니체스키 군 Новосокольнический район	14,776	노보소콜니키 Новосокольники	8,119
11	오포체츠키 군 Опочецкий район	18,673	오포치카 Опочка	11,603
12	오스토롭스키 군 Островский район	31,096	오스트로프 Остров	21,668
13	팔킨스키 군 Палкинский район	8,826	팔키노 Палкино	2,924
14	페초르스키 군 Печорский район	22,123	페초리 Печоры	12,300
15	플류스키 군 Плюсский район	9,187	플류사 Плюсса	3,450
16	포르홉스키 군 Порховский район	21,568	포르호프 Порхов	10,608
17	프스콥스키 군 Псковский район	34,323	프스코프* Псков	202,884
18	푸시키노고르스키 군 Пушкиногорский район	9,253	푸시킨스키예 고리 Пушкинские Горы	5,222
19	푸스토시킨스키 군 Пустошкинский район	9,379	푸스토시카 Пустошка	4,619
20	피탈롭스키 군 Пыталовский район	12,083	피탈로보 Пыталово	5,826
21	세베시스키 군 Себежский район	21,674	세베시 Себеж	6,375
22	스트루고-크라스넨스키 군 Струго-Красненский район	13,466	스트루기-크라스니예 Струги-Красные	8,447
23	우스뱟스키 군 Усвятский район	5,598	우스뱌티 Усвяты	2,961
24	벨리키코룩스키 군 Великолукский район	22,091	벨리키예 루키* Великие Луки	98,552

* 프스코프와 벨리키예 루키 시의 인구는 2011년 기준. 프스코프 시와 벨리키예 루키 시는 지리적으로는 군에 속하지만 행정구역 상 주(область)의 관할에 속하는 도시임.

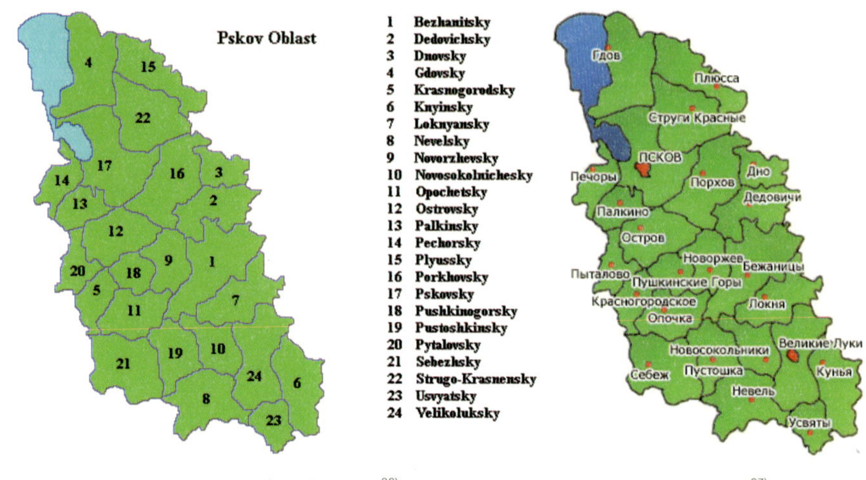

[그림 7] 행정구역 (군)[36]　　[그림 8] 중심 도시[37]

3. 민족 구성

러시아는 다민족 사회이지만 프스코프 주의 경우 2010년 기준 러시아인 비율이 95%로 주민의 절대 다수를 차지하고 있다. 러시아연방 전체 평균이 80.9%이며 북서연방관구 평균은 86.9%인 것을 고려하면 프스코프 주의 러시아인 비율은 전국 평균보다 15%나 높고, 동일 연방관구 평균보다도 8% 정도 높은 편이다.[38] 러시아인 다음으로는 우크라이나인 1.3%, 벨라루스인 1% 등의 순으로 나타나있다. 특히 소수민족 중 집시의 수(0.5%)가 상대적으로 많은 점은 특이할 만한 사항이다. 집시 비율을 보면 북서연방 관구 중 노브고로드 주 (0.6%)에 이어 두 번째이다. 이외에도 에스토니아와 국경을 접하고 있는 프스코프 주에는 세투(сету)라고 불리는 핀란드계 민족이 거주하는 것이 특징이다. 이들은 핀-우그르계 언어의 하나인 세투어를 사용하는 소수민족으로 에스토니아 남동부 및 북서 러시아 지역의 원주민이다. 프스코프 주의 세투인은 주로 페초리 군에 거주하고 있다. 이들은 대부분 그리스 정교도를 믿으며 보통 에스토니아 민족으로 간주된다. 따라서 에스토니아는 이들을 소수민족으로 분류하지 않는다. 전 세계적으로 약 1만 명의 세투인이 존재하는 것으로 알려져 있다.[39)]

[그림 9] 프스코프 지역의 세투인[40)]

4. 상징: 프스코프 주 문장

외국 도시나 주의 문장이 가지고 있는 의미를 한 눈에 이해한다는 것은 쉬운 일은 아니다. 대개 그러한 문장은 지역의 특색을 상징물로 이미지화해

[표 4] 프스코프 주의 민족 분포 (2010년)[41)]

민족	수	비율 (%)
러시아인	616,432	95.0
우크라이나인	8,636	1.3
벨라루스인	6,772	1.0
집시	3,231	0.5
아르메니아인	2,379	0.4
에스토니아인	635	0.1
세투인	123	0.02
기타	10,718	1.7

[표 5] 북서연방관구 연방주체 별 러시아인의 비율 (2010년)[42)]

구성주체	비율(%)
러시아연방	80.9
북서연방 관구	86.9
카렐리야공화국	82.2
코미 공화국	65.0
아르한겔스크 주	95.6
네네츠 자치구	66.1
볼로그다 주	97.3
칼리닌그라드 주	86.4
레닌그라드 주	92.7
무르만스크 주	89.0
노브고로드 주	95.1
프스코프 주	95.0
페테르부르크 시	92.5

서 함축적으로 표현된 경우가 많기 때문이다. 프스코프 주의 문장도 예외는 아니다. 거기에는 프스코프 지역의 역사와 특징, 그리고 정체성이 배어 있다. 1995년 2월 27일 프스코프 주 의회가 승인한 "프스코프 주 문장에 대하여" 법안에는 프스코프 문장을 다음과 같이 공식적으로 묘사하고 있다.

> "프스코프 주 문장에는 푸른 들판에 황금 빛깔의 표범이 걸어가고 있는 모습과 은색 구름으로부터 자연스런 색깔을 띤 축복의 손이 나오는 모습이 방패에 새겨져 있다. 방패 위에는 제국의 왕관이 놓여있고 방패 주변을 아름다운 떡갈나무 가지가 감싸고 있으며 그것을 안드레옙스키 리본이 감싸고 있다."[43)]

이 문장에 등장하는 표범은 용맹, 용기를 의미한다. 맹수는 종종 프스코프 상징이나 인장에 등장하는데, 초기에는 표범이 아닌 맹수로 묘사되다가

1781년 5월 28일 예카테리나 2세가 발표한 법령에 의해 맹수가 마침내 표범으로 구체화되었다. 주변을 두르고 있는 황금색 띠는 안드레엡스키 리본(Андреевская лента)으로 제정 러시아 시기 주의 도시 문장이나 수도의 문자에 사용되는 것이었다.[44)]

[그림 10] 프스코프 주 문장[45)]

문장에 맹수가 등장하는 데에는 그럴만한 이유가 있다. 러시아 영토의 서쪽 끝에 위치하여 프스코프는 예로부터 러시아의 전진기지 역할을 수행해오면서 13세기 이래 독일 기사단, 리보니아 기사단의 끊임없는 공격을 받았다. 이로 인해 1510년 모스크바 공국에 병합되기 전까지 프스코프는 26번이나 포위되었다. 하지만 이후에도 변방 지역에서 외적의 침략은 계속되었다. 이런 상황에 처해 있는 프스코프에게 힘세고 위협적인 표범은 적의 모든 무기에 대해 늘 준비되어 있음을 의미하며, 적에게 한 치의 희망도 주지 않는 프스코프 주민의 용맹성을 상징한다. 특히 앞발을 치켜세우고, 혀를 내밀고 있는 표범의 모습은 바로 적에게 단호한 의지를 보이는 것을 상징적으로 나타낸다.[46)]

구름으로부터 나온 두 개의 손가락을 모은 손은 하나님의 보호를 의미하며 왕관은 권위, 권력을 상징하고, 푸른색 방패와 리본은 아름다움과 위대함을, 방패를 둘러싸고 있는 떡갈나무 가지는 영원함을 상징하는 것이다.[47)] 이 문장은 국경지대라는 지정학적 위치로 인해 끊임없이 외적과 맞닥트려 싸워야했고, 도시를 수호해야 했던 프스코프 지역의 자기 방어(수호)적 특성을 잘 보여주고 있다.

5. 지정학적 특성[48)]

• 국경지역

소련 해체 이후 프스코프 주는 갑작스럽게 이전의 소연방 구성 공화국이었던 에스토니아, 라트비아, 그리고 벨라루스와 국경을 접하게 된 소위 '국경지역'(borderland)이 되었다. 사실 프스코프 주는 역사적으로 볼 때 상당 기간 러시아 영토의 서북쪽의 국경지대에 놓여있었다. 프스코프 지역의 정치, 경제, 사회, 문화적 특성을 이해하기 위해서 먼저 프스코프의 지정학적 특성에 대해 고찰하는 것은 무척 중요하다. 왜냐하면, 지정학적 위치가 상기한 영역에 영향을 미쳐왔기 때문이다.

러시아 정치학자 안드레이 마카리체프(Andrey Makarychev)는 프스코프 주의 지정학적 성격에 대해 '변방성(marginality)'과 '지방성(provinciality)'의 두 개념을 이용하여 설득력 있게 설명하고 있다.[49)] 먼저 변방성에 대해서 알아보자. 변방 지역이라 하면 일단 개발이 덜 되고 따라서 불편한 곳에 있다는 특성을 떠올리게 한다. 대신 변방은 보통 일국의 중앙으로부터 지리적, 심리적으로도 멀리 떨어져 있으므로 어느 정도 자율성을 지닌 공간이 될 수 있다. 따라서 지역 이해관계를 수호하기 위해 자체 전략을 발전시킬 수도 있다. 이런 이유에서 프스코프 지역이 지니고 있는 변방성은 프스코프 주와, 프스코프 지역 엘리트들에게 새로운 기회를 의미할 수도 있었다.[50)] 즉, 변방 지역은 인접한 외국과 자국을 연결해주는 일종의 '교차로' 역할을 할 수 있기 때문에, 인접국과 협력을 도모하여 경제적 이득을 얻을 수 있다. 이러한 변방성을 지닌 지역은 인접국과의 긴밀한 협력을 우선시하게 되므로 필연적으로 탈안보(desecuritization)적 성향을 지니고 있다. 이 때문에 이들 지역은 안보 이슈나 그 외의 안건에 있어서 '중앙'이 지시하는 것에 대해 거부반응을 보일 수 있고 그로 인해 중앙과 긴장관계에 접어들 수 있다.[51)]

변방성과 달리 지방성이라는 개념은 한 국가 내에서 중앙과 중앙이 아닌 곳(non-centers) 간의 다양한 관계에 대한 것으로 주로 내부(즉 국내) 지향적이다.[52] 정치적으로 지방은 지속해서 중앙에 의해 통제받고 감시받는다. 이러한 중앙과의 관계에서 지방이 중앙에 충성하는 경우도 있고, 반대로 지방이 자신의 이해관계 수호를 위해 중앙의 권위에 공개적, 또는 비공개적으로 잘 드러나지 않게 거스르거나 도전하는 경우가 있다. 프스코프 주의 경우 우리는 '변방'과 '지방'의 성격 모두를 찾아볼 수 있을 것이다.

• 프스코프 주의 변방성

마카리체프는 러시아 국경지역에 위치한 프스코프 주의 변방성을 접경지역인 에스토니아와 라트비아와의 관계 분석을 통해 설명하고 있다. 프스코프 지역 지도자들은 소련 해체 이후 10년의 과도기가 지난 2000년대부터 국경을 유럽과 러시아를 가르는 굳건한 장막으로 보았던 냉전적 시각에서 탈피하여 투과성이 좋은 하나의 막 정도로 간주하기 시작하였다. 이러한 태도를 바탕으로 프스코프 지역 엘리트들은 정치, 경제적으로 중앙에 지나치게 의존하지 않고, 대신 이웃 국가와 상호 호혜 추구를 통해 지역의 이익을 도모하는 전략을 추구하기 시작하였다. 마카리체프는 이 같은 현상을 "브뤼셀[EU의 본부가 위치한 곳으로 유럽을 상징]과 모스크바[러시아를 의미] 사이"의 국경지대에 위치하고 있는 프스코프 주의 지정학적 위치에서 발현된 특성으로 규정하면서 두 개의 강국 '사이에 낀 정체성(in-between identity)'이라고 정의했다.[53]

프스코프 주에는 2000년대 초부터 "프스코프는 유럽을 향해 열려 있으며 유럽과의 가까운 관계를 위해 해야 할 특정 역할이 있다"는 사고가 지방 엘리트들 사이에서 확산되었다. 프스코프의 한 정치인은 프스코프에 EU사무소를 개설해달라는 제안서를 프스코프 주 의회에 제출하였고,[54] 2003년 프스코프 시 창설 1,100주년 기념행사도 프스코프의 '사이에 낀' 정체성을 알리는 것을 중심으로 기획하였다. 당시에 홍보된 메시지는 프스코프 주는 '유럽을 향한 러시아의 얼굴'이 되어야 한다는 것이었다.[55] 더 나아가 프스코프 지역의 교과서에는 프스코프에서 핀란드 헬싱키까지의 거리는 프스코프와 국경을 맞대고 있는 벨라루스의 비쳅스크(Vitebsk)와의 거리와 같으며, 바르샤바는 프스코프에서 러시아의 블라디미르나 랴잔에 가는 시간이면 도착할 수 있는 거리에 있고, 스웨덴의 오슬로와 덴마크의 코펜하겐은 아르한겔스크에 가는 비행기 연료로 도달할 수 있는 거리에 있다고 기술되어 있다.[56] 이는 이 지방 주민에게 프스코프가 생각보다 서유럽에 훨씬 가까이 위치하고 있음을 일깨워 주려는 노력으로 볼 수 있다. 이 외에 프스코프의 정치 담론에는 러시아 정교가 기독교 신앙의 한 분파라는 것이 반복해서 등장하는데 이는 러시아 문화가 유럽 문화와 공통분모를 가지고 있고 유럽 문명의 일부임을 강조하고 있음을 보여주는 것이다.[57]

[그림 11] 프스코프와 유럽[61]

프스코프 주의 변방성은 지역 관료들의 국경 문제에 대한 담론에서도 관찰된다. 1990년대 까지만 해도 국경문제에 대해 안보 문제와 직결시켜 생각하는 경향이 지배적이었지만, 21세기에 접어들어 프스코프 지역 관료들이 지경학적 측면에서도 국경 문제를 고찰하기 시작함으로써 인접한 유럽 국가와 좋은 관계를 유지하기 위해 노력하고 있다.[58] 예를 들어 주지사 예브게니 미하일로프(Евгений Михаилов)는 2003년 라트비아 법정이 군사범죄로 재판받고 있던 2차대전 참전용사 러시아인을 석방한 사건을 예로 들면서, 이웃 발트 해 국가들에서 러시아와 관련해 긍정적 변화가 일어나고 있다고 공식 석상에서 강조하였다.[59] 또한, 2004년 발트 3국의 NATO 가입을 앞두고 러시아의 여론이 안보 불안감을 표명할 때, 프스코프 지역 엘리트들은 EU와 나토의 확장은 러시아 국경지대에 대한 국제적 신임을 증대시키고 국제 비즈니스를 하기 위해 매력적인 지역이라는 이미지를 심어줌으로써 프스코프 지역에 긍정적 영향을 미칠 것이라고 주장했다. 부주지사 드리트리 샤호프(Дмитри Шахов)는 심지어 나토와 교류할 준비가 되어 있음을 공공연히 선언하기도 하였다.[60]

• 변방성에 대한 제약

하지만 프스코프 주가 인근 유럽 국가들에 대해 변방성에 기반한 정책을 마음껏 수행할 수 있었던 것은 아니다. 다음과 같은 장애 요소가 있었기 때문이다. 첫째, 유럽의 배타성이다. 변방성에 기반한 정책은 상대 국가로부터의 우호적 태도가 필수적이다. 한 손으로 박수를 칠 수는 없기 때문이다. 그러나 프스코프와 인접한 발트 해 국가의 경우 프스코프를 유럽의 일환으로 보기보다는 '타자'로 보는 시각이 지배적이다.[62] 이러한 상황은 분명 서쪽에 위치한 유럽 국가들과의 관계 증진을 통해 정치·경제적 이득을 획득하여 생존해나간다는 전략에 방해가 되는 것이다. EU가 프스코프를 바라보는 시각은 분명 러시아를 바라보는 시각에 기반한 것이다. 냉전의 경험, 러시아 제국과의 영토쟁탈 경쟁 이외에도 서유럽 측에서 볼 때는 러시아와 서로 간에 유대감을 심어줄 수 있는 문화적 공통점도 찾아내기가 쉽지는 않다. 일례로 서유럽국가들이 러시아 정교회와 공동의 이익을 위해 협력하고 관계를 발전시킨 역사적 경험이 거의 없다.[63] 양 지역 간의 이러한 공통된 문화적, 역사적 요소의 결여는 EU 국가들이 진정으로 마음을 열고 프스코프 주를 유럽의 변방의 하나로 인식하고 EU의 특정 프로젝트에 참여시키는데 거부감을 갖게 하고 있다. 사실 많은 유럽 국가들은 프스코프 주를 유럽의 한쪽 끝 부분으로 보기보다는 경계 '바깥쪽'에 위치하는 지역으로 보는 경향이 강하다.

즉 그들에게 프스코프는 유럽이 아닌 것이다.

둘째, 프스코프 주가 가지고 있는 지방성, 즉 중앙과의 관계이다. 모스크바가 국경지대의 프스코프 주가 외국과의 활동을 활발히 전개하는 것에 대해 의혹의 눈길로 늘 주시하고 있다는 점도 프스코프의 변방성에 기반을 둔 정책 수행에 부담이 되고 있다.[64] 모스크바 지도부는 프스코프 주의 '변방'으로서의 행보들은 러시아 안보에 이롭지 못하다고 보고 있다.

셋째, 프스코프 지역 엘리트와 주민의 인식 부족이다. 2000년대 초중반 경부터 이 문제는 많이 해소되었지만 그 이전에는 유럽과 협력에 대한 인식이 높지 않아 변방성을 활용한 발트 해 국가, 서유럽 국가와의 협력은 미진했다. 비록 프스코프 고위 당국자들은 EU와의 협력이 향후 프스코프 지역 발전에 가장 도움이 되는 것으로 생각하고 있지만, 프스코프 주 당국의 실무자들은 실제로 EU가 어떠한 기구인지 그리고 어떻게 유럽 지역에서 활동 하는 것이 유용한지, 소위 말하는 '확장된 유럽(Wider Europe)' 또는 '이웃국가 정책(Neighborhood Policy)'의 개념이 프스코프 주에 어떻게 적용되는지에 대한 실질적인 지식을 충분히 가지고 있지 않았다.[65] 따라서 유럽과 협력 업무를 수행하는데 비효율적인 경우가 많았다. 프스코프 주민들의 의식 또한 변방성 정책을 적극적으로 수행하는 데에 장애가 되었다. 지역 주민들은 유럽 국가들과의 협력이 가져올 변화와 혁신을 두려워했으며, 동시에 유럽이라는 외부 세력에 대한 항구적 의존에 대한 두려움도 가지고 있었다.[66] 이렇듯 프스코프 주의 변방성에 기반한 정책은 2000년대 초까지만 해도 유럽과 모스크바라는 '외부'인은 물론 주 내부로부터도 적극적 지원을 받지 못하는 상황이었다.

넷째, 안보문제에 대한 집착이다. 러시아의 서북쪽 변방에 위치한 프스코프 지역은 외적의 침략을 많이 받아왔고 이로 인해 '서구의 침략으로부터 러시아를 수호한다'라는 정체성이 배태되어있다.[67] 2004년 에스토니아와 라트비아의 NATO가입 이전부터 양 국가와 국경을 맞대고 있는 프스코프 주 지도자들은 이 문제에 대해 상당히 신경을 썼던 것은 사실이다. 2002년 프라하에서 열린 나토 정상회담에 발트 3국 당사자가 처음으로 초청되어 나토 가입에 대한 논의가 시작되었는데, 당시 프스코프 주지사 미하일로프는 프스코프와 국경을 맞댄 발트 해 국가가 나토 회원국이 되는 것은 프스코프 주에는 아무 영향을 주지 않을 것이라고 공식 견해를 나타냈다. 하지만 다른 석상에서는 러시아에 위협이 될 수 있는 군사 동맹 회원국이 프스코프의 바로 옆에 들어선다는 것은 궁극적으로 그다지 좋은 일은 아니라는 견해를 표출했다. 당시 프스코프 지역 엘리트들은 모스크바 정치인들과 마찬가지로 에스토니아나 라트비아에 핵무기를 포함 각종 전략 무기를 배치하는 것을 법적으로 제재할 수 있는 방법이 없다는 것에 동의하고 있었다.[68] 따라서 양 국가가 나토에 가입하게 되면 결국 러시아 코앞까지 나토회원국이 들어서게 되는 것으로 '러시아의 [외교적] 패배'라고 보는 견해가 정치권에 확산되었다.

2000년 대 중반 이후 이러한 장애물들은 서서히 깁히기 시작했다. 변방의 요새 보다는 북서지역의 관문이 되고자 하는 열망이 지역 엘리트들 간에 더 강했기 때문이다. 프스코프 지역의 지정학적 특성이 변화해가는 과정에 대해서는 나중에 논의를 재개할 것이다. 이제 프스코프 지역의 역사를 살펴보도록 하겠다.

프스코프 주 이야기

역사: 변방의 요새에서 북서 러시아의 관문으로

1. 9~15세기: 기원 ~ 프스코프 공화국

오늘날의 프스코프 주에 해당하는 지역에는 5~7세기경부터 슬라브족이 거주하고 있었다. 발트 해 지역 주민들과 핀-우그르족도 이 지역의 슬라브족 문화에 동화하기도 하였다.[69] 7~9세기경에는 이 지역의 언덕 지대에 작은 촌락들이 많이 형성되기 시작하였다. 바로 이때 형성된 촌락 중의 하나가 오늘날까지 프스코프 시의 명물로 남아 있는 '프스코프 크레믈린'이다. 고고학 발굴의 결과와 원초연대기의 기록은 이미 862년 경 프스코프 인근의 이즈보르스크(Изборск)지역을 스칸디나비아에서 온 트루보르(Трувор)라는 공후가 다스렸다고 언급하고 있다.[70] 하지만 오늘날 역사가들은 이러한 정보에 비판적 태도를 취한다. 수년간의 발굴 조사를 근거로 한 학자는 이즈보르스크가 스칸디나비아의 영향과는 상관없이 종족 부락의 중심지로 성장하였음을 보여주었다. 이는 곧 러시아에 최초의 국가가 성립되었던 862년경에 이미 프스코프와 이즈보르스크는 이 지역의 중심 도시로 존재하고 있었다는 것을 의미한다. 또한 10세기 경 스칸디나비아에서 온 바이킹들도 프스코프를 잘 알고 있었다는 증거가 발견되었는데, 실제로 2003년 프스코프 부근에서 발굴된 무덤에는 10세기경에 매장된 스칸디나비아 여인이 묻혀 있었다.[71] 이는 이미 당시 프스코프에 스칸디나비아인들이 왕래하고 있었음을 의미한다.

• 러시아 최초의 기독교인 지도자, 올가 공후

프스코프 지명이 역사 기록에 처음 등장한 해는 바로 903년이다. 그 해에 바로 러시아 최초의 국가인 키예프 루시의 첫 번째 슬라브족 출신 통치자 이고리(Игорь) 공(재위: 912-945)이 프스코프의 올가(Ольга)라는 아가씨와 혼인을 하였다고 기록되어 있다.[72] 올가와 이고리가 만나게 되는 과정은 프스코프 지역에 오랫동안 전해 내려오는 유명한 전설 중의 하나로 무척 흥미롭다. 그 전설에 의하면 올가는 스칸디나비아에서 온 바이킹의 후손으로[73] 프스코프 부근에 거주하던 중 이고리 공과 결혼한 것으로 알려지고 있다. 이고리와 올가는 프스코프에서 북쪽으로 약 12km 떨어진 비부티(Выбуты) 부근의 벨리카야(Великая)강에서 만난 것으로 전해져 오는데, 900년대 초 둘이 만나게 된 상황은 다음과 같다. 어느 날 이고리 공이 벨리카야 강 부근에서 사냥을 하고 있었는데, 강 건너 숲에 사냥감이 더 많이 있을 것으로 보여 강을 건너려고 부근을 두리번거리던 중, 작은 배에 한 남자가 타고 있는 것을 보고 그를 불렀다. 그런데 그 배가 다가왔을 때 보니 배 위의 사람은 남자가 아닌 아리따운 아가씨였다. 배를 타고 강을 건너는데 강이 하도 넓어 강 저편에 다다를 때까지 많은 얘기를 나누었는데 이고리는 그 아가씨가 아름다울 뿐만 아니라 무척 총명하다는 것을 알게 되었고 즉시 사랑에 빠지게 된다. 바로 그 아가씨가 이고리 공의 아내가 된 올가였다.[74] 이러한 우여곡절 끝에 결혼한 올가는 남편 이

[그림 12] 올가와 이고리의 만남[76]

고리 공이 945년 자신의 영토 내에서 드레블랸예(Древляне) 족으로부터 조공을 거두다가 죽음을 맞이하게 되자 어린 아들 스뱌토슬라프(Святослав)를 대신해 945~963년 동안 섭정을 함으로써, 루시의 실질적 군주가 되었다. 러시아 역사에서 올가 공후와 관련해서 가장 중요한 점은 그녀가 955년 비잔틴 제국의 수도 콘스탄티노플을 방문하였을 때 기독교 세례를 받음으로써[75] 러시아 역사상 최초로 기독교를 수용한 지도자가 되었다는 점이다.

[그림 13] 성 올가 공후[78]

올가 사후 그녀의 손자 블라디미르(Владимир)는 988년 그리스 정교를 키예프 루시의 국교로 선포함으로써 할머니가 처음으로 받아들였던 신앙을 공식적으로 수용하였다. 블라디미르는 이후 개인적으로 올가를 성인으로 숭배하였으나 올가가 정식으로 정교회에 의해 성인으로 시성된 것은 13세기 중반 경으로 여겨진다. 이후 1547년 이반4세 치하에서 올가는 사도에 준하는 지위를 가진 성인(святая равно-апостольная Ольга)으로 추대되었는데, 여성으로 그런 반열에 오른 사람은 정교회 역사상 단 5명에 지나지 않을 만큼 정교회에서 중요한 인물로 간주되고 있음을 알 수 있다.[77]

• 민주주의 전통: 공화제의 수립

프스코프는 11세기경 키예프 루시 공후의 가족들이 거주하는 주요 도시 중 하나로 부상하였다. 이에 따라 당시 키예프 공후 블라디미르의 아들 수디슬라프(Судислав)가 프스코프를 관장하고 있었다. 1015년 블라디미르가 죽고 난 후 루시 땅에서는 1036년까지 약 20년에 걸쳐 전쟁이 벌어졌는데, 수디슬라프는 블라디미르를 계승한 이복형제 야로슬라프 무드리(Ярослав Мудрый)를 인정하지 않았고 그로 인해 서로 싸우게 되었다. 이후 한 세기가 지난 12세기 초반 프스코프는 최초로 자체 지도자를 갖게 된다. 1136년 이웃하고 있는 노브고로드 공화국 민회의 결정으로 추방당한 노브고로드 공후 브세볼로트 므스티슬라비치(Всеволод Мстиславич)는 이듬해인 1137년 프스코프로 와서 공후로 추대되어 다스리게 되었다. 그는 비록 그 다음 해인 1138년 죽었지만, 프스코프 공국(Псковское княжество)의 최초 공후로 기록되었다.[79] 당시는 키예프 루시가 여러 공국으로 분열되기 시작하던 때 였고, 이 과정에서 프스코프는 노브고로드 공화국의 일부로 흡수되었다.

흡수과정에서 프스코프는 인근 벨리카야 강, 페이푸스 강, 나르바 강 주변 지역과 함께 노브고로드 공화국의 예속 도시가 되었다.[80] 프스코프 지역

[그림14] 프스코프 베체. 빅토르 바스네초프 작[84]

은 오랫동안 노브고로드의 영향권 아래 있었으므로 프스코프를 “아우”로 불러왔으며 또 실제로 그렇게 취급해왔다.[81] 이 과정에서 프스코프는 훗날 노브고로드의 아류 도시로 보일 정도로 노브고로드의 특성을 많이 공유하게 되었는데, 그중 가장 대표적인 것이 바로 공화정 체제의 도입이다. 노브고로드와 마찬가지로 프스코프도 베체를 만들고 공화정 체제를 발전시켰는데 프스코프에서 오히려 공후의 권한이 더 제한되는, 즉 부다 더 '민주적인' 체제가 발전하기도 하였다. 프스코프 공후들은 도시를 방어하고 법을 수호하는 역할을 하였지만 그렇다고 무소불위의 권력을 가진 것은 아니었다. 그들은 베체와 권력을 공유하였던 것이다.[82] 중세 프스코프 지역은 도시 이름을 따서 '프스코프' 또는 '위대한' 프스코프(Великий Псков)로 불리기도 했는데 그 이유는 프스코프 도시 공동체와 그곳의 베체가 중요한 역할을 했기 때문이었다. 프스코프 사람들은 북동쪽에 위치한 거대한 라도시스코에 호수(Ладожское озеро)[83] 주변 지역 주민들과 함께 노브고로드에서 열리는 민회에도 참석하였다.

[그림 15] 13세기 프스코프 공화국 (가운데 짙은 분홍색)[85]

프스코프 지역의 공화정 체제는 당시 루시의 북동지역에 존재했던 군주제와는 확연히 달랐다. 당시의 러시아 영토에서는 공후들이 절대적인 권력을 휘둘렀다면 베체 중심의 공화제에서는 공후와 베체가 서로 세력 균형을 유지하였다. 법에 따라 베체는 도시 수장들의 권한에 속해있었는데 그 수장들은 각 권력 기관을 대표하는 사람들이었고 또한 공후와 함께 최고 법원을 구성하는 인물들이기도 하였다.[86] 이러한 사법 권력과 정치권력의 공유는 자연스럽게 행정과 입법 과정에서 집단 지도체제의 형성을 가능케 하였다. 이러한 프스코프 사회 상층부 외에도 중간 계층인 상인 그리고 농민들도 이 과정에 참여할 기회를 가질 수 있었다.[87] 특히 14세기 제정된 프스코프 법전(Псковская судная грамота)은 프스코프 베체의 법을 잘 나타내주는 것으로 유명하다. 이 법전의 내용을 살펴보면 특정 범죄에 대해 상세히 규정해놓았는데, 이것은 당시 프스코프의 일상생활에서 시민의 권리가 잘 명시되어있고 또한, 법이 중요한 역할을 했음을 의미하는 것이다.[88]

• 변방의 요새

프스코프에는 노브고로드 공화국과는 달리 대규모 봉건 영주가 존재하지 않았다. 또한, 노브고로드와 비교해 교회의 영지도 훨씬 작았다. 당시 루시 영토의 강자 모스크바와의 관계에서 당연히 프스코프는 경쟁자가 될 수 없었다. 사실 프스코프는 서쪽 국경지역으로부터의 공격에 맞서기 위해서 모스크바에 계속 의지해야 하는 상황이었다.[89] 중세의 강국이었던 리보니아, 리투아니아 등 발트 해 국가 및 폴란드와 맞닿거나 인접해 있는 지정학적 위치로 인해 프스코프는 13세기 이후 20세기에 이르기까지 외적의 잦은 침입을 받았다.

[그림 16] 알렉산드르 넵스키[90]

프스코프가 외적의 침략을 물리친 사건 중에서 가장 유명한 것은 역시 알렉산드르 넵스키(Александр Невский, 1219-1263)와 관련된 일화이다. 당시 노브고로드는 동쪽으로는 몽골의 침략에 대응해야 했고, 서쪽으로는 스웨덴과 독일 기사단(십자군단)의 공격에 맞서 싸워야 했다. 당시 독일인들은 에스토니아, 라트비아처럼 프스코프와 접경한 발트 해 지역에 거주하는 슬라브인들과 리투아니아인들에 대해 가톨릭교로 동화정책을 펼쳤는데, 그것이 잘 안될 경우 무력으로 전멸시킬 정도로 위협적인 세력이었다.[91] 이외에도 때로는 핀족들이나 리투아니아인들도 노브고로드 서쪽 국경지대에 침투해 들어왔다. 한편 1239년 러시아 북서부에 대한 공격을 시작한 독일 기사단은 1241년 프스코프를 함락시켰다. 이때 바로 당시 노브고로드의 공후였던 알렉산드르 넵스키[92]가 등장하여 전세를 역전시키게 되면서 훗날 전 루시의 대공이 되고, 러시아 역사상 가장 중요한 인물로 추앙 받게 되는 계기를 만들게 된다. 당시 외적들은 루시 영토의 북동쪽에 위치한 노브고로드 공화국을 침략하여 주민들을 살해하고 약탈을 일삼고 있었는데 넵스키가 국민군을 조직하여 곧 프스코프를 적의 수중으로부터 해방시키고, 1242년에는 프스코프 시 인근의 추츠코예 호수 (Чудское озеро: 기적의 호수)의 얼음 위에서 극적으로 외적을 물리쳤다. 상세한 전세는 이러했다. 4월 5일 에스토니아 접경지역의 추츠코예 호수 빙판 위에서 독일 기사단이 핀족 동맹군과 중무장한 갑옷을 입고 루시 군대에 공격을 해왔으며 이런 와중에 루시 군대의 전열은 분열되었지만 넵스키는 포위작전을 펼쳐 적의 측면을 공격하여 독일 기사단이 무너지기 시작하였다. 마침 봄철의 빙판이 전사들의 무게를 이기지 못하고 깨짐으로써 독일 기사단을 극적으로 패배시키는데 일조하였다.[93] 이러한 극적인 승리로 넵스키는 조국을 풍전등화의 위기에서 구해낸 민족영웅으로 추앙받게 되었고, 이에 따라 넵스키가 해방시켰고 추츠코예 호수에 인접해 있는 프스코프도 유명해졌다.[94]

서쪽으로부터 쳐들어온 외적을 용감무쌍하게 막아낸 알렉산드르 넵스키이었지만 동쪽으로부터의 적에 대해서는 사뭇 다른 전략을 택했다. 비록 몽골 타타르는 노브고로드 영토까지 침략을 하지 않았지만 노브고로드는 몽골 한에게 굴복하고 조공을 바치기로 했다. 독일 기사단을 뛰어난 전략으로 무찌른 넵스키는 몽골 한에게 머리를 조아렸던 것이다. 이유는 간단했다. 넵스키는 몽골에게 저항하는 것이 승산이 없다고 생각했기 때문이다. 따라서

[그림 17] 얼음 위의 전투. В. М. 나자룩크, 1984년 작[95]

넵스키는 당시 러시아 땅을 다스렸던 킵차크한국의 몽골 타타르 한에게 적극 충성하였고 그 대가로 넵스키는 한의 총애를 받아 1252년부터 그가 사망하는 1263년까지 노브고로드의 대공의 자리에 있었다.[96] 그가 사망한 것도 몽골 한이 있는 킵차크한국의 수도 사라이(Сарай)를 방문하고 돌아오는 길에 병에 걸린 탓이었다. 넵스키는 16세기 러시아 정교회에 의해 성인으로 시성되는데, 그 이유도 바로 넵스키가 한에게 굴복함으로써 러시아 영토를 파국으로부터 구해낸 공로였던 것이다.[97]

[그림 18] 도브몬트 공후(삼위일체 성당 내 이콘) [99]

넵스키가 죽은 이후 프스코프 시민들은 서쪽의 리보니아 기사단의 공격으로부터 도시를 지키기 위해 1266년 경쟁관계에 있는 리투아니아의 도브몬트(Dovmont) 대공을 지도자로 추앙하였다. 도브몬트는 리투아니아 귀족들 간 권력다툼에서 정적을 피해 프스코프로 왔고 프스코프로 온 이후 1299년까지 33년 간 프스코프를 다스렸다. 그는 프스코프를 침략한 리투아니아 군대를 물리쳤고, 1268년 2월에는 에스토니아의 라코보레(Раковоре)지역에 대한 공격을 감행하는가 하면, 4월에는 단 60명의 군사를 이끌고 프스코프 국경 마을을 침범한 리보니아 군사 800명을 물리치기도 하는 등 지도자이자 뛰어난 명장으로서 이름을 날렸다. 도브몬트 공후는 1272년에는 또 다시 수천 명의 리보니아 군대를 괴멸시킴으로써 이후 오랫동안 리보니아 군대가 프스코프를 넘보지 못하도록 하였다. 도브몬트 공후는 1299년 5월 20일 사망하였으며, 프스코프 크레믈린 내의 '삼위일체 성당'(Троицкий собор)에 안치되었다.[98]

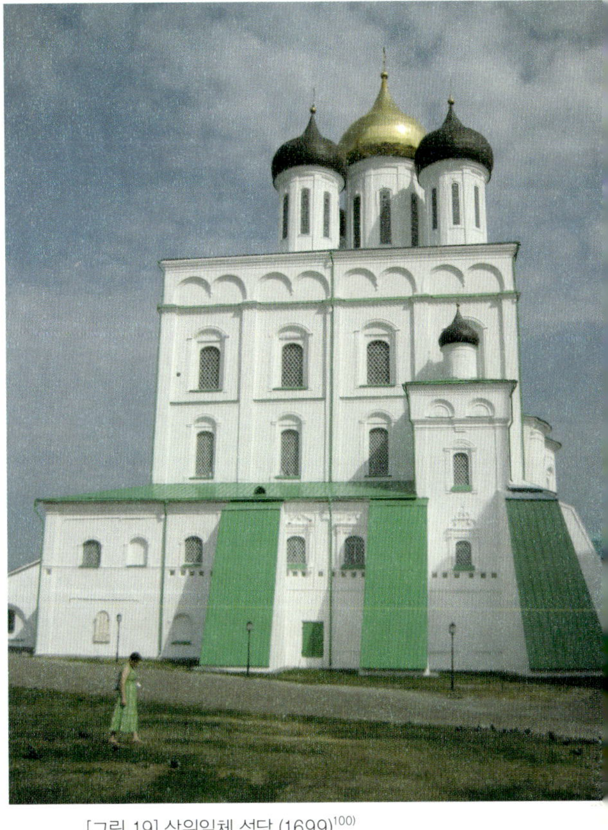

[그림 19] 삼위일체 성당 (1699)[100]

이렇게 도브몬트 대공이 외적과 전투에서 프스코프를 잘 수호하고 승리를 거두는 등 전과를 올리자 노브고로드 공화국은 1348년 경 프스코프를 노브고로드 공화국으로부터 분리된 별도의 독립 공화국인 프스코프 공화국(Псковская вечевая республика)의 수도로 인정하였다.[103] 도브몬트의 프스코프와 루시에 대한 그의 공헌은 러시아 이콘화와 연대기에도 잘 묘사되고 있으며, 1862년 노브고로드에 세워진 '러시아 건국 1000주년 기념비'에 러시아의 대표적 인물 109명 중에 한 명으로 선정되어 그의 부조가 새겨지기도 하였다.[104]

한편 프스코프는 서유럽과 전쟁만 벌인 것은 아니었다. 프스코프는 사실 노브고로드처럼 루시와 서유럽 간 일종의 접경지대였다. 따라서 프스코프

[그림 20] 프스코프 크레믈린(11세기)[101]

는 노브고로드 공화국의 도시는 물론, 발트 해 지역, 그리고 서유럽 도시들과 교류를 통해 수공업과 교역의 중심지로 유명해졌기 때문에 중세 유럽 국가들의 상업 동맹인 '한자 동맹'(Hanseatic league)에 가입하였으며, 일찍이 대장장이 수공업이 발달하였던 프스코프의 상인들은 비철금속으로 만든 수공예품을 가지고 서유럽과 활발히 교역하였다. 프스코프의 상인들은 에스토니아의 탈린(Таллин),[105] 데르프트(Дерпт), 라트비아의 리가(Рига), 벨라루스의 폴로츠크(Полоцк) 등지의 시장에서 활발하게 교역활동에 종사하였다.[106] 이로서 프스코프는 14세기 경 러시아 북서부의 상업 중심지로 성장하게 되었고, 일찌감치 유럽을 향한 교두보 역할을 하기 시작하였다. 반면 유럽에게 프스코프는 러시아로 들어가는 관문의 역할을 담당하였던 것이다.

[그림 21] 도브몬트 구역[102]

2. 16~19세기: 모스크바 공국으로의 편입 ~혁명 전야

• 모스크바 공국으로의 복속

독립 국가로서 프스코프 공화국의 운명은 약 160년 간 지속되었으나 결국 1510년 북서지역의 강자로 부상한 모스크바 공국에게 복속되는 운명을 맞이하였다.[107] 1456년 바실리 2세(Василий II)는 노브고로드 공화국을 공략하여 노브고로드가 주변의 다른 도시국가와 연합해서 모스크바에 대항하지 못하도록 협정을 맺었다. 이 협정에 의해 노브고로드는 모스크바의 군주권을 인정하였고 그에 대한 표시로 노브고로드에서 사용되는 공식 문서에 모스크바 공후의 인장을 사용하기로 하였다.[108] 또한 노브고로드는 모스크바의 압력 하에 모스크바에 잠재적 위험이 되는 리투아니아와 같은 인접 국가들과 연합을 할 수 없다는 협정을 받아들여야 했다. 이와 같은 협약에 동의하는 조건으로 노브고로드는 베체와 같은 고유한 정치 제도와 자율권을 보장받게 되었다.[109]

프스코프의 운명도 노브고로드와 비슷하였다. 1460년에 모스크바 공국은 프스코프의 지도자들과도 협상을 시작하였다. 당시 모스크바는 이미 오래전부터 프스코프를 자신의 영역으로 주장해오던 터였으며, 프스코프는 당시 막강해지기 시작하였던 모스크바가 주변 도시 공국과 벌이는 전쟁에서 중립적 입장을 취하고 있었다.[110] 노브고로드와 마찬가지로 프스코프는 모스크바의 주장을 수용하는 대신 상당한 자치권을 지닐 수 있었다.

하지만 지리적으로, 그리고 제도적인 면(의회 역할을 했던 베체를 가지고 있다는 점)에서 노브고로드와 비슷한 점을 공유했던 프스코프의 운명은 궁극적으로 노브고로드와 같이 모스크바에 복속되는 운명을 맞이한다. 1460년 모스크바와 굴욕적인 협정 체결에 불만을 품었던 노브고로드 지도층 가운데 1470년 리투아니아와 동맹을 맺는 것을 지지하는 세력이 등장하였으며, 결국 당시 리투아니아 왕 카시미르 4세(Casimir IV)에게 노브고로드를 외부의 압력으로부터 지켜줄 것을 요청하였다.[111] 이 과정에서 모스크바의 새로운 대공 이반 3세(Иван III)는 노브고로드 공화국을 몇 차례 공격하였고, 1477년 노브고로드에서 공화 제도를 폐지하고 노브고로드의 독립적 지위를 박탈했다. 노브고로드를 모스크바 공국에 병합한 이러한 사건에 대한 상징적 조치로 이반 3세는 노브고로드 베체 소집 시에 사용했던 종을 모스크바로 가져왔다.[112]

이반 3세의 뒤를 이은 아들 바실리 3세(Василий III)는 아버지의 공격적인 전략을 계속 유지하면서 모스크바 공국 주변의 독립 도시국가에 대한 공세를 계속하였다. 첫번째 공격 대상이 된 것은 바로 프스코프 공화국이었다. 1509년 가을 바실리 3세가 노브고로드를 방문했을 때 프스코프 지도자들은 모스크바에서 새로 파견된 감찰관에 불만을 터트리자 그는 프스코프를 노브고로드와 같은 운명에 처하게 만들었다. 프스코프에 모스크바로부터 파견된 특사와 관리들이 파견되어 프스코프를 다스리게 되었다. 1510년 1월 13일에는 30여 년 전 노브고로드에서 그랬던 것처럼 프스코프에서도 독립 공화국의 상징이었던 베체의 종이 프스코프 시민들이 비운에 젖어 우는 가운데 제거되었다.[113] 이후 바실리 3세는 프스코프의 지도자들을 발본색원하기 위해 계략을 꾸몄다. 프스코프를 공식 방문했을 때 바실리는 프스코프의 지도자, 관리, 상인, 사회 각층의 대표들을 초청하여 만찬을 베풀었는데, 만찬이 한창 무르익었을 때 그들을 모두 체포해서 그들의 가족 그리고 노브고로드에서 보호감시를 받고 있던 프스코프 지도층과 함께 프스코프에서 멀리 떨어진 러시아 중부지역으로 추방해버렸다.[114] 또한, 바실리 3세는 도시의 중심부에 살고 있던 프스코프 주민들을 내쫓고 노브고로드 기병대를 상주시켰으며 그가 추방한 사람들을 대신하여 약 300가구의 상인들을 이주시켰다. 바실리의 이러한 조치는 프스코프가 그의 직접 통치에 반대하지 않게 하면서 상업적으로는 계속 번성하게 만들려는 의도를 지닌 것이었다.[115] 그의 이러한 조치 덕분에 프스코프는 모스크바 공국에 편입된 이후에도 계속 번성할 수 있었고 정치·경제적으로 모스크바의 영향권 아래 남게 되었다.

• 프스코프 수도사의 '제3로마설'

프스코프가 모스크바에 복속된 16세기는 러시아 역사에서 전제정의 토대가 마련되고 강화되는 시기인데 프스코프는 모스크바 대공의 전제정을 강화하는 데 크게 이바지했다. 그것은 다름 아닌 모스크바가 기독교 세계의 중심 역할을 해야 한다는 '제3로마설'(Москва–Третий Рим)을 창시한 자가 프스코프 출신이었기 때문이다. 프스코프 옐리자리예프 수도원(Елизарьев Монастырь)의 수도원장(старец) 필로페이(Филофей)는 1515~1521년 사이에 모스크바의 대공 바실리 3세에게 보내는 메시지에서 3개의 로마에 대해서 언급했다.[116] 필로페이는 첫 번째 고대 로마는 주민들이 이단을 신봉했기 때문에 멸망했고, 두 번째 로마인 비잔틴 제국(동로마 제국)의 수도 콘스탄티노플(Constantinople)의 주민은 진정한 기독교인이 아니었기 때문에 회교도인 투르크족들에게 멸망했다고 주장했다. 필로페이는 이제 진정한 기독교 신앙을 지켜야 하는 의무가 모스크바에 부여되었다고 강조하면서 하나님이 바로 모스크바에 그러한 임무를 부여했다고 지적했다. 그는 최근 모스크바가 주변 공국들을 복속하면서 강력한 국가로 부상하는 승리를 거둔 것이 바로 신이 모스크바에 그러한 임무를 부여한 증거라고 주장하면서 '제4로마'는 더 이상 없을 것이라고 외

[그림 22] 옐리자리예프 수도원[120]

[그림 23] 바실리3세[121)]

쳤다.[117)] 이러한 주장이 나오게 된 배경에 대해 역사가들은 당시 러시아의 국내외 상황에서 찾고 있다. 당시 주요한 사건들은 첫째로 1453년 오스만 투르크제국의 군대가 콘스탄티노플을 함락시킨 후 비잔틴 제국을 무너뜨렸고, 둘째, 1480년경에는 수백 년 동안 러시아 땅을 통치해왔던 킵차크한국(汗國)이 분열되었고, 셋째, 이 과정에서 15세기말 러시아 북서지역에 위치한 모스크바 공국이 러시아 땅의 최강자로 새롭게 등장하였다는 점이다.[118)] 이러한 지정학적 변화는 당시 교회 사제들에게 신의 섭리로 받아들여졌으며, 이 과정에서 필로페이 같은 수도사가 나온 것이었다. 제3로마설의 탄생배경이야 어찌되었건 결국 프스코프의 수도사가 만든 이 이론은 당시 러시아 영토의 지배자로서 모스크바 대공의 정치적 권리를 정당화시켜주는 데 일조하였다.[119)]

• 프스코프의 리보니아 전쟁 참여

모스크바에 복속된 이후에도 프스코프는 '변방의 요새'로서의 역할을 지속되었다. 1550년대에 이반 4세는 대외 교역을 활성화시키기 위해 발트 해로 나가는 해상 교역로를 안전하게 확보하고자 하였고 이 과정에서 오늘날 에스토니아와 라트비아 지역에 위치한 강국 리보니아와 전쟁을 벌이게 된다.[122)] 1558-1583년까지 25년간 지속된 이 전쟁에서 리보니아와 접경한 프스코프 지역은 전장으로 변했고, 프스코프 지역에서도 대규모의 징집이 이루어져 1240년대 넵스키의 '얼음 위의 전투' 당시처럼 많은 프스코프 인들이 전투에 참가하게 되었다.

1558년 1월 이반 4세의 군대가 프스코프 지역을 지나 리보니아로 향했다. 이 과정에서 프스코프에서 차출된 병사들은 주로 슈이스키(Шуйский) 공후가 이끄는 부대에 배속되어 전장으로 나갔다. 이듬해인 1559년 독일 군대가 세베시와 크라스니(Красный)[123]를 공격하였고 1562년에는 리투아니아 군대가 오포치카, 네벨, 세베시로 쳐들어왔으나 격퇴되었다가 그해 가을 다시 쳐들어와서 프스코프 부근까지 진격하여 마을을 불태우고 파괴하였으나 역시 프스코프 군대가 몰아냈다. 1563년에는 드디어 러시아 군대가 폴로츠크를 점령하여 전세가 러시아에 유리하다 싶었으나 1569년에는 다시 리투아니아 군대가 진격해와 이즈보르스크를 점령해버렸다.[124]

이윽고 1579년에는 폴란드 왕 스테판 바토리(Stephen Bathory)가 폴로츠크를 점령하였고 이듬해인 1580년 그의 군대가 프스코프 영토까지 진격해 들어왔다. 바토리는 이반 4세에게 편지를 써서 스몰렌스크, 노브고로드, 프스코프와 러시아 북서지역을 내놓으라고 요청하였으나 거절당하자 전쟁을 계속하였다. 이후 바토리는 군대를 이끌고 벨리키예루키로 진격하여 그 도시를 함락시켰다. 이후 기수를 돌려 북쪽의 프스코프로 가서 프스코프 성을 포위하였다. 프스코프는 바토리 군대에 의해 1581년 8월 27일부터 1582년 2월 4일까지 5개월 이상 포위당해 있었다.[125] 결국 바토리의 군대는 프스코프를 점령하지 못한 채 퇴각해 버렸다. 프스코프는 외적의 침입을 굳건히 견뎌내어 러시아의 국경을 수호하였던 것이다.[126]

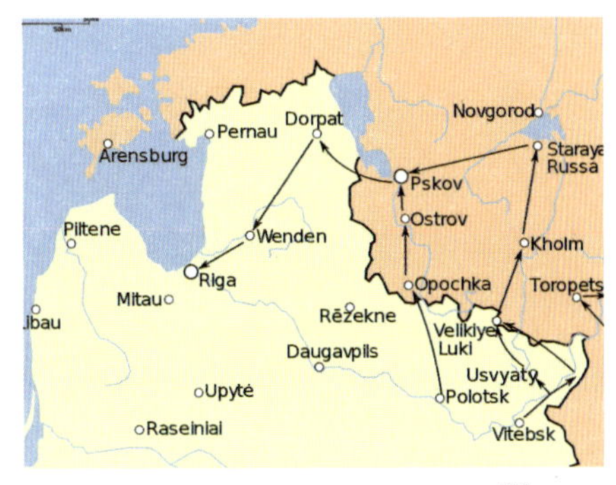

[그림 24] 스테판 바토리의 공격 경로[127]

• 스웨덴과의 전쟁

16세기에 리보니아, 리투아니아, 폴란드와 힘겨운 전투를 벌이면서 국토를 수호해야 했던 프스코프 주민은 17, 18세기에는 스웨덴 군대의 침략을 막아내야 했다. 1611~1613년 스웨덴 군대는 프스코프 주변의 노브고로드, 라도가, 스타라야 루사, 포르호프, 그도프 등을 점령하였고 그 다음 그들이 점령한 지역을 공고히 하기 위해 프스코프로 진격해 왔다.[128] 1615년 7월 30일부터 당시 20세 초반의 젊은 왕 구스타프-아돌프가 이끄는 스웨덴 군대가 직접 프스코프 크레믈린을 공략하기 시작하였다. 하지만 요새와 같이 단단한 프스코프 성벽을 무너뜨릴 수는 없었고 결국 기수를 돌려 벨리카야 강변으로 물러나서 진열을 가다듬었다. 구스타프-아돌프의 군대는 인근 지역의 모든 도로를 차단하고 프스코프 크레믈린 인근에 요새까지 축성하여 대포를 쏘는 등 프스코프 크레믈린의 성벽을 부수기 위해 공격을 하였다.[129] 하지만 프스코프인들은 성벽이 손상되면 곧 바로 보수해가며 끝까지 성벽을 방어했다. 그런 와중에도 프스코프 성 안의 군대들은 매일 성 밖으로 출격을 하여 스웨덴 군을 공략했다. 이에 대응해 스웨덴 군은 9월 17일 프스코프 크레믈린에 대한 대규모 공격을 감행하여 성의 일부를 무너뜨리고 성벽을 지키던 프스코프 병사를 죽일 수 있었다. 하지만 성 밖에서 주둔하던 스웨덴 군 진영에서 화약 폭발이 일어나 스웨덴 군은 커다란 손상을 입었다.[130] 마침 스웨덴 왕은 프스코프를 공격하면서 노브고로드에서 러시아와 평화 협상을 계속하고 있었는데, 결국 그는 두 달 정도의 공격에도 프스코프를 함락시키지 못하고 예측치 못한 사고까지 나자 프스코프에서 물러나고 본국으로 철수했다. 결국 1615년 프스코프는 30여 년 전 폴란드 왕의 공격을 방어했던 것과 같이, 스웨덴의 공격을 막아내었다. 프스코프의 승리는 이후 스웨덴이 이전에 점령했던 거의 모든 지역을 포기하게 만들어 다시 그 지역을 되찾는 결과를 가져왔던 것이다.[131]

18세기 초 프스코프는 또 다시 스웨덴과 맞서는 운명을 맞이했다. 바로 러시아 전쟁사 역사상 중요한 의의를 지니는 북방전쟁(1701-1721) 시기였다. 1700년 11월 스웨덴이 나르바(오늘날 에스토니아 소재)를 지키고 있는 러시아 부대를 급습하면서 시작된 전쟁에서 프스코프는 중요한 전략적 거점지대였다. 프스코프 시와 그 인근지역에는 러시아의 명장으로 유명한 셰레메티예프 장군(Б. П. Шереметьев)이 이끄는 약 6만 명에 달하는 러시아 군대가 주둔하였다. 표트르 대제는 1701년 여름 직접 명령을 내려서 프스코프와 페초리에 진흙 성벽과 같은 방어구조물을 지어 기존의 성벽을 더욱 보강하게 하였다. 이를 통해 프스코프는 이제 더 굳건한 요새로 탈바꿈하였다. 전쟁 초기인 1702~1704년에 전장은 프스코프로부터 한참 떨어진 서쪽의 폴란드 영토였으나 1706~1708년에 다시 프스코프가 전장으로 변했다. 러시아 지도부는 스웨덴 군이 프스코프와 벨리키예 루키를 통해 페테르부르크 쪽으로 진격할 가능성이 있다고 판단하여 프스코프 인근 지역에 새로운 요새들을 만들었으나 스웨덴 군대는 오늘날의 우크라이나 지역으로 방향을 돌려 진격하여 전쟁을 피할 수 있었다.

• 18, 19세기의 프스코프: 취약한 산업 기반

북방전쟁 과정에서 러시아 군대가 스웨덴 군대가 점령하고 있었던 에스토니아와 라트비아를 점령하면서부터 북서부 국경지대의 전략적으로 중요한 요새로서 프스코프의 비중은 줄어들게 되었다. 즉 18세기 초부터 제1차 세계대전이 발발하는 20세기 초까지 약 2세기 동안은 프스코프도 외적의 침략과 그에 대한 방어라는 힘든 역할에서 자유로워질 수 있었다.

러시아 전체를 고려했을 때 프스코프 지역은 경제적, 상업적으로도 그다지 중요한 지역은 아니었다. 프스코프 지역은 18, 19세기에 걸쳐 농업 중심지로 거듭났다. 1897년 인구조사에 의하면 프스코프 주의 인구는 1,122,317명으로 그중 93%가 시골 거주민이다.[132] 그만큼 도시화, 산업화가 미진했다는 것을 의미한다. 이 지역의 주산업은 옷감을 만드는데 주원료가 되는 아마(亞麻) 생산 산업으로 1890년 경 프스코프 지역에는 45개의 아마포 제조 공장이 있었다.[133]

프스코프 지역에서 산업 발전이 더뎠던 이유 중 하나는 이 지역에 산업 발전에 유용한 광물이 없었기 때문이었다. 따라서 다른 지역에는 많이 있었던 제철 공장 대신 프스코프에서는 주로 대장간에서 소규모의 금속 제품을 생산해냈다.[134] 이외에도 프스코프 지역에서 발전된 수공업 중 하나는 가죽 가공업이었다. 이 수공업이 발전한 이유는 프스코프 지역에 축산업이 발전했기 때문이었다. 가죽가공 공장으로 가장 규모가 큰 것은 1880년 프스코프에 설립되었고, 포르호프, 오포치카, 벨리키예 루키, 노보르제프에 작은 공장들이 있었다.[135] 이외에도 풍부한 산림지대를 가지고 있는 프스코프 지역에는 목재가공업 또한 발전해서 많은 지역에 제재소가 있었다. 또한 프스코프 지역에는 양질의 진흙이 많아 벽돌, 타일, 그리고 도기 생산이 활발하게 이루어졌다. 벽돌 공장으로 가장 오래된 것은 프스코프 인근에 위치하고 있는 '루코프카' 공장으로 1830년대 건설되었다. 이 공장은 1890년대 경에는 벽돌뿐만 아니라 방열 타일까지 생산해내었다. 또한 거대한 호수 옆에 위치해서 풍부한 수자원을 지닌 프스코프 지역에 발달된 또 다른 산업은 다름 아닌 생선 가공업으로 1914년 경 이 지역에는 영세한 공장(5명 미만 고용)을 포함 약 1270개(이중 1000여 개는 영세 공장)의 생선 가공 공장이 들어서 있었다.[136]

19세기 중반 이후부터 20세기 초 사이에 철도건설이 급속하게 이루어지면서 프스코프 지역의 교역 발전에 많은 도움을 주었다. 프스코프의 대표적 상품인 아마와 목재가 다른 지역으로 팔려나갔다. 뿐만 아니라 철도의 확장에 따라 열차 정거장도 생겨나고 그 주변으로 작은 마을들이 생겨났으며 철도와 관련된 일에 종사하는 노동자들의 수도 증가하게 되었다. 이들 철도 관련업에서 일하는 노동자들은 결국 20세기 초에는 프스코프 현에서 큰 노동자 집단으로 성장했는데, 프스코프에는 약 1,000여 명, 그리고 벨리키예 루키와 노보소콜리니키(Новосокольники), 두 도시에는 약 4,000여 명의 철도노동자 집단이 형성되어 있었다.[137]

3. 20세기 이후: 제1차 세계 대전 ~ 포스트소비에트 첫 10년

• 혁명가들의 본산?

주로 농업 중심지였던 프스코프 지역에는 위에서 보았듯이 취약한 산업 기반으로 인해 노동자 수가 여타 지역에 비해 적었다. 이 때문에 프스코프 지역에서는 1905년 이전까지는 노동자들의 반정부 시위, 데모 등은 거의 일어나지 않았다. 이런 이유로 지역 관리들과 정부는 프스코프 지역을 아주 조용하고 혁명 운동에 전염이 되지 않은 지역으로 보았다.[138] 그래서 프스코프는 상트페테르부르크의 정치적으로 의심스러운 요소를 청소하는 데 있어 '불순물을 버리는 장소'(свалочное место), 즉 유형 보내는 장소로 여겨졌다. 당시 레닌의 동료이자 혁명운동에 가담했던 판텔레이 레페신스키(Pantelei Lepeshinsky)는 프스코프에 대해 이렇게 묘사했다. "작은 부르주아 동네로 이곳은 큰 공장은 찾아볼 수 도 없고 단지 경찰이 페테르부르크에서 제거하고 싶어 하는 믿지 못하는 사람들을 버리는 장소이다. 따라서 이 마을은 이러한 사람들로 넘쳐나고 있다..."[139] 즉 19세기 말, 20세기 초 러시아 정부는 상트페테르부르크의 인민주의자들이나 사회민주주의자들을 프스코프 지역으로 보내서 경찰의 감시하에 두었던 것이다.[140] 이들 '불순분자'들은 주로 지방 정부기관인 젬스트보의 통계부서에서 일하면서 살았다.[141]

바로 이 장소에 1900년 3월 시베리아 유형을 마친 레닌이 와서 머무르기 시작했다. 그는 이미 이곳에 오기 전에 몇몇 유형수를 알고 있었고 이들로부터 혁명세력의 기관지 이스크라(Искра) 창간을 위해 도움을 받을 수 있을 것이라고 생각했던 것이다.[143] 레닌은 이곳에서 혁명 동지들을 만나면서 이스크라 지에 발표할 원고를 작성하기도 하며 마르크스 저작 등을 읽기 위해 독일어를 배우기도 하였다. 이렇게 프스코프에서 6월까지 83일 간 머무르다 상트페테르부르크를 통해 유럽으로 나갔다. 바로 그해 12월 독일에서 이스크라의 첫 호가 발간되었던 것이다.[144] 프스코프는 제정 러시아 경찰이 혁명분자들을 외지에서 데리고 와 감시하는 장소였는데, 레닌은 바로 그 점을 잘 이용했던 것이다.

또 한 가지 명심해야 할 것은 레닌보다 몇 십 년 전에 벌써 전제정 체제에 불만을 품었던 사람이 프스코프에 살았다는 점이다. 그는 다름 아닌 러시아의 위대한 시인 알렉산드르 푸시킨(Александр Пушикин, 1799~1837)이다. 푸시킨이 프스코프와 인연을 맺게 된 경위를 설명하기 위해서는 그의 조상 얘기부터 시작해야 한다. 푸시킨의 아버지 세르게이 르보비치 푸시킨(Сергей Львович Пушкин)은 고대로부터 내려오는 귀족가문 출신으로 이 가문은 러시아 역사에서 주로 외교관과 군사 지휘자를 배출해 냈다.[145] 그의 조상 가브리엘 푸시킨은 바로 알렉산드르 넵스키 공후가 이끄는 부대에서 같이 외적과 싸운 사람이다. 넵스키가 프스코프 인근 추츠코예 호수에서 얼음 위의 전투를 통해 프스코프와 러시아를 방어한 것을 감안하면 푸시킨 가문

[그림 25] 프스코프 시 레닌 광장[142)]

과 프스코프의 인연은 적어도 13세기부터 시작했다고 볼 수 있다. 푸시킨의 어머니는 나제즈다 오시포브나 한니발(Надежда Осиповна Ганнибал)으로 그녀의 할아버지는 어렸을 때 아프리카 에티오피아에서 러시아로 왔다. 표트르 대제 시기 대제의 전우로서 군사지휘관, 공병 기술사, 주지사 등을 역임했고 러시아 제국의 귀족이 되었다.[146)]

[그림 26] 미하일로프스코예 풍경[147)]

푸시킨은 이미 십대부터 사회개혁 성향을 드러냈다. 1817년 18세에 학교를 졸업하고 어머니의 영지인 미하일롭스크에서 머물면서 그는 농노제에 반대하는 내용의 시를 썼다. 1820년 이윽고 짜르 알렉산드르 I세(Александр I)는 "전 러시아를 반란의 시로 넘치게 만든 죄목"을 들어 푸시킨을 러시아 남부로 유형 보냈다.[149)] 러시아 남부 오데사에서 지내는 중 지방 관헌과 마찰로 인해 그는 1824년 다시 그의 어머니 영지가 있는 프스코프 인근의 미하일롭스코예(Михайловское)로 오게 되었다.[150)] 유형지인 이곳에서 그는 100여 편의 시와 문학작품을 남겼는데, 그중 하나가 바로 그 유명한 시, '예브게니 오네긴'이고 그 외에도 '보리스 고두노프'와 같은 드라마도 있다. 그를 러시아 국민 시인으로 만든 불후의 명작이 바로 프스코프 인근의 미하일롭스코예에서 탄생되었던 것이다. 이후 차르 니콜라이 1세(Николай I)는 전제정치에 반대하는 '데카브리스트 봉기' 실패 후인 1826년 푸시킨을 사면하고 상트페테르부르크로 불러들여 문인들에 대한 검열관 역할을 부여하였다.[151)]

• 제1차 대전 중의 프스코프

18세기 초 북방전쟁 이래 변방의 조용한 도시로 남게 되었던 프스코프

[그림 27] 푸시킨이 살았던 집[148]

에 20세기 초부터 다시 수난의 역사가 시작되었다. 프스코프는 제1차 대전(1914-1918) 말인 1918년 2월부터 11월까지 약 10개월 동안 독일 군대에 점령되었다.[152] 그 후 1차 대전 직후인 1919년에는 에스토니아가 제정 러시아로부터 독립전쟁을 일으키면서 러시아를 침공, 프스코프가 5개월 간 에스토니아 군대에 점령되기도 하였다. 국경지대 도시로서의 대가를 톡톡히 치른 셈이다.

[그림 28] 제1차대전 중의 프스코프(1915)[153]

이외에도 프스코프는 1917년 3월 300년을 지속해온 로마노프 왕가가 종말을 맞이하는 비운의 장소로 역사에 기록되어 있다. 바로 제정 러시아의 마지막 황제 니콜라이 2세가 퇴위

성명에 서명한 곳이 바로 이곳이었기 때문이다. 1917년 3월 1일 니콜라이 2세는 2월 혁명의 소용돌이를 피해 전용열차를 타고 상트페테르부르크를 벗어나서 프스코프에 도착했다. 하지만 파업 철도 노동자들이 그 열차를 막아섰고 그 다음날 두마(제정러시아 의회) 의원들이 급히 프스코프에 도착해서 황제에게 나라를 위해 퇴위하고 모든 권한을 두마에게 넘기라고 설득하였다. 니콜라이 황제는 아들 알렉세이에게 왕위를 물려주려 했으나 측근들의 반대로 이행하지 못했고, 그의 동생 미하일 로마노프도 제위를 물려받기를 거절했다. 결국 3월 2일(신력 3월15일) 새벽 니콜라이 2세는 프스코프 역 부근에 정차해있던 자신의 전용열차 안에서 퇴위 성명서에 서명할 수밖에 없었다.[154]

[그림 30] 차르 퇴위에 대한 프스코프역 현판[156]

[그림 29] 프스코프역[155]

[그림 31] 프스코프 역 앞의 차르 예배당[157]

• 대조국전쟁 중의 프스코프

대조국전쟁 기간에 프스코프는 1941년 7월부터 1944년 7월까지 만 3년간이나 나치 독일 점령 하에 있었다.[158] 스탈린 정부가 전쟁 초기 독일 침공에 무방비 상태에 놓여 있었던 것은 잘 알려진 사실이다. 그로 인해 특히 서부 국경지대의 주민들은 당혹스러울 수 밖에 없었다. 프스코프의 주민들이 1941년 6월 22일 발발한 전쟁 상황에 대해 처음으로 소식을 들은 것은 정부기관으로부터가 아닌 백러시아와 발트 해 연안 국가로부터 쏟아져 들어오는 피난민으로부터였다.[159] 정부가 프스코프 주민들에게 소개령을 내리고 구체적 지시사항을 하달한 것은 나치 독일의 전투기가 프스코프를 폭격하기 시작한 7월 2일부터였다. 정부가 하달한 소개 우선권은 무엇보다도 먼저 돈, 문서보관소 자료, 그리고 산업 장비에 주어졌다. 천년고도인 프스코프의 수많은 값진 예술작품과 문화재들을 소장하고 있었던 프스코프 박물관에는 겨우 화물 트럭 3대 분량만 배정되었고 철도 수송으로는 화물열차 1칸만이 배정되었다. 따라서 소개 대상에 선정되지 않은 수많은 예술품들은 박물관 마당에 묻어야만 했었는데 이 와중에서 많은 예술품들이 도난당해서 영원히 사라져 버리기도 했다. 엄청난 손실이었다. 프스코프는 결국 독일 탱크들이 들어오면서 사실상 전투 없이 정복당했는데 이는 독일 군대의 기술적 우위, 소련 지도부의 전시상황에 대한 정확한 판단 능력 결여, 개전 초기의 실수 등으로 인한 당연한 결과였다.[160]

나치 치하에 있었던 모든 도시들이 그렇듯이 프스코프 주민도 3년이라는 점령기에 많은 고통을 당했다. 나치 독일 점령군은 점령 초기부터 프스코프 주민들의 강제 노동을 조직했는데, 초기에는 18~45세의 모든 주민들이 동원 대상이었으나 강제 노동대상자 연령이 15세로 점차로 확대되었고, 최고 나이도 남자의 경우는 65세까지, 여자의 경우는 45세까지 연령대가 상향 조정되었다.[161] 이들은 하루 14~16시간의 노동을 해야 했으며, 순응하지 않을 경우 구타당하거나 감옥에 투옥되기도 하였다. 특히 프스코프 젊은이들은

[그림 32] 제2차 대전 중 독일 점령 하의 프스코프[165]

강제로 독일이나 발트 해 지역으로 보내져서 그곳의 농장이나 군수공장에서 노동을 수행해야 했는데 그곳에서 한 달에 생존을 위한 최소한의 음식을 살 수 있을 정도의 월급을 받고 하루 12시간의 노동에 시달려야 했다. 또한 프스코프 시 외곽의 크레스티(Кресты)라는 마을에는 강제수용소가 설립되어 전쟁기간 중에 수십만 명의 병자들, 부상자들, 탈진한 사람들이 수용되었다.[162] 이바노프(Иванов)라는 프스코프 정교회 사제는 "도시가 독일군에게 점령당한 첫 날부터 거리에는 수많은 소련 병사들이 무장해제 당해 상의도 없이 맨발로 수용소로 끌려가면서 독일군에게 얻어터지고 탈진해 있는 것을 보았다. 이들은 수용소에서 죽어갔다"고 점령 초기의 상황을 들려주었다.[163] 비록 프스코프 주민들은 파르티잔도 결성하여 점령군에서 맞섰고 급기야 1943년에 점령군의 주민 학살과 폭력에 반대하는 봉기도 일으켰다. 그러나 도시가 해방되기까지는 1년을 더 기다려야 했다. 1944년 6월 23일 도시가 소련군에 의해 재탈환되기까지 3년간 크레스티 수용소에서 죽은 사람의 수는 전쟁 직전 프스코프 시 전체 인구와 맞먹는 6만 5천여 명에 달했다.[164] 나치 독일 점령의 경험은 국경 도시 프스코프에 잊을 수 없는 상흔을 남겼다.

• 전후 복구와 산업 발전

프스코프에서 독일군이 물러난 직후인 1944년 8월 23일 러시아 소비에트 연방 사회주의 공화국(РСФСР) 최고회의는 프스코프 주와 벨리코룩스 주의 창설을 공표했다.[166] 이 지역은 바로 대조국전쟁 동안 가장 오래 점령되었던 지역이었다. 이로 인해 많은 손실이 이 지역에 발생했는데 그 피해액만 해도 전체 러시아연방 전체 피해액수의 약 19%를 차지할 정도로 많은 것이었다. 나치 독일 점령군은 프스코프 지역의 산업 시설은 물론 국영농장, 집단농장, 농기계 및 트랙터 배급소(МТС), 문화센터 등의 시설을 황폐화 시켰다. 프스코프 지역의 인명 피해 또한 막대해서 전쟁 전 150만 명이던 것이 1944년 말에는 겨우 50만 명으로 줄어들었다.[167]

전후 복구는 곧 시작되었고 프스코프와 벨리키예 루키는 그 역사적, 문화적 유산의 중요성 덕분에 정부에 의해 우선적으로 복구되어야할 15개 고대 도시 리스트에 포함되었다.[168] 이 결정에 따라 1945년 말 모스크바에서 건축가들이 프스코프로 파견되어 위원회를 구성하여 도시 복구와 발전 계획을 수립하였다. 이 계획에 의하면 프스코프는 향후 10만 명 정도의 인구를 지닌 역사 유적 도시(город-музей)이자 행정 및 산업 중심지로 설계되었다.[169]

도시 경제를 효율적으로 복구하기 위해서는 우선 수송 인프라가 먼저 복구가 되어야 했다. 이에 따라 프스코프와 프스코프 지역의 제2도시 벨리키예 루키를 레닌그라드와 모스크바는 물론 발트 해 지역으로 연결하는 철도선 복구가 먼저 시작되었다. 이후 산업 생산이 점진적으로 복구되기 시작하였다. 가장 성공적인 산업 생산은 아마(亜麻) 제조업으로 1950년 경 프스코프 실 공장의 생산량은 전쟁 전의 2.5배에 달하였다.[170] 베자니츠키 군(Бежаницкий район)에 위치한 '크라스니 루치'(Красный луч) 유리 공장의 경우에도 생산량이 2배나 증가였다. 마찬가지로 프스코프 주 전체 노동자의 1/4이 근무하고 있는 프스코프 강철 제조업의 생산도 증가했다. 1949년에는 프스코프에 처음으로 전자부품 공장이 문을 열었다. 하지만 1950년대 초 무렵 프스코프 주와 벨리코룩스 주는 전반적으로 농업 지역이었다. 인구 대부분이 농촌에 거주하고 있었고 기업 수는 많지 않았다. 이 지역 산업은 주로 그 지방에서 생산되는 원료를 가지고 그 지역에서 소비되는 물품을 만드는 구조를 가지고 있었고 이러한 상황은 1950년대 초·중반까지도 크게 변화하지 않았다.[171]

사실 프스코프 지역은 전통적으로 산업이 발달된 곳이 아니었다. 산업 발전에 유용한 광물이 매장되어 있지 않은 이유도 있지만, 국경지대라는 프스코프의 지정학적 특성이 산업 발전에 제약을 준 점도 있다. 앞서 보았듯이 제1차 세계대전 중에는 프스코프 시가 독일군에게 점령당하기까지 했다. 1차 세계대전 중 붕괴된 제정 러시아로부터 발트 해 국가가 독립하면서 프스코프 지역은 라트비아 및 에스토니아와 국경을 접하고 있는 국경지역이 되었다. 이후 1940년 소련이 발트 지역을 합병하기 전까지 국경지역으로 남아 있었던 프스코프 지역에 소비에트 정부는 안보 및 전략적 차원에서 중요 산업시설 건설을 꺼려했다.[172] 국경지대라는 프스코프의 지정학적 위치가 산업발전을 제한한 것이다. 프스코프 지역은 소련이 발트 지역 국가를 합병함으로써 '국경지역'에서 벗어났다. 하지만 곧 발발한 제2차 세계대전 동안 다시 독일에 의해 3년 동안 점령당하게 되었다. 30년 남짓한 기간에 두 번이나 외국 군대에 점령당한 이 지역에 소련 정부는 제2차 대전 이후에도 한동안 산업 시설을 짓기를 꺼렸던 것이다.

하지만 1957년 프스코프 주와 벨리코룩스 주가 합쳐진 후 프스코프 주의 산업구조에 중요한 변화가 생겨났다. 1950년대 말, 드디어 프스코프 주에도 번듯한 부품 조립 공장이 들어서게 되었다. 자동전화 스테이션 공장, 장거리 통신 기계, 기계제작 공장 등이 프스코프 시에 새롭게 세워졌고, 기존의 프스코프 '메탈리스트' 공장은 '프스코프 전자기기 공장'(ПЭМЗ)으로 새롭게 거듭났다. 물론 소비에트 정부는 전략적 이유로 완제품 생산 공장은 짓지 않고 오직 부품 공장만을 건설하였다.[173] 소련 시기에 프스코프의 공장들은 소련의 여러 지역으로부터 부속품, 원자재 등을 조달 받아 부품을 생산하였다.

이 외에도 벨리키예 루키에는 프스코프 지역의 주 광물인 이탄을 가공하는 공장이 문을 열었다.[174] 이윽고 1960년대에는 오래된 공장에 구식 장비들이 새것으로 교체되었고 새로운 기술도 도입되었다. 이 과정에서 레닌그라드와 우랄 등의 산업 지역에서 새로운 기술자, 엔지니어들도 프스코프 지역으로 충원되었다. 이 외에도 아마, 생선, 우유와 같은 1차 원료를 가공해서 물품을 만드는 제조 공장이 생겨났는데, 대표적인 것으로 빵공장, 내의 공장, 양말 및 스타킹 공장 등이 새롭게 문을 열었다.[175]

하지만 1970년대와 80년대 초 프스코프 주에는 장차 지역 경제발전에 부정적 영향을 미칠 수 있는 현상이 나타나기 시작했다. 첫째, 인구감소 문제였다. 1980년대 초에는 주 전체 인구수가 10년 전에 비해 약 27,000명 정도가 줄어들었다. 이 시기 많은 농촌인구가 도시로 이동하면서 도시거주 인구수가 드디어 농촌 거주 인구수를 능가하게 되었다. 뿐만 아니라 프스코프 주에서 다른 지역으로 이주가 증가하기 시작했다.[176] 이러한 인구 변화 추이가 지역 경제 발전에 무척 중대한 영향을 미침에도 불구하고, 당시 지방 정부는 이 문제의 심각성을 인지하지 못했다. 둘째, 산업 구조면에서도 한 가지 분야를 선택해 집중적으로 육성하기보다는 이것저것 새로운 제품을 방만하게 생산했다. 1970년대에 소련 정부는 프스코프 지역에 중장비 전기용접기구 생산 공장(ТЭСО), 톱니바퀴 제조 공장(ЗЗК) 등과 같은 새로운 공장을 지으면서 지역 생산 품목을 늘려나갔다.

• 암울했던 포스트소비에트 첫 10년

그러나 소련 해체와 함께 프스코프 외부 지역의 산업 기관과 연계가 끊어지게 되면서 프스코프 지역 공장들은 거의 생산을 중단해야 하는 사태를 맞게 되었다. 부품 조달이 되지 않아 공장을 돌릴 수 없었고, 더 나아가 냉전의 종식으로 방위산업 관련 제품 시장도 현격히 축소되었기 때문이었다.[177] 소비에트 시절 프스코프에 위치하였던 4개의 군수품 제조 공장이 도시 경제를 지탱하고 있었지만 소련 해체 이후 그 공장들은 거의 파산 직전에 이르게 되었다. 이런 상황에서 1995년 프스코프 주는 러시아연방 내에서 가장 실업률이 높은 5개 주 가운데 하나가 되었고, 프스코프의 실업률은 러시아연방 전체 실업률의 4배가 넘었다.[178] 1990년대에 프스코프 주의 여타 기업들은 외부로부터 재정지원 없이 지역 내에서 조달 가능한 자원으로 물품을 생산해서 지역 시장을 대상으로 판매하는 체계로 조정해야 하는 시련을 겪었다. 이 과정을 거치면서 1996년 산업 생산은 전년 대비 17%나 감소하였다. 당시 프스코프 지역 공장 중 단 1/5만이 안정적으로 주문량을 확보하고 생산을 늘릴 수 있었고[179] 프스코프 지역 기업 거의 절반 정도가 파산상태에 놓이게 되었다. 이런 상황에서 1996년 프스코프 주의 1인당 산업 생산량은 러시아연방 평균의 겨우 39% 수준으로 하락했다.[180] 설상가상으로 제조업 관련 기업으로부터 들어오는 세금이 거의 고갈됨으로써 1996년 말 프스코프 주 정부의 지출은 세금 수입을 30%나 초과했다. 이러한 일련의 사태로 1997년 프스코프 주는 불명예스럽게도 러시아에서 가장 가난한 8개 주 중 하나가 되었다.[181] 1990년대 말, 2000년대 초가 되어서야 지역경제는 서서히 회복되기 시작하였다.

[그림 33] 소비에트의 잔재. 국영농장 표지판[182]

IV

정치: 국경지대의 보수주의와 지역주의

본 장에서는 먼저 프스코프 주의 행정부 수반인 주지사에 대해서 살펴보면서 프스코프 지방 정부와 중앙과의 관계에 대해서 알아볼 것이다. 그 다음 입법부인 프스코프 주 의회의 구조 및 역할에 대해서 고찰한 후 마지막으로 소련 해체 이후 오늘날까지 프스코프 지역의 국가두마 선거와 대통령선거 결과에 대해 분석할 것이다. 선거 동향 분석을 통해 우리는 프스코프 지역의 정치적 성향을 파악할 수 있을 것이다.

1. 주지사

• 예브게니 미하일로프 (1996~2004)

소련 해체 직후의 혼란상을 극복하고 1990년대 중반 이후부터 프스코프 지역 정치는 상대적으로 안정기로 접어들었다. 1996년 최초의 주지사 선거를 통해 당선된 예브게니 미하일로프(Евгений Михайлов)는 선거운동 과정에서 국수주의 성향이 강한 극우 정당인 러시아자유민주당(이하 '러시아자민당')의 수장 지리놉스키의 후광을 상당히 받았다.[185] 그는 자신이 러시아자민당과 연계되어있기 때문에 지리놉스키의 광범위한 정계, 금융계 인맥을

[표 6] 역대 프스코프 주지사

성명	재임 기간
소비에트 시기[183]	
레온티 안튜페예프 Антюфеев, Леонтий Макарьевич	1944. 8 ~ 1949. 10
겐나디 슈빈 Шубин, Геннадий Николаевич	1949. 10 ~ 1951. 7
미하일 카누닌코프 Канунников, Михаил Яковлевич	1951. 7 ~ 1961. 4
이반 구스토프 Густов, Иван Степанович	1961. 4 ~ 1971. 11
알렉세이 리바코프 Рыбаков, Алексей Миронович	1971. 11 ~ 1987. 6
유리 포고렐로프 Погорелов, Юрий Николаевич	1987. 6 ~ 1988. 12
알렉세이 일린 Ильин, Алексей Николаевич	1988. 12 ~ 1990. 8
니콜라이 보로비요프 Воробьёв, Николай Николаевич	1990. 9 ~ 1990. 10
블라디미르 니키틴 Никитин, Владимир Степанович	1990. 10 ~ 1991. 8
포스트 소비에트시기[184]	
아나톨리 도브랴코프 Добряков, Анатолий Алексеевич	1991~1992 (대통령이 지명; 불법활동으로 사퇴)
블라디슬라프 투마노프 Туманов, Владислав Николаевич	1992~1996 (프로코피예프 프스코프 시장이 추천, 주 의회가 인준)
예브게니 미하일로프 Михайлов, Евгений Эдуардович	1996~2004 (지방선거로 선출 됨)
미하일 쿠즈네초프 Кузнецов, Михаил Варфоломеевич	2004~2009 (지방선거로 선출 됨)
안드레이 투르차크 Турчак, Андрей Анатольевич	2009~2014 (대통령이 추천 후 주 의회가 인준)

활용하여 프스코프 주를 위한 자금 확보에 무척 유리하다고 주장하면서 표를 모았던 것이다.[186] 하지만 주지사 당선 이후 첫 번째 임기(1996~2000) 5년 동안 미하일로프가 추진한 정책의 성격을 살펴보면 이데올로기적이기 보다는 지역의 이해관계를 최우선으로 하는 실용주의적 성향이 강했음을 알 수 있다. 따라서 그가 속한 러시아자민당의 당수 지리놉스키와는 달리 그는 재

임기간 동안 이웃 발트 해 연안 국가들과 어떠한 심각한 분쟁도 일으키지 않았다. 그는 지리놉스키처럼 러시아 민족주의를 내세워 인접국과 긴장관계를 유발하는 스타일과는 거리가 멀었고 프스코프 지역 자체 문제 해결에 더 주안점을 두었다.

[그림 34] 예브게니 미하일로프 주지사[189]

미하일로프 주지사는 프스코프 지역에서 인기를 누리고 있던 러시아자민당의 지원에 의해 당선되었지만 당선 이후에는 러시아자민당으로부터 그다지 큰 지원을 받지 못했다. 그의 지지자 중 러시아자민당 소속은 겨우 몇 명 정도로 손에 꼽을 정도였다.[187] 또한 프스코프 내각의 약 90%는 이전 주지사 블라디슬라프 투마노프(Владислав Туманов) 밑에서 일하던 사람들이었다. 주 의회, 그리고 프스코프 시 행정부와의 관계도 껄끄러울 때가 있었다.[188]

비록 지방 관리들과 관계는 매끄럽지는 못했지만 미하일로프 주지사는 중앙과의 관계에 있어서 프스코프 지역의 이해관계를 수호하기 위해 적극적인 노력을 기울였다. 미하일로프는 프스코프의 애국적인 이미지 즉, '조국 러시아를 수호하는 변방의 요새'의 이미지를 강조하고, 프스코프가 모스크바에 충성해왔음을 강조하는 발언을 함으로써 중앙으로부터의 지원을 확보하려고 노력했다. 1990년대 말 그는 프스코프의 전통적 성향을 이웃 노브고로드 주와 비교하면서 다음과 같이 강조했다.

"고대와 근대 러시아역사에서 가장 중요한 사건 몇몇은 프스코프와 연관되어있다. 바로 '제3로마-모스크바' 이론이 프스코프의 옐리자리예프 수도원의 한 수도승에 의해 만들어졌고 니콜라이 II세가 하야한 것도 바로 프스코프 주에서 일어났다. 프스코프의 영토는 바로 그 자신의 본연의 얼굴을 가지고 있다-여기에 몽골인들은 오지 않았다. 그리고 프스코프는 노브고로드와는 달리 자발적으로 모스크바 공국에 편입되었다. 즉, 프스코프는 노브고로드와는 달리 모스크바를 배신하지 않았다."[190]

그는 또한 프스코프 지역의 경제적 이익을 위해 중앙 정부의 발트 해 연안 국가들에 대한 정책에 대해서도 비난을 서슴지 않았다. 1990년대 국경문제로 에스토니아, 라트비아와 모스크바와의 관계가 경색되면서 러시아 정부가 에스토니아에서 프스코프 주로 들어오는 모든 물품에 두 배의 수입관세를 부과하는 결정을 내리자 미하일로프는 모스크바에 대해 강하게 불만을 표출했다.[191] 미하일로프는 중앙 정부로부터의 지원에 덜 의존하면서 프스코프가 가진 변방성의 이점을 살려 인근 발트 해 국가와 자체적으로 경제협력을 확대하여 지역 경제를 활성화하려는 계획을 가지고 있었는데, 중앙 정부의 이 같은 조치는 프스코프 주의 경제발전에 분명히 방해가 되는 것이었다. 지역의 이해관계 수호를 위해 적극적으로 노력하는 모습을 보인 미하일로프는 지역 주민들의 지지 속에 2001년 주지사 선거에서 재선되어 2004년까지의 임기를 마쳤다.

• 미하일 쿠즈네초프 (2004~2009)

미하일로프 이후 주지사에 당선된 미하일 쿠즈네초프(Михаил Кузнецов)는 지역주민들로부터 미하일로프만큼의 지지를 얻지 못하고 단임으로 마쳤다. 그는 특히 지역사정에 부합하지 않는 정책을 무리하게 수행함으로써 주민들로부터 많은 비난을 받았다. 대표적인 실책 중 하나는 중등학교의 수를 무리하게 감축하는 것이었다. 그는 주지사 임기를 시작하면서 교육기관 재정비에 착수하였고, 이 과정에서 약 130개의 시골 학교를 폐교시켰다.[192] 쿠즈네초프가 취임했을 때 400여개였던 학교가 270여개로 줄었고 그는 중·고등학교의 수를 100여개까지 낮추려고 계획했다. 이러한 조치는 지역 주민들의 강력한 반발을 불러일으켰다. 왜냐하면 프스코프 주는 인구 산재률이 러시아에서 가장 높은 지역으로 주 내에 약 8,000여개의 작은 마을들이 흩어져 있는데, 갑작스럽게 많은 수의 시골학교를 폐교함으로써 지역주민들이 적잖은 불편을 겪게 되었기 때문이었다.[193] 이 외에도 쿠즈네초프는 선거운동 당시 공약을 지키지 않았다는 비난을 받았다. 그는 주지사에 당선되면 세금을 낮추고, 주 재정 상태를 개선하기 위해 모스크바로부터 보조금을 받아오고, 시골 마을에 보조금을 지원하고 사회, 문화시설을 개선하겠다고 약속했지만 이러한 사항들을 실현시키지 못했다.[194]

이러한 실책으로 취임 2년 후인 2006년 4월 지역 여론 조사에 의하면 쿠즈네초프에 대한 지지도는 급락하였다. 당시 프스코프 지역 여론 조사를 보면 푸틴 대통령에 대한 지지도는 1년 전보다 7% 상승한 76%인 반면, 쿠즈네초프에 대한 지지도는 44%에서 25%로 급락하였다. 쿠즈네초프에 대한 반대 의사는 1년 전 34%에서 64%로 급증한 것으로 나타났다. 이러한 상황에서 모스크바도 지방 주민들로부터 비난받는 주지사를 연임시킬 수는 없었다. 2009년 메드베데프 대통령은 경제 현안에 대한 의견 대립을 이유로 쿠즈네초프를 해임시키고 새로운 주지사를 지명하였다.[195]

• 안드레이 투르차크 (2009~현재)

2009년 2월 27일 임명되어 현재 주지사로 활동하고 있는 안드레이 투르차크(Андрей Турчак)은 몇 가지 주목할 만한 점을 지니고 있다. 첫째, 그는 러시아에서 가장 젊은 나이의 주지사 중 한 명이다. 투르차크는 1975년 12월 20일 상트페테르부르크 생으로 2012년 현재 만 36세이다.[197] 그는 20세부터 아버지가 운영하는 항공조종·항법 관련 기기 제작회사의 간부로 일하면서 기업 경영, 사업관련 업무를 마스터하였다. 29세 때인 2005년 '통합러시아(Единая Россия)' 당에 가입하면서 정계에 처음 발을 들여놓았다. 2006년 '통합러시아' 당 최고회

[그림 35] 안드레이 투르차크 주지사[196]

의는 32세의 투르차크를 네네츠 자치구(Ненецкий автономый округ) 의회 대표로 연방회의 의원에 임명되었다. 이후 33세인 2007년에 투르차크는 프스코프 주 의회 의원으로 선출되면서 프스코프 주와 인연을 맺게 된다.[198)]

둘째, 그는 주지사 임명 당시 총리직을 맡고 있었던 푸틴의 고향 친구 아나톨리 투르차크(Анатолий Тручак)의 아들이다.[199)] 아나톨리 투르차크는 푸틴과 유도를 같이 하면서 친해졌으며, 투르차크의 아들 안드레이 투르차크도 유도를 즐기고 검은 띠의 유단자이다.[200)] 정치평론가들은 투르차크가 주지사로 임명된 것은 푸틴과 친구 사이인 부친의 영향력에 힘입은 것으로 보

[표 7] 안드레이 투르차크 주지사 약력

연도	나이	주요 약력
1975 12. 20		레닌그라드 출생
1991-1995	15-19세	청소년 스포츠 학교(ДЮСШ)* 올릭픽 예비 유도팀 '코스모나프트'(Космонавт)의 트레이너 코치. 유도선수권자(Мастер спорта)
1996. 3	20세	지주 회사 '렌노르트'(ДенНорт)**총책임자.
1997	21세	(주) '전화기기 공장'(ОАО Завод Электробытовой аппаротуры) 총책임자
1998	22세	상트페테르부르크 국립 항공우주산업 대학교(ГУАП) 졸업
2000. 4	24세	'에네르고마시 은행'(Энергомашбанк) 임원
2000-2002	24-26세	'레닌예츠' 사의 재건축 사업 소장 및 조합 정책 소장 (주) '북-서 우호단체' 총책임자 (2002년)
2003	27세	'레닌예츠' 회사 부회장 및 경영단 임원
2005. 8	29세	'통합러시아'(Единая Россия) 당 가입. 청년정책 조정자 '통합러시아 청년근위대'(Молодая гвардия) 조정위원회
2006. 8	32세	네네츠 자치구 의회 의원 연방회의 의원 (네네츠 자치구 대표)
2007	33세	프스코프 주 의회 의원 ('통합러시아' 당) 연방의회 의원 (프스코프 주정부 대표)
2009. 2. 16	35세	프스코프 주지사로 임명됨. 2월 27일 주 의회에서 총 40명 중 37명의 찬성표 획득. 주지사로 확정됨.

*ДЮСШ (детско-юношеская спортивная школа)
**'렌노르트'는 투르차크의 아버지 아나톨리 투르차크가 회장으로 있는 '레닌예츠'의 자회사임.

고 있다.[201] 개인적 유대관계가 특히 중요시 여겨지는 러시아 정치문화 특성상 투르차크와 푸틴 총리의 특별한 친분 관계는 프스코프 주에 대한 모스크바의 관심을 유도해내고 재정적 지원을 받는 데 상당히 유리하게 작용한다.[202] 임기 내내 모스크바와 관계가 소원했던 전임 주지사와는 달리 투르차크 주지사는 이미 모스크바로부터 지원을 받아내는 성과를 올렸다. 그는 연방정부로부터 프스코프에 새로운 국립대학교 건설과 프스코프 주 최초의 심장혈관 병원 설립에 대한 약속을 받아낸 것이다.[203] 중앙과의 밀접한 개인적 관계를 통해 지방의 이해관계를 성사시킨 투르차크 주지사의 성과는 오늘날 러시아 정치가 개인적 인맥을 중심으로 후견인-피후견인의 관계로 엮어진 파벌 정치(clan politics)의 성격을 가지고 있음을 보여주는 적절한 예가 될 것이다.

2012년 3월 현재, 주지사 밑에는 7명의 부주지사가 주지사의 다양한 업무를 보좌하고 있다.[204] 특이한 점은 첫째, 주지사처럼 부주지사의 나이도 모두 30-40대로 젊은 편이며, 둘째, 부주지사 중 가장 요직인 제1부주지사(превый заместитель губернатора)와 주 행정을 총괄하는 행정담당 부주지사 세르게이 페르니코프(Сергей Перинков)는 투르차크의 아버지 회사 '레닌예츠'에서 일했던 인물이라는 것이다.[205]

2. 주 의회

• 구성

프스코프 주 의회(Псковское областное собрание депутатов)는 주 정부가 관할하는 문제와 러시아연방이 주 정부와 공동으로 관할하는 문제들 사이에서 법적 조정을 수행하는 역할을 한다. 프스코프 주 의회는 단원제로 이루어져있으며 주의 최고 입법기구이다. 2012년 3월 현재 총 44명의 의원으로 구성되어있으며 이들은 비밀선거로 직접 선출된다. 의원의 임기는 5년이다. 오늘날과 같은 형태의 프스코프 주 의회는 1994년 4월 8일 소비에트 시기 프스코프 주 인민대의원회의의 권한을 승계받음으로써 성립되었다.[206)]

[표 8] 프스코프 주 의회 (2012년 3월 현재)[207)]

구분	내용	
구 성	단원제	
인 원	총 44명	
주 의회장	알렉산드르 코토프(Котов, Александр Алексеевич) 소속: '통합러시아' 당	
당 구성	'통합러시아' 당	27명
	러시아공산당	9명
	'정의러시아' 당	4명
	러시아자민당	3명
	야블로코	1명
임 기	5년	

• 활동

제1대 주 의회(1994~1998)는 21명의 의원으로 구성되었다. 이 시기는 정부 기관과 막 형성된 지방 자치기관 사이에 상호관계가 형성되는 시기였다. 따라서 주 의회의 주요 활동은 주의 지위, 헌정 활동의 토대 구축 등과 관련된 법률안을 만들고 채택하는 것이었다. 바로 이 시기에 "주 전체 투표에 대하여" "프스코프 주 의회에 대하여," "주의 행정에 대하여," "주의 행정부 수반 투표에 대하여," "주 의회 행정부에 대하여"와 같은 법령들이 만들어졌다. 1996년 2월에는 프스코프 주에 지역자치 기구가 형성되어 시 행정 수장과 대표들을 선발하였다. 제1대 주 의회는 총 153개 주 자치 법안과 약 1,000여 개의 주 자치 법령을 채택하였다.

제2대 주 의회(1998-2002)는 22명의 의원으로 구성되었다. 이 시기에는 지방 자치의 법률적 토대를 규정하는 표준 법규를 제정하고 주 정부와 시 직무에 대한 법률적 토대를 마련했으며, 재정 분야, 토지개혁, 어업, 그리고 수자원 보호에 대한 법률들을 제정하였다. 이외에도 사회 성격에 관한 법률이 제정되었으며, 주 예산 관리에 관련한 법도 정비되었다. 제2대 회기 동안 188개의 주 자치 법안과 1,000여개의 주 자치 법령이 통과되었다.

[그림 36] 프스코프 주의회 회의[208]

제3대 주 의회(2002~2007)는 33명의 의원으로 이루어졌는데, 프스코프 주는 러시아연방주체 중 처음으로 선거구와 비례대표제 두 가지 방식으로 주 의원을 선발한 연방주체 중 하나였다. 22명의 의원은 선거구 방식으로 선출되었고 나머지 11명은 비례대표제로 선발되었다. 이 기간에는 주 의원의 지위, 프스코프 주의 정부 관련 업무 등에 대한 프스코프 주의 규정들이 만들어졌다. 이 회기 동안에는 이미 제정되었던 민주정치에 대한 법규가 더욱 수정 보완되었다. 이에 따라 지방 자치, 시 교육 규정의 정부 등록, 시 교육 담당 수장 선출 등에 대한 법규들이 정비되었다.

제4대 주 의회는 2007년 3월 11일 시작되었다. 지역구와 비례대표제 선거로 각각 22명씩이 선출되어 총 44명의 의원으로 구성되었다. 비례 대표제의 경우 '통합러시아' 당이 득표율 45% (110,406표), 러시아공산당이 19.46% (47,298표), '정의러시아' 당이 15.68% (38,109표), 러시아자민당이 8.41% (20,456표)의 득표율을 획득하여 주 의회에서 '통합러시아' 당은 11석, 러시아공산당은 5석, '정의러시아' 당은 4석, 그리고 러시아자민당은 2개의 의석을 배정받았다.

• 연방의회 대표

러시아연방의회(Федеральное Собрание Российской Федерации)는 양원제로 이루어져 있다. 상원에 해당하는 연방회의(Совет Федерации)는 83개 연방 구성주체 각각에서 2명씩 선발되어 총 166명으로 구성되어있고 하원에 해당되는 국가두마(Государственная Дума)는 총 450명으로 구성되어 있다. 각 연방주체가 2명의 상원 의원을 선출을 해야 하는데, 한 명은 연방주체 행정부 수장이 지명하여 지방 의회의 인가를 받아 임명되며, 또 한 명은 지방 입법부에 의해 선출된다. 하원 의원의 경우 임기는 4년이며, 소선거구제와 비례대표제에 의해 반반씩 선출되는 구조였지만, 2005년 완전 비례대표제로 개정되었다. 프스코프 주에서 국가두마에 진출한 의원은 3명이며 상원에는 2명의 프스코프 출신 의원이 활동하고 있다.

[표 9] 프스코프 주 러시아연방의회 대표 (2012년 3월)[209]

	성 명	출생년도	지명 전 직업
연방회의 (상원)	알렉산드르 보리소프 (Борисов А. А.)	1974	(주)'기계공장' 제1부소장
	미하일 마르겔로프 (Маргелов М. В.)	1964	러시아언론 '베스티' 정치부 부장
	성명	**출생년도**	**소속 정치단체**
국가두마 (하원)	미하일 브랴차크 (Брячак М. В.)	1957	'정의러시아' 당
	알렉산드르 바실리예프 (Васильев А. Н.)	1982	'통합러시아' 당
	블라디미르 니키틴 (Никитин В. С.)	1948	러시아공산당

[그림 37] 프스코프 주 의원들[210)]

3. 정치 성향

• 보수주의와 지역주의

소련 붕괴 이후 프스코프 지역의 총선 및 대선 결과를 살펴보면 프스코프 지역의 정치적 성향을 가늠할 수 있다. 국경지대에 위치한 프스코프 지역은 역사적으로 외침을 많이 받아온 지역으로 안보문제에 대해 민감하게 반응해온 지역이다. 소련 해체 직후 1990년대 초·중반에는 에스토니아, 라트비아와 국경 논쟁이 일어남으로써 한때 긴장 분위기가 조성되기도 했다.[211)] 당시 에스토니아가 프스코프 주의 서쪽 영토 절반은 자국의 땅이라고 주장하면서 영토 분쟁 가능성이 대두되기도 하였다.[212)] 또한 국경지역의 특성상 프스코프 지역에는 많은 군부대가 주둔하고 있고 따라서 보수적 성향의 군 관련 인구가 많이 거주하고 있다. 이런 이유로 여타 지역보다 보수적 성향이 강한 편이다. 아울러 경제적으로 프스코프 주는 농업 중심 지역으로 1990년대에는 한때 러시아연방 내에서 가장 가난한 10개 연방주체 중에 속할 정도로 상황이 열악했다.[213)] 프스코프 지역의 이러한 지정학적, 지경학적 특성은 이 지역의 정치적 성향을 형성하는 주요 근간이 되고 있다. 본 절에서는 그 동안의 국가두마 선거에서 프스코프 지역의 투표 성향을 분석하여 상기한 지역적 특성이 어떻게 정치 성향에 영향을 미쳤는지 살펴보겠다.

아래의 [표10]에서 보듯 1993년 총선 때 프스코프 지역 투표 결과의 특성 중 하나는 지리놉스키가 이끄는 자민당에 대한 지지율이 43%로 러시아연방 내에서 가장 높았다는 점이다. 당시 소위 강대국 러시아의 부활을 외치며 '지리놉스키 현상'을 일으켰던 러시아자민당이 프스코프 지역에서 많은 지지를 받은 이유는 프스코프의 지역적 특성에 근거하여 설명할 수 있을 것이다. 1993년 총선 당시 농촌지역은 옐친 정부가 추진하던 급진적 시장자본주의 개혁에 대해 강한 반감을 가지고 있었는데[214] 농업 위주인 프스코프 지역도 예외는 아니었다. 그에 더해 당시는 지리놉스키 또한, 서구식 개혁 노선에 반기를 들며 옐친 정부를 강도 높게 비판하던 때였다.[215] 뿌리 깊은 反소비에트, 반러시아 감정을 가지고 있는 이웃 발트 해 연안 국가들과의 국경분쟁, 열악한 경제상황, 그리고 여타 지역과 비교해서 군 관련 인구 비율이 높은 프스코프의 지역적 특성으로 인해 프스코프 지역 주민들은 지리놉스키의 주장에 강한 동감을 느꼈다.[216] 바로 이러한 상황이 1995년의 국가두마 선거

[표 10] 제1대 국가두마 선거 (선거일: 1993. 12. 12)[217]

정 당	프스코프 주 득표율 (%)	러시아연방 득표율 (%)
러시아자민당 (Либерально-демократическая партия России)	43.01	22.92
러시아의 선택 (Выбор России)	10.13	15.51
러시아공산당 (Коммунистическая партия Российской Федерации)	9.50	12.40
러시아농업당 (Аграрная партия России)	8.94	7.99
러시아여성의 정치운동 (Политическое движение Женщины России)	8.23	8.13
야블로코 (Рсссийская объединенная деморкатическая партия Яблоко)	5.62	7.86
러시아통합과 조화당 (Партия российского единства и согласия)	4.88	6.78
러시아민주당 (Демократическая партия России)	4.06	5.52

[표 11] 1993년 총선의 러시아자유민주당 지지율[218)]

지지율이 가장 높은 지역	지지율(%)	지지율이 가장 낮은 지역	지지율(%)
프스코프 주	43.01	인구세티아 공화국	3.20
스타브로폴 주	38.53	다게스탄 공화국	3.38
벨고로드 주	37.07	카바르디노-발카리아 공화국	8.79
사할린 주	36.86	투바 공화국	9.73
모르도비아 공화국	35.34	바쉬토르스탄 공화국	12.56
탐보프 주	35.32	모스크바 시	12.82
쿠르스크 주	33.48	우스트 오르다 자치구	14.35
오룔 주	31.80	아디게야 공화국	14.38
리페츠크 주	31.70	페름 주	14.81
크라스노다르스크 변강	31.17		
랴잔 주	30.84		
보로네주 주	30.63		
치타 주	30.49		
툴라 주	30.35		
레닌그라드 주	30.04		

[표 12] 제2대 국가두마 선거 (1995. 12. 17)[219)]

정 당	프스코프 주	러시아연방
	득표율 (%)	득표율 (%)
러시아공산당 (Коммунистическая партия Российской Федерации)	22.65	22.30
러시아자민당 (Либерально-демократическая партия России)	20.87	11.18
우리집-러시아 (Наш дом-Россия)	6.01	10.13
야블로코 (Рсссийская объединенная деморкатическая партия Яблоко)	4.89	6.89
러시아여성의 정치운동 (Политическое движение Женщины России)	4.78	4.61
공산주의자노동러시아 (Коммунисты-Трудовая Россия)	4.59	4.53
노동자자치당 (Партия Самоуправления трудящихся)	4.13	3.98
러시아농업당 (Аграрная партия России)	3.93	3.78
러시아공동체회의 (Конгресс русских общин)	3.62	4.31

에서도 표출되었다. 즉, 지리놉스키가 이끄는 러시아자민당에 대한 프스코프 주민의 지지율은 약 20%로 전국 평균 지지율인 11%의 두 배 가까이 높게 나타났던 것이다.

1996년 프스코프 주지사 선거에서 지리놉스키가 이끄는 러시아자민당 소속의 예브게니 미하일로프가 2차 투표를 거쳐 56%의 지지율을 얻음으로써 36%의 지지율을 얻은 기존 주지사 블라디슬라프 투마노프(집권당 소속)를 누르고 승리한 것도 1995년 국가두마 선거 결과 해석과 유사한 맥락에서 보아야 할 것이다.[220)]

미하일로프의 선거승리 역시 프스코프 지역의 지경학적 특성과 지정학적 특성이 상호 맞물리면서 지역 주민의 정치 성향에 얼마나 많은 영향을 미쳤는가를 명확히 보여준다. 미하일로프는 지역 경제발전에 초점을 맞춰 선거 캠페인을 벌였다. 그는 선거운동 기간 중 지역 자체의 재정기반이 전혀 없음을 지적하면서, 이제까지 연방정부의 지원에만 의존해왔던 것이 얼마나 헛된 것이었는지 지역 주민들에게 상기시켰다.[221)] 즉, 미하일로프는 지역 경제의 어려움에 대한 분노와 연방정부에 대한 실망이 가득한 지역 주민들에게서 공감을 샀던 것이다.[222)] 하지만 그것만이 아니었다. 당시 그가 소속된 당의 수장 지리놉스키의 인기에 어느 정도 혜택을 받은 점도 분명히 있다.[223)] 주지사 선거 직전인 1996년 11월 초 러시아 공영TV 오에르테(OPT)는 지리놉스키가 프스코프 주 페초리 지역에서 행한 연설을 방영하였는데 페초리 지역은 1940년 소련에 합병되기 전까지는 에스토니아에 속했던 지역이었다. 지리놉스키는 에스토니아 지도에는 페초리 지역이 에스토니아 영토로 표시되어 있다고 지적하면서 에스토니아인들이 만약 그 지역에 대한 영유권을 장래에 다시 주장하고 만약 그것이 실현된다면 그 지역에 거주하고 있는 러시아인들을 추방할 것이라고 주장했다.[224)] 이러한 발언은 라트비아와 에스토니아로부터 프스코프로 이주해 온 8만 명에 달하는 러시아인들에게는 상당히 민감한 문제였고, 늘 초미의 관심사였다.[225)] 이런 상황에서 이들 이주민들이 디

아스포라 문제에 대해 관심을 보인 지리놉스키가 이끄는 러시아자민당 소속의 후보에게 표를 던진 것은 어느 정도 예측 가능한 일이었다.

물론 옐친 측 후보 투마노프도 지역주민들에게 프스코프의 전통적인 지정학적 특성, 즉 러시아의 서쪽 최전방에 위치한 요새의 역할을 상기시키면서 인접 발트 해 연안 국가에 대한 NATO와 EU의 영향력 확산 노력, 그리고 에스토니아, 라트비아의 프스코프 지역에 대한 영토 주장을 경계해야 한다고 강조했다.[226] 이를 통해 그는 러시아를 수호하는 국경지역 요새로서의 전통적 역할을 해왔던 프스코프 지역의 지정학적 측면을 상기시키고 프스코프 지역 안보 보장을 약속하였다. 하지만 앞서 보았듯이 지정학적 요소만을 강조해서는 더 이상 지역 주민들로부터 충분한 지지와 관심을 끌 수 없었다. 지역 경제 문제점 해소에 대한 대안을 설득력 있게 제시 못한 투마노프는 지역 경제 문제 해결책을 제시한 미하일로프에게 결국 패배할 수밖에 없었다.

1999년 프스코프 주민들의 총선 투표 결과를 보면 친 서방 정책을 추진해왔던 옐친 정부에 대한 프스코프 주민들의 반감을 읽을 수 있다. 당시 옐친 대통령은 루시코프(Юрий Лужков) 모스크바 시장과 프리마코프 전 총리 세력이 연합해서 창설한 '조국-전러시아'를 견제하고 국가두마 내에서 정부 정책을 지지하는 세력을 만들고자 총선 직전 '단합'(Единство)이라는 명칭의 친 정부 성향의 정치세력을 급조하였다. 당시 푸틴 총리는 이 정치세력에 대해 공개적 지지를 표명하였는데 프스코프 지역에서 '단합'에 대한 득표율이 여타 지역보다 15% 높은 38%였다는 점은 여러 가지를 암시한다. 이는 1999년 8월 9일 당시 연방보안국(ФСБ: Федеральная служба безопасности) 장관이었던 푸틴이 총리로 임명된 후 제2차 체첸 전쟁을 주도하여 분리주의자들을 성공적으로 제압한 데에 대한 민족주의적이고 보수적인 프스코프 지역 주민의 명백한 의사 표시라 할 수 있다. 푸틴은 총리로 임명된 직후인 1999년 9월 분리주의자들의 본거지인 체첸공화국 수도 그로즈니에 대해 대규모 공습을 개시하였고, 12월 초 그로즈니 무장 세력에 대한 항복을 종용하는 최후통첩을 날리는 등의 성과를 올렸다.[227] 푸틴의 시원스런 행보가 바로 프스코프 주민들의 정서에 맞았던 것으로 볼 수 있다.

[표 13] 제3대 국가두마 선거 (1999. 12. 19)[228]

정 당	프스코프 주	러시아연방
	득표율 (%)	득표율 (%)
단합 (Единство)	38.28	23.32
러시아공산당 (Коммунистическая партия Российской Федерации)	23.46	24.29
러시아자민당 (Либерально-демократическая партия России)	6.98	5.98
조국-전러시아 (Отечество-Вся Россия)	5.13	13.33
우파세력연합 (Союз правых сил)	4.97	8.52
야블로코 (Рссийская объединенная деморкатическая партия Яблоко)	3.24	5.93

• 연방정부에 대한 불신

푸틴 통치 1기 동안 '통합러시아' 당에 대한 프스코프의 지지는 전국적 수준과 크게 다를 바 없었다. 2003년 총선에서 프스코프 지역 주민들의 집권여당인 '통합러시아' 에 대한 투표율은 러시아 전국 평균과 같은 37%를 기록하였다. 하지만 푸틴 집권 2기가 끝나는 시점에 치러진 2007년 총선에서는 프스코프 주민들의 '통합러시아' 당에 대한 지지율은 러시아 전국 평균인 64%보다 8% 못 미치는 56%를 기록하였으며, 메드베데프 통치 말기인 2011년 총선에서 집권 여당에 대한 지지는 전국 평균 지지율 49%보다 13%나 낮은 36% 선에 머물렀다. 이 같은 차이는 분명 여타 지역보다 중앙 정부에 대해 불만이 많음을 뜻하는 것이다.

프스코프 지역 주민의 연방정부에 대한 비교적 강한 불신은 특히 1990년대 대통령 선거에서도 부분적으로 표출되었다. 1996년 대통령 선거에서 프

[표 14] 제4대 국가두마 선거 (2003. 12. 7)[229]

정 당	프스코프 주	러시아연방
	득표율 (%)	득표율 (%)
통합러시아 (Единая Россия)	37.14	37.57
러시아공산당 (Коммунистическая партия Российской Федерации)	15.17	12.61
러시아자민당 (Либерально-демократическая партия России)	10.68	11.45
로디나 (Родина)	8.12	9.02
러시아부흥-러시아생활당 (Птия Возрождения России - Российская партия ЖИЗНИ)	4.49	1.88
우파세력연합 (Союз правых сил)	3.81	3.97
러시아연금생활자당과 사회정의당(Российская партия пенсионеров и партия социальной справедливости)	3.27	3.09
야블로코 (Рссийская объединенная деморкатическая партия Яблоко)	3.14	4.30

[표 15] 제5대 국가두마 선거* (선거일: 2007. 12. 2)[230]

정 당	프스코프 주	러시아연방
	득표율 (%)	득표율 (%)
통합러시아 (Единая Россия)	56.73	64.30
러시아공산당 (Коммунистическая партия Российской Федерации)	14.33	11.57
정의러시아 (Справедливая Россиия)	11.14	7.74
러시아자민당 (Либерально-демократическая партия России)	9.20	8.14
러시아농업당 (Аграрная партия России)	3.12	2.30
야블로코 (Рссийская объединенная деморкатическая партия Яблоко)	1.72	1.59
시민의 힘 (Гражданская сила)	1.08	1.05
러시아애국자 (Патриоты России)	1.01	0.89
우파세력연합 (Союз правых сил)	0.49	0.96
사회정의당 (Партия социальной справедливости)	0.22	0.22
러시아민주당 (Демократическая партия России)	0.51	0.13

*비례대표제로 치러짐

[표 16] 제6대 국가두마 선거* (선거일: 2011. 12. 4)[231)]

정 당	프스코프 주 득표율 (%)	러시아연방 득표율 (%)
통합러시아 (Единая Россия)	36.65	49.32
러시아공산당 (Коммунистическая партия Российской Федерации)	25.13	19.19
정의러시아 (Справедливая Россиия)	16.41	13.24
러시아자민당 (Либерально-демократическая партия России)	13.93	11.67
야블로코 (Рссийская объединенная деморкатическая партия Яблоко)	5.10	3.43
러시아애국자 (Патриоты России)	0.90	0.97
프라보예 델로(Правое дело)	0.45	0.60

*비례대표제로 치러짐

스코프 지역의 지지율을 분석해보면 2차 선거에서 제1야당이었던 공산당 당수 주가노프에 대한 지지율이 당시 옐친대통령에 대한 지지율보다 3% 더 높았음을 알수있다. 이는 러시아 전체 지지율의 경우 옐친이 주가노프 보다 무려 13% 높았던 것을 감안하면 프스코프 지역 주민들의 연방정부에 대한 지지도가 타 지역에 비해 상당히 낮음을 뜻한다. 이 같은 현상은 소련 붕괴 이후 경제적으로 여타 지역보다 상당히 어려운 경제 상황에 처해있었던 프스코프 지역의 특성을 반영한 것으로 보인다. 당시 프스코프 지역 주민들은 옐친 정부의 시장경제개혁에 대한 반발을 표출하는 반면 소비에트 시기 사회보장 제도 등에 대한 선호를 나타냈다고 볼 수 있다.

아울러 2000년 대통령 선거에서 당시 제2차 체첸 전쟁을 성공적으로 이끌었던 푸틴에 대한 지지가 러시아 전국 평균보다 약 10%나 높았던 점은 국경지대라는 프스코프의 지리적 특이성, 즉 군 관련 인구가 여타 지역보다 많다는 특성으로 인해 보수적 안보의식이 강한 특성을 보여준 것으로 해석할 수 있다.

[표 17] 1996년 대통령 선거 결과 (선거일: 1996. 6. 16)[232)]

후보	프스코프 주	러시아연방
	득표율 (%)	득표율 (%)
주가노프*	30.39/48.08	32.0/40.3
옐친*	24.81/45.23	35.3/53.8
레베드	23.56	14.6
지리놉스키	10.19	5.7
야블린스키	7.04	7.3

*주가노프, 옐친은 1차/2차 투표결과임

[표 18] 2000년 대통령 선거 결과 (선거일: 2000. 3. 26)[233)]

후보	프스코프 주	러시아연방
	득표율 (%)	득표율 (%)
푸틴	62.55	52.9
주가노프	25.65	29.2
야블린스키	2.70	5.8
지리놉스키	2.69	2.7
툴례예프	2.27	3.0

[표 19] 2004년 대통령 선거 결과 (선거일: 2004. 3. 14)[234)]

후보	프스코프 주	러시아연방
	득표율 (%)	득표율 (%)
푸틴	70.79	71.31
하리토노프	16.64	13.69
글라지예프	3.49	4.10
하카마다	3.13	3.84

[표 20] 2008년 대통령 선거 결과 (선거일: 2008. 3. 2)[235]

후보	프스코프 주	러시아연방
	득표율 (%)	득표율 (%)
메드베데프	70.16	70.28
주가노프	20.32	17.72
지리놉스키	7.56	9.35
보그다노프	0.91	1.30

[표 21] 2012년 대통령 선거 결과 (선거일: 2012. 3. 4)[236]

후보	프스코프 주	러시아연방
	득표율 (%)	득표율 (%)
푸틴	59.69	63.60
주가노프	20.64	17.18
프로호로프	7.30	7.95
지리놉스키	6.71	6.22
미로노프	4.57	3.85

V

경제: 제조업과 축산업 그리고 교역의 중심지

1. 경제 개관

앞서 프스코프 지역 역사에서 살펴보았듯이 이 지역은 20세기 초까지 농업 중심 경제 구조를 유지했다. 20세기 들어 발생한 제1, 2차 세계대전 시에 이곳이 독일군에 점령당하는 수난을 겪게 되자 소비에트 정부는 서유럽과 국경을 맞대고 있던 프스코프 지역에 전략적 차원에서 중요한 산업시설 건설을 꺼렸다. 이 때문에 프스코프 지역은 1930년대 소련 전역에 산업화 열풍이 불었을 때 그 혜택을 받지 못했다. 제2차 세계대전 이후에도 상황은 마찬가지였다. 다만 1950년대 후반부터 프스코프 지역에 몇몇 산업 시설이 들어섰지만 주로 부품 공장과 같은 경공업 시설들이었다.

소련 해체 이후 첫 10여 년 동안 프스코프 지역은 새로운 시장경제 체제에 적응하는 과정에서 많은 진통을 겪었다. 산업 부문에서 생산량이 전년도 생산량(100을 기준)보다 증가하기 시작한 것은 1998년이 되어서야 비로소 가능했다 [그림-38]. 냉전 시기에 지어진 전략적으로 그다지 중요하지 않은 몇몇 군수 공장도 소련 해체 이후에는 지역 경제에 전혀 도움이 안 되었을 뿐 아니라 오히려 애물단지가 되었다. 더구나 프스코프 지역 대다수 공장은 완제품을 생산하는 공장이 아니라 다른 제품에 들어가는 부품을 소련 각지에서 조달받아 조립하는 공장들이었다. 이 때문에 소련 해체 이후 부품 조달 체계가 무너짐으로써 각지로부터 부품이 공급되지 않아 프스코프 공장들은 생산을 중단해야 하는 상황도 맞이하게 되었다.[237] 이런 이유로 주변 지역보다 프스코프는 더 혹독한 경제체제 이행 과정을 겪어야 했고, 한동안 상황도 열악했다. 또한, 많은 공장이 예산의 부족으로 1990년대 말까지 소련 시기의 낙후된 설비를 그대로 사용하고 있어서 생산성이 높지 못했다. 하지만 1990년대 말, 2000년대 초부터 외국의 새로운 설비를 수입하여 낙후된 기계를 교체하면서 생산성이 개선되기 시작했다.[238] 지역 산업 생산은 2000년대 들어서 매해 안정적으로 그 전해의 생산량을 유지하고 있지만 아직 월등히 증가세를 보이는 것은 아니다. 특히 2008년 미국발 금융위기와 같은 글로벌 위기에 지역 경제가 여전히 취약함을 보여주고 있다 [그림-38]. 비록 2000년 이후부터 전년도에 비해 생산이 늘고는 있지만 2002년의 산업 생산은 소련 해체 직전인 1990년 수준의 절반도 안 되는 42%에 머무르고 있다.[239] 2004년 러시아의 전문가들은 프스코프 지역이 소련 시기의 산업 생산 수준에 도달하려면 2004년 당시의 지역 경제발전 수준이 지속된다고 가정할 경우 2020년이 되어야 할 것이라고 전망했다.[240] 이는 곧 소련 해체 이후 30년이 지나서야 이전 산업 생산 수준으로 복귀하게 됨을 의미한다. 너무 많은 시간이 소요되는 것

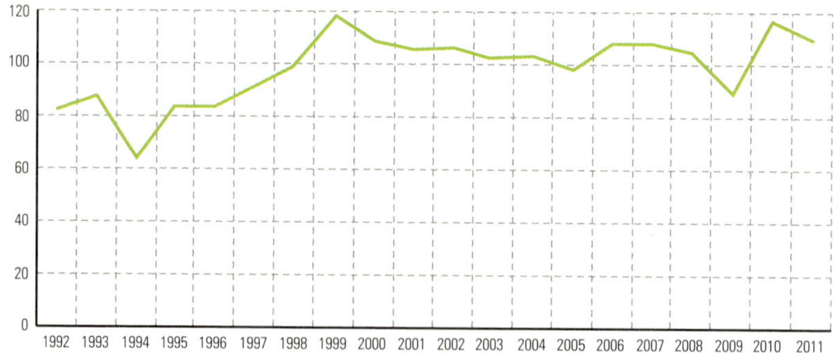

[그림 38] 프스코프 주의 전년도 대비 산업생산 증감률[241]

이다. 그러나 최근에 프스코프 주는 국경지대라는 지정학적 위치를 활용하여 해외투자 유치, 교역 중심지 부상 계획을 세워 지역 경제 부흥을 꾀하고 있다.

본 장에서는 먼저 프스코프 지역 경제 구조의 특성을 살펴보고 그 후 프스코프의 지정학적 위치가 지역 경제 발전에 어떤 영향을 미치고 있는가, 그 이점은 무엇이고 내재된 불안 요소는 무엇인가를 알아보면서 프스코프 지역의 향후 경제 전망을 제시하고자 한다.

• 경제 활동 인구

2011년 현재 총 67만 1천명의 프스코프 주 인구 중 경제활동인구는 36만 명 정도이다. 그중 32만 5천 명이 프스코프 지역에 고용되어 일하고 있다. 이들 지역 노동인구 중 약 40%가 농업, 산업, 유통 3가지 분야에 종사하고 있다.

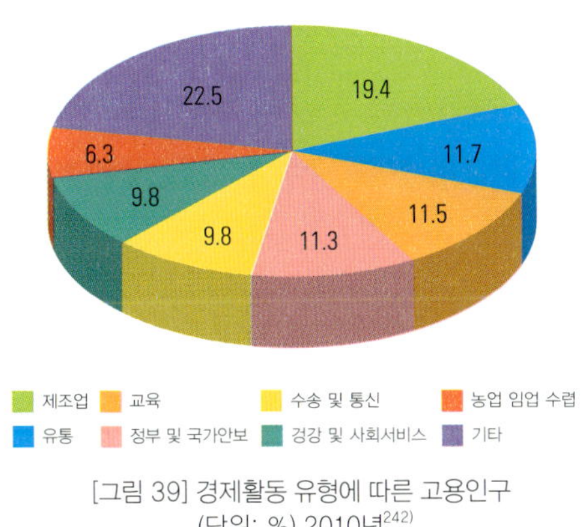

[그림 39] 경제활동 유형에 따른 고용인구 (단위: %) 2010년[242]

• 지역 총생산

프스코프 지역 총생산은 860억 루블(2010년)로 도소매업이 프스코프 지역 생산의 1/5을 차지하고 있다. 그 다음으로 제조업이 17.8%로 지역 생산의 두 번째 위치를 점하고 있고, 수송 및 통신이

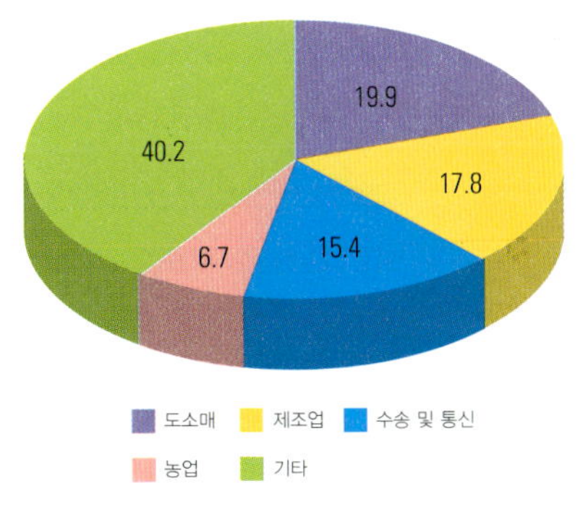

[그림 40] 지역 총생산 구조 (단위: %) 2010년[243]

[그림 41] 프스코프 시 상가지구[244)]

15.4%로 세 번째, 농업이 전체 생산의 6.7%를 차지하면서 네 번째로 지역 총생산에 기여하고 있다.

2. 산업

프스코프 지역 산업에서 가장 주요한 부분을 차지하고 있는 것은 제조업이다. 그 중에서도 대표적 생산품은 식품과 관련된 것으로 식품, 음료, 담배가 차지하는 비율은 전체 제조업 생산품의 33.5% 정도를 차지한다[그림 42]. 그 다음으로 전기, 전자, 광학 기기 제품이 24.4%를 차지하고, 기계제품, 설비 제품이 약 9.4%, 그리고 비금속 제품, 광물 제품, 일용품이 6.9%를 차지하고 있다. 제조업 생산은 1999년부터 본격적인 회복세로 들어서 전년도 대비 플러스 생산율을 유지하고 있다[그림 43].

전문가들은 현재 프스코프에서 가장 빠르게 성장하고 있는 산업부문으로 식품가공업(특히, 고기 가공제품과 낙농제품)을 꼽는다. 그 이유는 프스코프 지역이 여타 지역에 비해 깨끗한 자연환경을 지니고 있기 때문에 이곳에서 생산되는 식품도 그만큼 질이 좋은 것으로 알려져 경쟁력을 갖고 있기 때문이다. 아이러니하게도 이는 소련 시절 정부가 이곳을 산업화 기지로 만들지 않음으로써 환경보전이 러시아 내 여타 지역보다 잘되어 있기 때문이다.[245] 프스코프에서 생산되는 식가공품은 인근 대도시 모스크바와 상트페테르부르크에서 절찬리 판매되고 있고 그에 따라 수입품 판매가 주춤한 상황이다.[246] 식품가공 산업 이외에도 전기애자 생산과 의복 제조 산업도 최근 높은 성장세를 보이고 있는 부문이다.[247]

이러한 제조업 구조에 따라 프스코프 지역의 대표적 기업도 식품가공과 관련된 기업과 전기, 전자 부품을 생산하는 기업들이 많은 편이다. 프스코프 지역의 총 기업 수는 16,749개(2009년 기준)인데[250] 그중 프스코프 지역뿐만 아니라 전국적으로도 잘 알려진 중·대기업 수는 약 250여개에 이른다. 그 중 대표적 기업은 아래와 같다.[251]

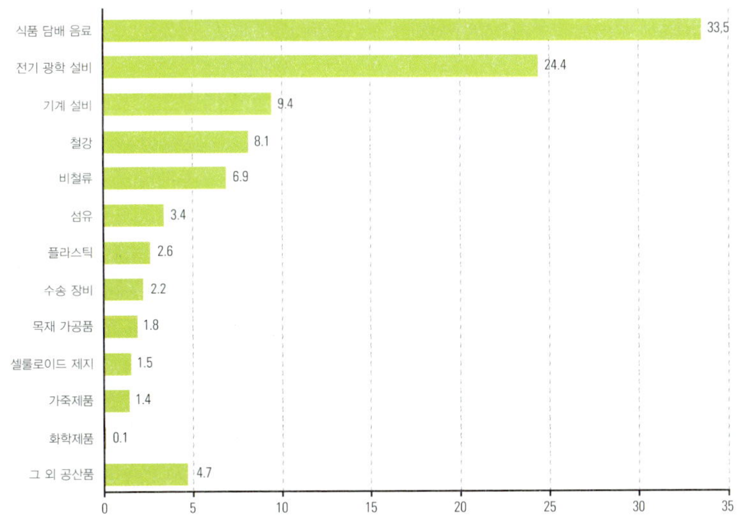

[그림 42] 프스코프 주의 부문별 제조업 생산비율 (2010년) [단위: %][248]

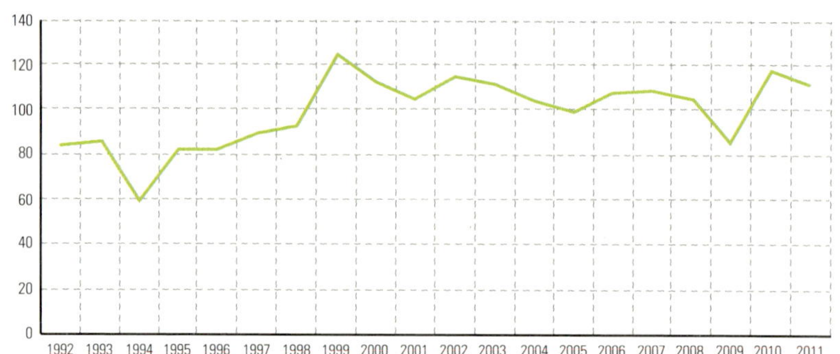

[그림 43] 프스코프 주의 전년도 대비 제조업 생산 증감률[249)]

- 벨리키예 루키 고기 공장
- 벨리키예 루키 낙농제품 공장
- 아프토엘렉트로 아르마투라*
- 프스코프 전선(cable) 공장
- 프스코프 전자부품 공장
- 프스코프 자동전화기 공장
- 프스코프 의복 공장 슬라뱐카
- 유로(Euro) 도자기

* 자동차 및 농기계의 전기장치 생산 공장

프스코프 주 내에 산업 시설 분포는 주의 2대 도시 프스코프 시와 벨리키예 루키 시에 2/3가 집중되어있다. 두 도시는 각각 프스코프 지역 산업 생산의 34%와 33%를 차지하고 있다.[253)] 이 밖에 포르호프, 드노, 오스트로프, 네벨, 세베시 군에도 주요 기업들이 위치하고 있다.

[그림 44] 프스코프 시의 가스프롬 지사[252)]

[그림 45] 프스코프 주의 지역별 생산품[254]

3. 농업

러시아 북서지역에서 농경 가능 면적의 절반이 바로 프스코프 주에 있다. 따라서 프스코프 주에서 농업은 전통적으로 지역 경제의 중요한 부분을 점해왔다. 소비에트 시기 러시아 북서지역 농산물의 1/4 정도가 이 지역에서 생산되었는데, 특히 섬유의 원료가 되는 아마 재배와 낙농업이 주요 부문을 차지했다.

소련 붕괴 이후 1990년대에 집단농장이 해체되고 261개의 개인농장과 32개의 농업협동조합이 형성되었다. 하지만 소비에트식 집단농장이 1990년대까지도 일부 계속 남아 있었다. 1990년대에는 농업생산이 지속적으로 감소했으며 많은 주민들이 농업을 상업적 목적이 아닌 자체소비 목적으로만 꾸려나가게 되었다. 이런 상황에서 1988~1996년 사이 소와 돼지 두수는 거의 절반으로 급감하였던 암울한 시기도 있었다.[255] 하지만 1990년대에 프스코프 지방 정부가 지역 산업 근대화를 추진할 재정이 모자라 대신 농업을 광범위하게 육성하기로 한 이후 지역 농업은 다시 회복세를 타기 시작했다.[256] 그 결과 2000년대 들어서 농업생산물은 계속 증가세를 유지하고 있으며 프스코프 지역의 대표적 생산물도 농산물 가공품을 포함한 식품 종류가 되었다. 2009년 기준, 프스코프 농업 생산량은 83개 러시아연방주체 중 65위에 올라 절대량이 많은 것은 아니다.[257] 하지만 북서연방관구에서는 높은 편에 속한다. 농업 부문에서도 특히 축산업이 발달해 있는데, [그림 46] '농업생산 구조'에서 보듯이 프스코프 지역 농업생산물의 65% 정도가 축산업 관련 생산물이고 나머지 35%가

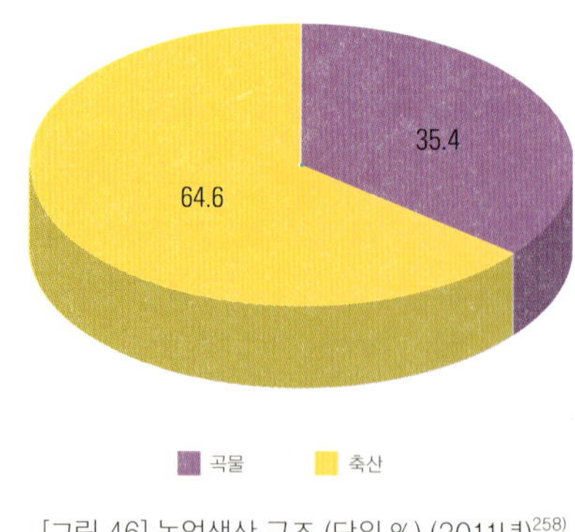

[그림 46] 농업생산 구조 (단위 %) (2011년)[258]

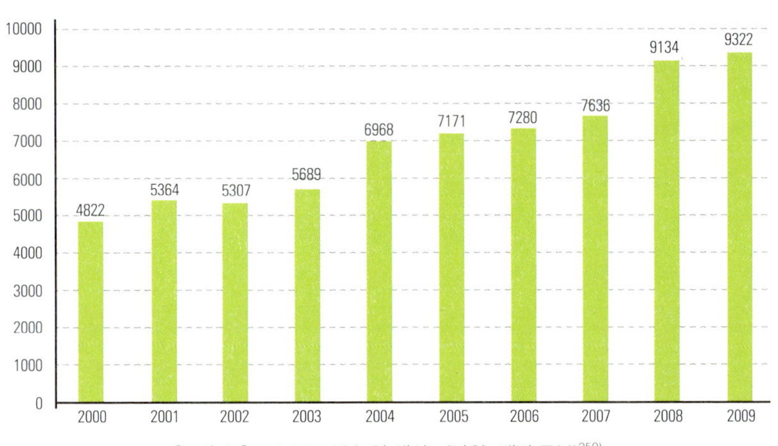

[그림 47] 프스코프 주 농업 생산 (단위: 백만 루블)[259]

곡물로 이루어져 있다.

프스코프 지역 농업 생산량은 2000년 이후 지속적으로 늘고 있지만 문제는 여전히 남아 있다. 낮은 농업 생산성, 낙후된 농업제품 가공 기술로 인해 프스코프 지역 농업은 EU로부터 지원을 받고 있는 이웃 에스토니아, 라트비아와 힘겨운 경쟁을 하고 있다. 프스코프는 농업 가공 제품 경쟁력에서 밀리기 때문에 프스코프 주는 이들 이웃 경쟁 국가로부터 많은 농산물과 식품을 수입하고 있는 상황이다. 이 결과 2009년 프스코프 주의 주요 수입품목 중 농산물과 식품이 차지하는 비율은 45%에 이르고 있다[표22].

[표 22] 프스코프 주 품목별 수출·수입 현황 (2009년) (단위: 백만 달러)[260]

식품, 농업제품		연료, 에너지		화학, 고무		목재, 제지		철강		기계제조, 수송	
수출	수입	수출	수입	수출	수입	수출	수입	수출	수입	수출	수입
3	251	0	0	1	107	9	27	2	40	33	131

[표 23] 프스코프 주 수출·수입 현황 (단위: 백만 달러)[261]

2000				2005				2009			
독립국가연합		그 외 국가*		독립국가연합		그 외 국가*		독립국가연합		그 외 국가*	
수출	수입	수출	수입	수출	수입	수출	수입	수출	수입	수출	수입
4	6	103	71	13	3	388	323	23	4	37	639

* 주로 유럽 국가임[필자 주]

4. 교역

• 기회 요인

국경지역에 위치하고 있는 프스코프 주가 유리한 것이 한 가지 있다면 바로 인접국과의 교역이다. 프스코프는 모스크바, 상트페테르부르크와 가까이 위치할 뿐 아니라, 우크라이나의 르비프와 오데사, 그리고 에스토니아의 탈린, 라트비아의 리가 같은 주요 도시와도 근접해 있고 이들 도시로 연결되는 도로 및 철도망을 가지고 있다. 그 외에 북쪽의 무르만스크와 서쪽의 칼리닌그라드까지 연결되는 교통로도 있다.[262] 소련 해체 이후 러시아는 발트해 국가를 잃으면서 유럽으로 통하는 항구도 함께 잃었다. 하지만 이 변화는 새롭게 국경지역이 된 프스코프에게는 새로운 기회가 되었다.

소련 붕괴 이후 프스코프 지방 정부는 프스코프가 국경 교역의 중심지가 되기만 한다면 막대한 수입을 올릴 수 있을 것으로 보고 발트 해 연안 국가와의 교류에 많은 노력을 기울였다.[263] 사실 소련 해체 이후 완전한 독립을 이룬 발트 해 국가들의 상황은 프스코프와 비교하여 급변했다. 발트 해 국가들은 서유럽 국가들과 교역에 있어 더 이상 모스크바로부터의 규제를 받지 않게 되었다. 따라서 질 좋은 식품, 철강, 주류, 의약품 등과 같은 물품이 서유럽으로부터 발트 해 지역으로 쏟아져 들어오기 시작했다. 반면 프스코프에서 생산된 물품은 경쟁력을 급속히 잃기 시작했다. 서유럽에서 쏟아져 들어온 물건이 라트비아, 에스토니아를 거쳐 프스코프 국경을 통해 몰래 밀반입되는 사례가 비일비재해졌다. 프스코프 지방 정부는 이러한 물건이 프스코프 국경지역 세관을 통해 합법적인 절차를 거쳐 유입된다면 통과료로 엄청난 수입을 올릴 수 있다는 것을 잘 알고 있었다. 그것은 1990년대에 침체되어 있던 지역 경제를 살릴 수 있는 몇 안 되는 유일한 방법이었던 것이다. 하지만 갑자기 외국과 국경을 접하게 된 프스코프 주에는 세관업무 전문가도, 세관도, 검문소도 없는 상황이어서 국경지역 통관 업무에 대한 체계적 관리가 불가능한 상태였다.[264)]

이 문제를 해결할 수 있는 유일한 방법은 모스크바에 도움을 요청하는 것이었다. 1995년 프스코프 주지사 투마노프는 모스크바를 설득하여 연방 예산으로 에스토니아와 라트비아 접경지역에 세관 검문소를 짓게 하는 데 성공하였다. 최신 설비를 갖춘 세관 검문소 설치 이후 밀무역은 급감하였고 그 결과 프스코프 주는 통관비 수익으로 일 년에 500만 달러(1997년)를 벌게 되었다.[265)] 프스코프 지역의 어느 제조업 공장보다도 더 많은 수익을 창출한 것이었다. 이처럼 프스코프 주는 에스토니아, 라트비아를 통해 유럽과 러시아를 오가는 관문(transit hub)역할을 수행함으로써 세관 등을 통해 수입을 올리게 되었다.

• 장애 요인

그러나 이를 통해 안정적인 수익을 기대할 수는 없는 상황이었다. 정치적 이유 때문이었다. 1990년대 모스크바와 발트 해 국가 간 관계가 난관에 봉착하는 사태가 여러 번 있었다. 앞에서 언급했듯이 소련 해체 직후부터 라트비아와 에스토니아는 프스코프 주와 국경을 접한 일부 지역에 대한 영유권 요구를 하면서 모스크바와 마찰을 빚었다. 그러다가 1996년이 되어서야 NATO가입을 위해 국경문제에 대한 요구를 철회하였다.[266)] 이외에도 새로 제정된 에스토니아의 시민법 또한 모스크바의 심기를 불편하게 만들었다.

에스토니아는 소련으로부터 독립한 이후 1992년 시민권 관련법을 새롭게 제정했다. 이 새로운 법 조항 중에서 러시아의 심기를 건드린 것은 1940년 합병 이전에 에스토니아에 연고가 없었던 러시아인에게는 시민권을 발급하지 않는다는 조항이다. 그 외에 에스토니아어만을 공식 언어로 지정한 것도 러시아 정부를 우려하게 만들었다. 왜냐하면 이로 인해 에스토니아 내 러시아인이 불이익과 차별을 받게 될 것이기 때문이었다. 당시 모스크바의 급진적 정치인들 사이에서는 발트 해 국가들에게 경제제재 조치를 가해 그들 국가를 러시아의 영향권 안에 놓자는 주장이 나오기까지 했다. 이러한 분위기 속에서 2001년 러시아 국가두마 의원 빅토르 알크스니스(Виктор Алкснис)는 발트 해 국가들이 자국을 통해서 오가는 러시아의 수출품과 러시아로 들어오는 수입품에 대해 비싼 통관비를 받고 있다고 주장하면서, 러시아 정부에게 발트 해 국가를 통한 교역을 완전히 중단하라고 요청하기도 하였다.[267)]

러시아는 발트 해 국가들이 1990년대 초반부터 NATO에 가입하려는 움직임에 대해 못마땅하게 생각하면서 그들 국가들을 길들이기 위해 발트 해 연안 국가 항구를 통해 러시아 물품을 수출하는 것을 제재하겠다고 위협했다. 그에 더해 발트 해 국가로 가는 송유관을 통제하기도 했다.[268)] 뿐만 아니라 1997년 옐친 대통령은 발트 해 국가를 통한 러시아 수출품 선적 의존도를 줄이기 위해 바렌츠 해 지역과 핀란드 만 지역 등에 새로운 항구를 건설하는 계획에 서명하였다.[269)] 이에 더해 러시아 정부는 에스토니아로부터 프스코프로 들어오는 물품에 대해 다른 경로를 통해 수입되는 물품보다 2배 높은 관세를 부과하였다.[270)] 이러한 조치는 분명 프스코프에게 불리한 조치였다. 왜냐하면 프스코프 주민들은 질 좋은 유럽산 물건을 이전보다 더 비싸게 주고 구입해야 했고 그곳에 직접 가서 사가지고 오는 것도 제한되었기 때문이다.[271)]

발트 해 국가에 대한 이 같은 모스크바의 정책은 프스코프 지역의 경제 활성화에는 분명 방해가 되는 것이었다. 프스코프 지역 정치인들은 이에 대해 대단히 못마땅하게 여겼지만 지방 정부로서는 크게 반발할 수 있는 상황이 아니었다. 모스크바로부터 오는 각종 보조금을 무시할 수 없기 때문이었다. 한마디로 프스코프 주는 발트 해 국가와 관계에 있어서 모스크바의 눈치를 봐야했다. 이에 따라 프스코프 주는 비록 발트 해 국가와의 교역이 지역 경제에 더 이득을 가져다주지만, 할 수 없이 모스크바와 사이가 좋은 벨라루스와의 교역을 강화해야만 했다.[272] 그러나 한편으로는 조심스럽게 프스코프 지역 정치인은 라트비아, 에스토니아 접경지대의 지방 도시와 그 지역 기업은 물론, 두 나라 정부와도 비즈니스 교류를 계속해 나갔다. 지역 지도자들은 겉으로는 알렉산드르 넵스키가 1242년 추츠코에 호수에서 리보니아 기사단을 물리친 것과 같은 애국적인 수사를 공공연히 말하고 다녔지만 실제로는 조용히 이웃 국가와 교류를 지속하였던 것이다.[273]

같은 맥락에서 러시아자민당 소속 주지사 미하일로프도 국수주의적인 태도가 아닌 지역 경제 발전을 위한 실용적인 노선-즉, 발트 해 국가들과 친교 유지-을 택하였다. 먼저 생존해야 했기 때문이다. 1996년 옐친 대통령은 프스코프 경제 발전을 위한 계획을 대통령 선거 공약으로 발표했지만 그것은 결국 '계획'에 그쳐버리고 말았다. 이를 계기로 프스코프는 중앙 정부가 프스코프 지역 이익을 무시하고, 지역이 무엇을 가장 절실하게 바라고 있는지, 무엇을 가장 우선시 하는지에 대한 배려가 전혀 없다는 것을 깨달았고, 그런 마당에 모스크바만 바라보고 있을 수는 없게 되었다.[274]

소련 해체 이후 다시 국경지경이 되어버린 프스코프 지역의 지도자들은 프스코프의 전통적 역할인 '러시아 변경의 요새' 역할을 강조하는 수사를 구사하면서도 발트 해 국가와 경제관계를 꾸준히 발전시켜 나아가고 있다. 지정학적, 지경학적으로 모스크바와 발트 해 국가 '사이에 낀' 프스코프는 이와 같은 이중 전략을 구사해왔으며, 2000년대 들어서 모스크바와 발트 해 국가 간 긴장 관계가 완화되면서 프스코프 지역 정부는 발트 해 국가와의 교역 관계를 더욱 강화하고 있다. 최근의 예로는 2010년 9월 프스코프 주와 라트비아 경제부 간에 성사된 경제협력 체결을 들 수 있다.[275] 또한 프스코프와 에스토니아, 라트비아와의 밀접한 교류로 인해 두 국가는 프스코프에 영사관까지 개설해 놓았다. 프스코프 주 상공회의소 인터넷 홈페이지는 프스코프 지역을 교역의 허브(hub)로 선전하면서, 2009년 러시아연방과 EU간 교역물의 30%가 프스코프 주를 거쳐 오갔으며, 2009년 가을부터 프스코프-리가 간의 비행기 노선이 새롭게 개설되었고, 프스코프 주와 라트비아, 에스토니아, 벨라루스 접경 지역에 총 11개의 세관 통관소가 설치되어 있어 원활한 통관을 보장하고 있다고 선전하고 있다.[276]

1990년 단 10%의 물량만이 프스코프 지역을 통과해서 유럽으로 나갔던 것이 20년이 지난 후 30%로 늘고, 1995년 처음으로 세관이 만들어진 것이 15년 후 11개로 늘어난 것, 2009년 유럽으로부터의 수입이 2000년 대비 약 900% 늘어난 것을 보면[표23], 비록 빠른 속도는 아니지만 프스코프 지역은 이제 과거의 '러시아 변방의 요새' 역할만을 고집하기 보다는 '유럽을 향한 관문'의 역할도 강화시켜 나가고 있음을 알 수 있다.

5. 외국인 투자

프스코프 지역에 대한 외국 투자는 2009년의 경우 2000년에 비해 21배나 증가한 2,300만 달러를 기록하고 있다[표26]. 투자의 거의 대부분은 직접 투자의 형태를 띠고 있다. 2010, 2011년 기준, 프스코프 지역에 가장 많은 투자를 한 국가는 오스트리아와 라트비아로 총 투자액의 77%를 차지하고 있다[표24]. 하지만 타 지역과 비교해 보면 프스코프에 대한 외국의 투자는 무척 미비한 것으로 나타난다. 2009년 기준으로 프스코프 주에 대한 외국인 투자는 규모 면이나 지역 주민들에 돌아가는 혜택(고용 등)면에서 볼 때 북서관구 연방주체 중 거의 최하위 수준이다[표27, 28]. 프스코프 주에 투자된 액수는 20만 불로 북

[표 24] 국가별 투자 비율 및 액수 (2010)[277]

	비율(%)	액수 (천 달러)
오스트리아	40.6	17,324
라트비아	36.2	15,423
덴마크	12.6	5,381
키프러스	5.1	2,182
에스토니아	1.3	554
독일	0.2	108
기타	3.8	1,628

[표 25] 외국 투자 부문

업종	비율(%)
가공산업	46.9
농업, 산림, 어업	46.9
도소매업	2.8
천연자원 발굴	1.9
수송 및 통신	1
부동산, 임대, 기타 서비스	0.4

[표 26] 프스코프 지역에 대한 외국의 투자액[278] (단위: 천 달러)

년도	2000	2005	2006	2007	2008	2009
총 투자	1,079	9,163	15,417	32,749	48,616	23,229
직접투자	506	8,036	14,566	27,649	30,892	21,828
간접투자	–	133	–	–	–	–
그 외 투자	573	994	851	5,100	17,724	1,401

서연방관구 전체에 투자된 액수 1억 5백만 불의 1%에도 미치지 못하는 미미한 액수이다[표28]. 하지만 최근 들어 프스코프 주 정부가 활발히 유럽 국가들로부터 투자 유치 노력을 벌이고 있어 향후 추이는 지켜봐야 할 것이다.

[그림 48] 프스코프 도심의 베스킨라빈스 아이스크림 상점[279]

[표 27] 북서관구 주민 1인당에 대한 외국인 투자 액수 (2010년) (단위: 달러)[280]

	총투자액	직접 투자액
러시아연방	802	96
북서 관구	685	147
네네츠 자치구	12,616	9,050
상트페테르부르크 시	1,083	111
볼로그다 주	895	0
노브고로드 주	834	257
코미 공화국	751	358
아르한겔스크 주	584	344
레닌그라드 주	371	222
칼리닌그라드 주	219	81
카렐리야 공화국	137	75
무르만스크 주	124	4
프스코프 주	62	56

[표 28] 외국자본 투자 기관의 활동[281)]

	2008			2009		
	활동 기관 수	내국인 고용인원 (천 명)	투자자본금 (백만 루블)	활동 기관 수	내국인 고용인원 (천 명)	투자자본금 (백만 루블)
러시아연방	16,396	3,328	22,085	17,372	3,179	19,792
북서관구	3,268	503	3,054	3,360	486	3,178
카렐리야 공화국	139	22	26	147	23	25
코미 공화국	86	19	49	109	21	53
아르한겔스크 주	74	25	69	79	26	126
네네츠 자치구	4	4	35	8	2	86
볼로그다 주	87	50	333	77	41	201
칼리닌그라드 주	584	28	118	607	24	135
레닌그라드 주	300	55	376	326	58	302
무르만스크 주	113	21	47	86	25	12
노브고로드 주	94	16	61	83	14	51
프스코프 주	167	8	6	162	7	6
페테르부르크 시	1,624	255	1,964	1,684	243	2,263

6. 전망

소련 붕괴 이후 발트 해 연안 국가와 국경을 맞대게 되면서 국경지역으로 다시 태어난 프스코프 주는 국경지역이라는 지정학적, 지경학적 이점을 살려 유럽과 러시아를 연결하는 관문 역할을 통해 안정적 경제 발전을 도모하고자 하였다. 하지만 모스크바와 발트 해 연안 국가들 간 정치적 갈등 속에서 프스코프는 완전히 중립적일 수 없었다. 지정학적 위치가 프스코프의 경제발전에 결정적으로 영향을 미쳤던 것이다. 하지만 지역 지도자들은 발트 해 연안 국가와 실리적인 차원에서 조심스럽게 경제 교류를 지속적으로 추

[그림 49] 에스토니아 탈린 중앙 공원의 소비에트 병사 동상[284)]

구해오고 있다.

그러나 프스코프의 지역 경제는 모스크바와 발트 해 국가, 그리고 EU 간의 관계 여하에 따라 부정적 영향을 받을 수 있는 요소가 상존해 있다. 예를 들어 2007년 에스토니아 정부는 당시 수도 탈린의 중앙 공원에 있던 '탈린의 해방자 소비에트 병사' 동상을 소련 군인의 유해와 함께 탈린 근교의 군인 묘지로 옮기기로 결정했고, 이 때문에 러시아-에스토니아 관계는 급속 냉각되는 사태가 일어났다. 이 과정에서 당시 러시아 부총리였던 세르게이 이바노프(Сергей Иванов)는 에스토니아 산 물건 불매운동을 제안하기도 하였다.[282)] 친정부 청년그룹 '나시'(Наши)는 에스토니아 대사관 앞에서 항의 시위를 벌였고 에스토니아 거주 러시아인들은 이 같은 결정을 죽은 자에 대한 모욕이라고 하며 폭동을 일으켜 에스토니아 경찰과 충돌, 1,200명이 체포되고 50명이 부상당하기도 하였다. 2011년 4월에는 또 다른 긴장상태가 모스크바와 탈린 정부 사이에 벌어졌다. 2007년 옮겨진 소비에트 병사 동상이 위치한 시셀리나(Сиселина) 군인 묘지 입구에 "1944년 9월 22일 탈린을 점령한 소비에트 군대의 기념비"라는 안내판이 부착되었기 때문이었다. 이 사건에 대해 탈린 주재 러시아 대사관은 에스토니아 외무부에 강력한 항의 서한을 보냄으로써 양국 간 관계가 다시 냉각되는 사태가 벌어졌다.[283)]

에스토니아와의 관계뿐만 아니라 라트비아와도 긴장된 관계가 일어나기도 했다. 2008년 라트비아의 청년 영화감독 에드빈스 스노어(Edvins Snore)는 스탈린과 나치 독일과의 비밀 협력 그리고 최근 러시아 내 스킨헤드의 소수민족에 대한 만행 등을 집중 조명한 '소비에트 이야기'(Soviet Story)라는 다큐멘터리 영화를 유포하였고, 이에 역시 러시아 청년그룹 '나시'는 모스크바의 라트비아 대사관, 브뤼셀 EU 본부 앞에서 항의시위를 벌이는 등 양국

간 오래된 앙금이 다시 표출되었다.[285)]

1990년대 러시아 정부와 발트 해 국가 간에 긴장을 유발시켰던 발트 해 국가의 NATO 가입 문제, 발트 국가 내 러시아인 처우 문제, 국경문제 등이 최근 일단락 지어지는 듯했지만 위에서 보았듯이 모스크바와 발트 해 국가 간 불미스러운 역사적 앙금 때문에 향후에도 마찰이 생겨날 가능성이 있다. 그때마다 프스코프 지역 정치인들은 경제적 실리를 지키기 위해 모스크바와 발트 해 국가 사이에서 눈치를 보면서 '줄타기'를 해야 하는 상황이 올 수 있다.

대외적인 요인 외에도 지역 경제 발전에 걸림돌이 되는 태생적인 문제가 있다.[286)] 인구감소, 낮은 생활수준, 낮은 경제발전 수준, 주 정부의 낮은 예산 확보, 기간시설 부족 등의 문제이다. 프스코프 주의 인구는 지속적으로 감소 추세에 있고, 1인당 지역 생산량(ВРП: Валовой региональный продукт)은 88,966루블로서 북서연방관구나 러시아연방 전체 평균의 절반 수준이다. 이 외에도 다음 장에서 살펴보겠지만 프스코프 주는 주민의 소득, 주의 예산 확보율 등에서 러시아연방은 물론 북서연방관구의 평균에도 못 미치는 낮은 수준을 기록하고 있다.[287)] 전문가들은 이런 상황으로 인해 프스코프 주의 경제는 향후 다음과 같은 4가지 문제에 직면할 가능성이 크다고 보고 있다.[288)]

- 투자활동 저하로 인한 거대 투자계획 동결
- 실업률 증가로 인한 주민 생활수준 저하
- 러시아 주력 시장 중 운송, 건설, 전력 부문의 침체로 인한 프스코프 주 생산량의 감소
- 예산 수입 감소로 인한 주 재정 적자 증가[289)]

이에 대해 프스코프와 중앙의 전문가들은 프스코프 지역 문제를 해결할 수 있는 두 가지 방안을 제시하였다. 첫째는 향후 프스코프 지역을 모스크

바와 상트페테르부르크를 지원하는 협력 지역으로 육성하여 3개의 산업(운송, 농업, 전력)을 중점적으로 육성하는 방법이고, 둘째는 프스코프 지역을 3개 지역(러시아 북서지역, 발트 해 지역, 벨라루스)의 비즈니스와 사회·문화적 협력의 구심점으로 육성하는 것이다.[290)]

물론 이러한 계획이 성공적으로 달성될지는 미지수이다. 위에서 살펴보았듯이 프스코프 지역의 현 경제 지표가 그리 밝지 않기 때문이다. 이렇게 장기적이고 지속적인 투자를 요구해야 하는 사업을 위해서는 프스코프 지방 정부 자체의 노력도 중요하지만 러시아 정치 구조상 중앙으로부터의 지원도 결정적으로 중요한데, 위에서 보았듯이 모스크바의 지원은 결정적인 순간에 제공되지 않을 수도 있고, 발트 해 국가나 EU와 러시아 정부 간 관계가 영향을 주면서 그에 따라 지역 경제에 부정적 영향을 미칠 수 있기 때문이다. 국경 지대로서 프스코프의 지정학적 위치는 기회이자 곧 제약으로 작용할 수 있다. 앞으로 프스코프 지방 정부가 지정학적 특성을 어떻게 활용하느냐에 따라 지역 경제의 사활이 달려있다 해도 과언이 아닐 것이다.

[그림 50] 프스코프 시외버스 터미널[291)]

사회:
산적한 복지문제와 시민의식의 태동

1. 인구 감소 문제

소련 붕괴 이후 러시아는 국가적 차원에서 인구 감소 문제에 직면해 있다. 프스코프 주도 예외는 아니다. 사실 프스코프 주의 인구는 1920년대 이래 지속적으로 감소해 왔다. 1926년 현재 주 경계선 내의 인구가 167만 명 정도였는데, 제2차 대전 후인 1940년대 말에는 100만 명 선으로 떨어지면서 급속

[표 29] 프스코프 주 인구 현황[292]

항목	프스코프 주	비고
주 전체 인구 (2011년)	67만 1천명	서울 송파구 인구 – 69만 2천명 (2010년)
도시/농촌 인구 비율	68% / 32%	1979년부터 도시거주민이 농촌거주민 보다 많아짐
83개 연방 중 인구 수 순위	64위	
노동인구 비율 비노동인구(유년) 비노동인구(노년)	60.1% 14.4% 25.6%	주 전체 인구 대비 비율
러시아연방 전체 인구에서 차지하는 비율 (2010년)	0.4%	러시아연방 전체 인구 1억 4천 2백만 (2010년)
프스코프 주가 속한 북서관구 평균 인구 밀도 (2003년)	8.4명/1㎢	중앙관구(55명/1㎢) 남부관구(36명/1㎢) 볼가관구(30명/1㎢) 한국(492명/1㎢)

한 인구 감소를 경험했다. 1950년대 말에는 100만 명 이하로 떨어지고, 그 후부터 젊은 층 인구가 빠져나가면서 지역 인구가 노령화되기 시작하였으며 인구도 계속 감소하고 있다. 소련 해체 시점인 1990년경 84만 명 정도이던 인구가 10년 후인 2000년에는 7.2%(6만 1천명)정도 감소한 78만 명으로 줄고 다시 10년 후인 2010년에는 11.6%(9만 1천명)정도 감소한 67만 명이 되었다.[293] 프스코프 주의 이러한 급속한 인구 감소율은 러시아연방 전체 기준으로 볼

[표 30] 프스코프 주 및 북서관구 인구 변화 추이 (단위: 천 명)[295]

	1990	1995	2000	2001	2002	2003	2004	2005	2006	2007	2008	2009
카렐리야 공화국	791	764	729	722	715	709	703	698	693	691	687	684
코미 공화국	1240	1133	1043	1030	1016	1005	996	985	975	968	959	951
아르한겔스크 주	1569	1476	1369	1350	1333	1318	1305	1291	1280	1272	1262	1254
네네츠 자치구	52	43	41	41	42	42	42	42	42	42	42	42
볼로그다 주	1354	1333	1290	1279	1267	1255	1245	1235	1228	1223	1218	1214
칼리닌그라드 주	891	940	958	956	954	950	945	940	937	937	937	938
레닌그라드 주	1675	1686	1680	1672	1667	1660	1653	1644	1638	1633	1632	1629
무르만스크 주	1189	1037	923	906	890	880	873	864	857	851	843	837
노브고로드 주	752	735	710	701	692	683	674	665	657	652	646	641
프스코프 주	843	826	782	769	758	748	737	725	714	706	696	689
상트페테르부르크	5007	4820	4715	4688	4656	4624	4600	4581	4571	4568	4582	4600

[표31] 프스코프 주 인구 증감률 (단위: %)[296]

	1990	1995	2000	2001	2002	2003	2004	2005	2006	2007	2008	2009
러시아연방	0,4	−0,1	−0,4	−0,4	−0,5	−0,5	−0,5	−0,5	−0,4	−0,1	−0,1	0,01
북서관구	0,003	−0,8	−0,9	−0,9	−0,9	−0,8	−0,7	−0,7	−0,6	−0,4	−0,3	−0,2
프스코프	−0,1	−0,4	−1,4	−1,6	−1,5	−1,4	−1,4	−1,6	−1,5	−1,1	−1,3	−1,1
상트페테르부르크	0,1	−0,5	−0,6	−0,6	−0,7	−0,7	−0,5	−0,4	−0,2	−0,1	0,3	0,4

때 3번째로 높은 수치이다. 연방 내에서는 대량으로 인구가 빠져나가는 지역은 사회 인프라가 열악한 극동관구의 마가단 주와 지난 10여 년 동안 폭력이 끊이지 않았던 북카프카스 지역의 인구세티아 공화국이며 그 다음으로 프스코프 주이다.[294] 프스코프 주 인구 증감률을 보면 2000년대 내내 러시아 연방 평균 인구 증감률보다 3~10배 이상 감소율이 높은 것을 알 수 있다.

이러한 인구 감소의 요인은 첫째, 경제 활동 인구가 상트페테르부르크나 모스크바 같은 인근 대도시로 빠져나가고 있기 때문이다. 프스코프 주의 한 고위 공무원은 "소비에트 시절 때는 정부가 강제로 사람들을 가기 싫어하는 곳으로 보냈는데 오늘날 러시아 정부는 그렇게 할 수 없기 때문에" 생활환경이 좋지 않은 농촌에서 인구 감소는 러시아의 공통된 상황이라고 지적한다.[297] 그는 "요즘 사람들은 현대식 라이프스타일을 누리기 바란다...컴퓨터 앞에 앉아서 일하고, 슈퍼마켓에 가며, 즐겁게 소비하면서 살기 바란다. 육체 노동에는 관심이 없다"고 하면시 땅은 많은데 농촌에 일손이 없다고 한탄했다.[298] 이는 결국 프스코프 지역에는 젊은 층이 원하는 일자리가 많지 않기 때문에 노동 연령층이 이 지역을 많이 떠나고 있음을 암시한다. 이 고위 인사는 버스로 5시간 정도 걸리는 거리에 위치한 상트페테르부르크의 성장에 대해 "프스코프 지역은 모든 것이 다 열악해서 죽어가는 것이 아니라, 바로 옆 지역[상트페테르부르크]의 잔디가 더 푸르러서 망해간다"고 언급했다. 이는 상트페테르부르크로 젊은 층 인구가 많이 이주하고 있다는 뜻이다.[299] 프스코프 지역의 이주율을 나타내는 표는 이 문제를 여실히 입증해 준다. 프스코프 지역으로의 유입, 유출 인구를 합하여 계산한 이주율의 변화를 살펴보면 프스코프 주는 1995년 유입 수가 10,000명 당 87명으로 급등하였다가 2000년에는 4명으로 급감하고 드디어 2001년에는 유입 인구보다 유출 인구가 더 많음을 뜻하는 마이너스로 돌아서게 되었다. 이후 2005년부터는 계속 유출 인구가 유입인구보다 많은 것을 볼 수 있다.[300]

인구감소의 두 번째 요인은 젊은 층의 인구가 유출되면서 자연히 출생률

[표 32] 프스코프 주의 이주율 변화 (10,000명 당)[301]

	1990	1995	2000	2001	2002	2003	2004	2005	2006	2007	2008	2009
러시아연방	19	44	25	19	16	6	7	9	11	18	18	18
북서관구	−8	3	−0,2	−2	−1	6	9	9	14	18	21	21
프스코프	17	87	4	−10	2	18	5	−9	−13	−3	−11	−7
상트페테르부르크	24	37	37	34	16	11	21	32	45	46	72	68

도 낮아져 인구가 늘지 않고 있기 때문이다. 인구 증가율을 나타내는 [그림 51]에서 보듯이 프스코프 주의 인구 자연증가율(출산율에서 사망률을 뺀 값)은 1990년 이래 계속 마이너스 성장일 뿐 아니라 1995년부터 최근까지는 계속 1,000명 당 -10명 이상을 기록하고 있는데, 이는 곧 출산율보다 사망률이 월등히 높음을 의미한다. 2009년 프스코프 지역의 출산율은 인구 1,000명 당 10.4명으로 전년도 보다 약간 증가했지만 러시아연방 전체 평균 12.4명 그리고 북서관구 평균 11.3명보다도 낮은 수치를 기록하고 있다. 러시아 전체 83개 연방관구 중에서 프스코프 지역의 출산율 순위는 2009년 기준 77위로

[그림 51] 프스코프 지역 출생·사망률 및 인구 자연증가율 (천 명당)[305]

상당히 낮은 등위에 기록되었다.[302] 반면 사망률은 출산율보다 더욱 상태가 안 좋다. 2009년 기준으로 1000명 당 사망률은 20.9명으로 러시아연방 전체 평균인 14.2명보다 약 47% 더 높은 편이다. 사망률의 전국 순위는 83개 연방 주체 중에 제일 마지막인 83위를 차지하고 있다.[303] 이로 인해 프스코프 주의 인구 자연증가율도 상당히 낮다. 2009년 경우 프스코프 지역 인구 자연증가율은 1,000명 당 -10.5명으로 당시 전 러시아 평균이 -1.8명이고 북서관구의 평균이 -3.9명이었던 것을 감안한다면 프스코프의 수치는 심각할 정도로 낮은 것이다.[304]

[표 33] 프스코프 지역의 천 명당 사망률 (단위: 명)[306]

	1990	1995	2000	2001	2002	2003	2004	2005	2006	2007	2008	2009
러시아연방	11,2	15,0	15,3	15,6	16,2	16,4	16,0	16,1	15,2	14,6	14,6	14,2
북서관구	11,1	15,9	16,4	17,0	17,7	18,4	17,8	17,7	16,6	15,6	15,7	15,2
프스코프	15,1	20,9	22,3	22,8	23,8	24,9	24,2	24,5	23,3	20,9	21,7	20,9
상트페테르부르크	12,3	15,9	16,2	16,2	16,4	16,7	16,2	16,0	15,3	14,8	14,6	14,1

• 프스코프 주의 인구 자연증가율[307]

프스코프 주 인구 상황을 더 악화시키는 것은 바로 유아 사망률이다. [그림51, 52]에서 보듯이 출생률이 낮은데다 출생 후 1년 이내에 사망하는 비율이 2009년 기준 1,000명당 9.4명이다. 이는 2001년 18.7명에서 거의 50% 정도 줄어든 비율이지만 아직도 상당히 높은 수준으로 북서관구 평균인 6.2명은 물론 러시아연방 전체 평균인 8.1명보다도 높은 수치이다. 프스코프 유아 사망률의 전국 순위는 62위로 하위 1/4에 해당하는 수치이다. 그에 더해 프스코프 지역 주민의 기대 수명도 타 지역에 비해 상당히 짧은 편이다. 2009년 남자의 경우 60세도 채 안 되는 58.23세(러시아연방 평균 62.77세)이고 여자의 경우 70세가 갓 넘은 71.44세(러시아연방 평균 74.67세)로 남녀 합해서 평

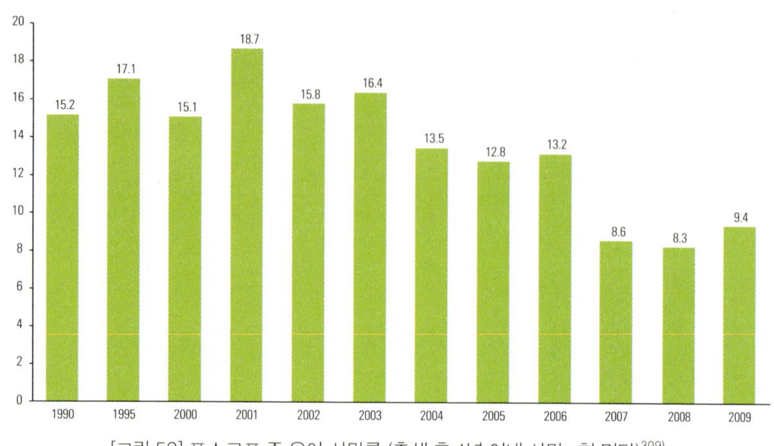

[그림 52] 프스코프 주 유아 사망률 (출생 후 1년 이내 사망; 천 명당)[309]

균 64.52세이다. 이는 러시아연방 평균 나이인 68.67세보다 4살 정도 낮은 수치이다. 이 같은 수치는 83개 연방주체 중 하위 8% 정도에 해당되는 것으로 순위로는 77위에 해당된다.[308]

전국 평균에 훨씬 못 미치는 프스코프 주민의 낮은 평균 수명, 높은 사망률 및 유아 사망률의 원인은 사회적, 경제적 요인 등 여러 가지가 있을 것이다. 그중 한 가지로 열악한 의료 서비스의 수준을 꼽을 수 있다. 프스코프 지역은 무엇보다도 의사 수가 절대적으로 모자라는 지역이다. 인구 만 명당 의사 수는 33.2명으로 83개 러시아연방주체 중에서 80위를 차지할 정도로 상황이 열악하다(상트페테르부르크가 87명으로 러시아연방 전체에서 가장 많은 의사를 보유

[그림 53] 프스코프 시내 놀이터[310]

[표 34] 프스코프 주민들의 기대 수명 (단위: 세)[311)]

	2000	2005	2009
		러시아연방	
남녀 전체	65.34	65.30	68.67
남	59.03	58.87	62.77
여	72.26	72.39	74.67
		북서관구	
남녀 전체	64.52	64.02	68.20
남	58.16	57.37	62.18
여	71.57	71.44	74.28
		프스코프 주	
남녀 전체	61.85	60.18	64.52
남	55.53	53.73	58.23
여	69.41	68.16	71.44

하고 있는 것과 상당히 대조적이다)[그림54]. 이런 상황에서 의사 한 명이 돌보아야 하는 환자 수도 2009년 기준 301명으로 러시아연방 평균인 200명보다 약 1/3 더 많다[그림 55]. 비록 프스코프 주 병원 침대 수는 다른 지표보다 좀 나은 편이지만 러시아연방 평균에는 못 미친다. 따라서 이 지표에서 프스코프의 순위는 83개 연방주체 중 중간에 해당하는 42위에 올라 있다. 특히 프스코프 주 인구가 줄어드는 상황에서도 2006년부터 병실 침대 수가 계속 줄어드는 것은 여러 가지 이유로 문을 닫는 병원이 늘고 있음을 암시한다[그림 56].

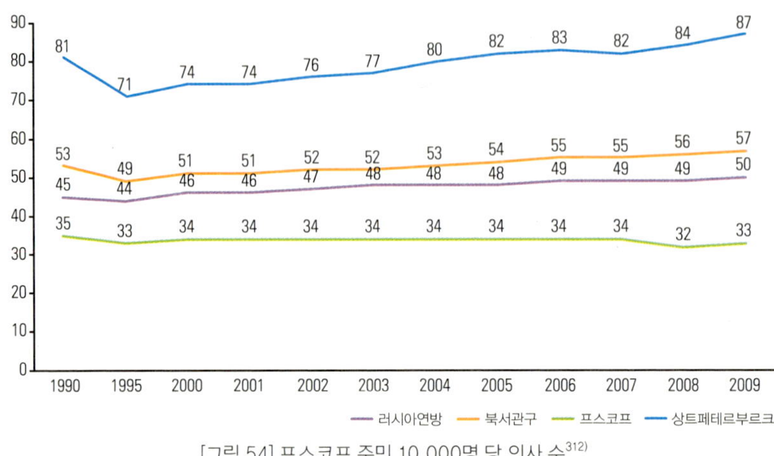

[그림 54] 프스코프 주민 10,000명 당 의사 수[312)]

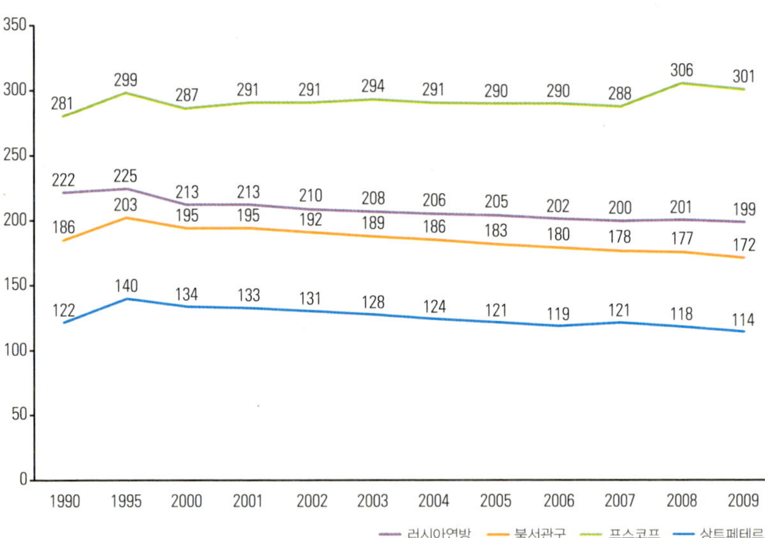

[그림 55] 프스코프 주의 의사 한 명당 환자 수[313)]

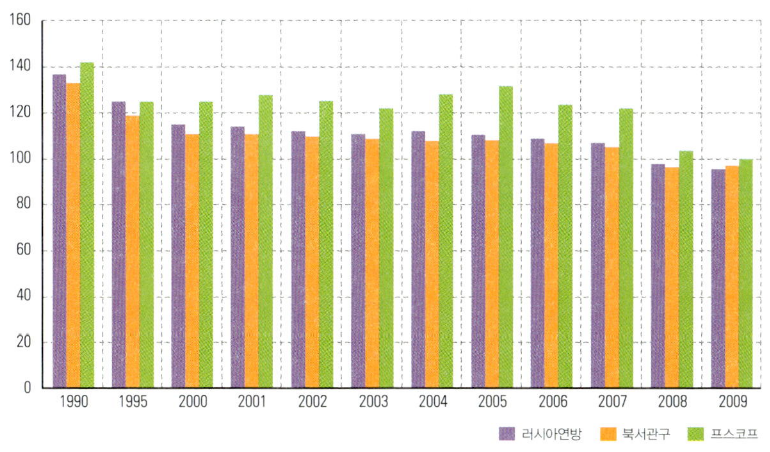

[그림 56] 프스코프 주민 1인당 병원 침대 수[314)]

2. 생활수준

여러 가지 지표를 살펴보면 프스코프 주민의 삶의 질은 여타 지역과 비교해서 평균 이하의 수준임을 알 수 있다. 소비에트 시절인 1979년 소득, 평균 수명, 교육 수준 등을 기준으로 측정된 인간개발지수(Human Development Index)에 의하면 프스코프 주의 경우 당시 조사대상이었던 86개 러시아연방주체 중 하위권인 71위였다.[315)] 이러한 상태는 공교롭게도 20여년이 지난 2001년의 인간개발지수 측정 결과에도 똑같이 나왔는데 프스코프의 순위는 추콧카 자치구보다도 한 단계 낮았다.

2009년 조사한 프스코프 주의 월평균 소득도 83개 러시아연방주체 중 중하위권인 62위였고, 1인당 지역총생산의 경우 104,800루블로 북서연방관구 중에서 제일 낮다. 뿐만 아니라 월평균 급여, 월평균 소득, 월평균 연금도 모두 북서연방관구 중에서 최하위였다. 실업률도 11%로 연방관구에서 두 번째로 높고 최저생계비 미만의 소득을 버는 극빈층 비율도 프스코프 주 전체

[표 35] 인간개발지수(HDI: Human Development Index) (2001년)*[316)]

	소득 지수	수명 지수	교육 지수	HDI	순위
러시아연방	0.719	0.672	0.893	0.761	
모스크바 시	0.862	0.707	0.998	0.855	1
튜멘 주	0.955	0.696	0.892	0.847	2
타타르스탄 공화국	0.765	0.711	0.900	0.792	3
상트페테르부르크 시	0.709	0.687	0.952	0.783	4
톰스크 주	0.736	0.675	0.917	0.776	5
바시키르스탄 공화국	0.728	0.695	0.894	0.772	6
사마라 주	0.742	0.662	0.900	0.768	7
사하 공화국	0.751	0.656	0.891	0.766	8
리페츠크 주	0.723	0.692	0.878	0.764	9
크라스노야르스크 관구	0.773	0.639	0.879	0.764	10
코미 공화국	0.749	0.663	0.872	0.762	13
볼로그다 주	0.726	0.656	0.875	0.752	20
무르만스크 주	0.670	0.681	0.874	0.742	31
아르한겔스크 주	0.677	0.648	0.871	0.732	42
카렐리야 공화국	0.681	0.633	0.878	0.731	45
노브고로드 주	0.680	0.622	0.879	0.727	52
레닌그라드 주	0.707	0.617	0.843	0.722	61
칼리닌그라드 주	0.641	0.633	0.879	0.718	65
추콧카 자치구	0.689	0.626	0.809	0.708	70
프스코프 주	0.636	0.610	0.875	0.707	71
쿠르간 주	0.592	0.666	0.862	0.707	72
트베리 주	0.649	0.616	0.847	0.704	73
부랴트 공화국	0.616	0.625	0.869	0.703	74
이바노프 주	0.550	0.636	0.894	0.693	75
인구쉬 공화국	0.455	0.827	0.792	0.691	76
유대인 자치주	0.567	0.621	0.880	0.690	77
치타 주	0.595	0.608	0.857	0.687	78
투바공화국	0.519	0.525	0.876	0.640	79

*상·하위 각각 10개 연방주체 및 북서관구 연방주체(부분)의 순위

[표 36] 북서연방관구 연방주체 경제 지표 (2009년) (단위: 루블)

	1인당지역 총생산*[317]	월평균 소득**[318]	월평균 급여[319]	월평균 연금[320]	최저 생계비**[321]	실업률 (%)[322]	극빈층 비율 (%)[323]
러시아연방	241,767	16,857	18,637	6,177	5,144	8.4	13.2
북서연방 관구	252,220	17,446	20,892	7,044		7.0	
상트페테르부르크	310,567	22,133 (10)	23,884	7,249	5,232 (29)	4.1	9.2
레닌그라드 주	235,138	13,055 (42)	18,359	6,300	4,843 (47)	7.2	13.4
코미 공화국	306,859	20,125 (14)	23,685	7,942	6,798 (12)	11.8	16.6
아르한겔스크 주	235,279	17,218 (19)	20,242	7,722	6,210 (16)	7.2	14.0
볼로그다 주	244,252	12,135 (53)	16,565	6,298	5,270 (27)	7.9	18.4
무르만스크 주	255,007	21,153 (12)	26,591	8,533	7,570 (10)	7.6	14.7
카렐리야 공화국	170,106	13,490 (36)	18,394	7,610	5,990 (18)	10.0	17.1
칼리닌그라드 주	193,855	14,608 (27)	16,047	5,965	5,209 (30)	10.9	13.3
노브고로드 주	177,875	13,329 (39)	14,794	6,041	4,924 (42)	6.4	16.6
프스코프 주	104,800	12,697 (62)	12,631	5,850	4,603 (55)	11.0	16.5
네네츠 자치구	-	48,752 (1)	43,965	9,490	10,271 (3)	9.7	7.3

*2008년도 수치
**괄호 안 숫자는 전국 연방주체 중 순위.

인구의 16.5%로 북서연방관구 연방주체 중 세 번째로 높은 수치이다.

한 가지 흥미로운 점은 프스코프 지역의 경제 수준에 비해 가정용 전화기 보급률은 예전부터 상대적으로 무척 높았다는 점이다. 전화기 보급률은 2009년 현재 전체 83개 연방주체 중 15위에 올라 있는데, 프스코프 지역이 이렇게 순위가 높은 지표는 거의 찾아보기 힘들다. 이렇게 높은 순위는 아마도 전화기 공장이 오

[그림 57] 프스코프 시내 중심부[324]

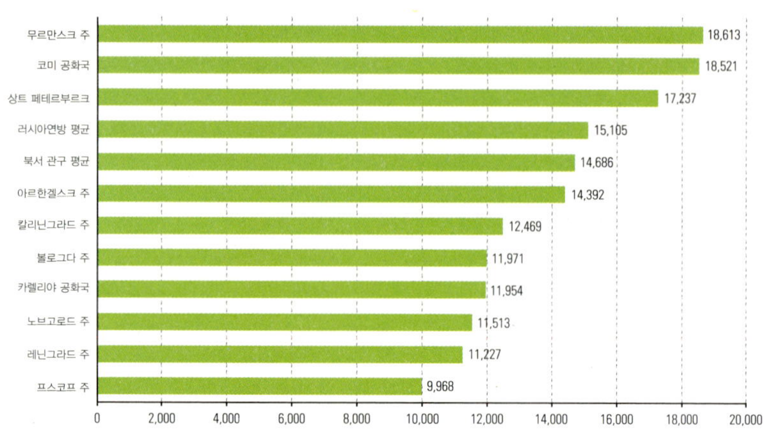

[그림 58] 북서관구 연방주체(부분) 1인당 월평균 소득 (2008년)[325] (단위: 루블)

랜 전부터 프스코프 지역에 있었기 때문에 전화기 보급률이 여타 지역에 비해 훨씬 높았던 것으로 보인다. 1995년 가정용 전화기 보급 대수는 인구 1,000명 182대로 북서연방관구에서는 상트페테르부르크 시 다음으로 높은 보급

[표 37] 인구 1,000명 당 가정용 전화기 소유자 수(도시 지역)[326] (단위: 대)

	1990	1995	2000	2005	2008	2009	83개 연방주체 중 순위
러시아연방	117	149	203	270	283	282	
북서관구	166	197	237	291	308	308	
카렐리야 공화국	103	166	233	296	299	301	16
코미 공화국	110	149	246	303	308	309	10
아르한겔스크 주	88	140	250	275	279	279	32
네네츠 자치구	32	66	159	246	262	266	48
볼로그다 주	98	122	200	277	284	287	26
칼리닌그라드 주	88	99	172	249	265	276	38
레닌그라드 주	131	176	230	277	279	279	33
무르만스크 주	116	172	251	319	326	327	6
노브고로드 주	76	128	221	298	325	329	5
프스코프 주	128	182	240	299	301	302	15
페테르부르크 시	263	297	329	368	391	388	2

[표 38] 인구 100명 당 개인 컴퓨터 보급률[327] (단위: 대)

	2005	2006	2007	2008	2009
러시아연방	23	26	29	32	35
북서연방 관구	25	29	32	35	38
카렐리야공화국	22	28	31	36	39
코미 공화국	23	25	28	32	34
아르한겔스크 주	20	23	25	29	32
네네츠 자치구	28	26	31	28	30
볼로그다 주	22	24	27	31	35
칼리닌그라드 주	26	29	31	35	39
레닌그라드 주	18	21	24	25	27
무르만스크 주	21	27	29	32	35
노브고로드 주	19	22	25	28	31
프스코프 주	17	23	25	26	29
페테르부르크 시	32	38	40	42	45

률을 자랑하였고, 러시아 전국 평균보다 약 20%정도 높은 보급률을 보였다. 하지만 그러한 우위도 2000년 들어서부터는 다른 연방주체에 의해 역전되기 시작하였고 무선전화기가 많이 보급되면서 보급률도 거의 정체되다시피 하여 오늘날 생활수준을 측정하는 척도로 별반 기능을 못하고 있다.

가정용 전화기 대신 컴퓨터 보급률과 인터넷 연결 유무는 글로벌 시대의 생활수준을 측정하는 데에 있어 가장 기본적인 척도가 될 수 있을 것이다. 러시아의 2009년 개인용 컴퓨터 보급률은 100명당 35대인데 프스코프 지역은 평균에 못 미치는 29대로 북서관구 연방주체 중에서도 최하위권에 속해 있다[표38]. 마찬가지로 인터넷 보급률도 컴퓨터 100대 당 11대만이 연결되어있는 것으로 조사되어 북서관구 연방주체 중 아르한겔스크 주, 네네츠 자치구와 함께 최하위에 머무르고 있다[표39].

[표 39] 인터넷이 연결되어 있는 개인용 컴퓨터 수 (인구 100명 당)[328] (단위: 대)

	2005	2006	2007	2008	2009
러시아연방	7	9	11	13	15
북서연방 관구	7	10	12	15	17
카렐리야 공화국	8	10	12	16	18
코미 공화국	5	6	8	11	13
아르한겔스크 주	4	6	7	9	11
네네츠 자치구	6	8	12	11	11
볼로그다 주	5	6	8	10	13
칼리닌그라드 주	7	9	10	13	16
레닌그라드 주	4	6	9	11	14
무르만스크 주	6	8	10	12	14
노브고로드 주	6	7	8	10	12
프스코프 주	4	6	8	9	11
페테르부르크 시	11	15	18	21	23

[그림 59] 프스코프 시내 중심부[329]

3. 시민사회의 발전

인구 감소와 함께 프스코프 지역 사회의 특징을 보여주는 것이 있다면 그것은 바로 시민 사회의 발전이라고 할 수 있다. 시민사회의 존재는 보통 민주주의 발전의 기반으로 인식되는데, 러시아 연구자들은 러시아에서 민주주의 발전이 어려운 이유 중의 하나로 러시아에서 시민사회의 부재 또는 시민사회의 미성숙에서 찾는 경향이 있었다.[330] 하지만 2011년 12월 4일 러시아 총선 이후 모스크바, 상트페테르부르크 등 대도시를 중심으로 일어났던 부정 선거 규탄 시위를 보면서 러시아 시민사회의 발전 가능성에 대한 논의가 다시 고개를 들기 시작하고 있다.[331] 2012년 대통령 선거 직후 모스크바와 여타 대도시에서는 수만 명의 시위대가 푸틴 3선 반대 시위에 참가했다. 이런 상황을 목격하고 최근 서방의 한 언론 기사는 "러시아 시민사회가 2011년 드디어 깨어났는가?"라는 제하의 기사에서 경제적으로 풍족하고, 부족한 것을 몰랐던 모스크바와 상트페테르부르크의 중산층이 드디어 관료들의 부정부패와 시민들의 정치적 자유 제한 등에 대해 저항하면서 일어나기 시작했다고 기술하고 있다.[332] 이들은 그동안 푸틴 정권이 일궈낸 경제적 안정의 혜택을 누리면서 편안히 살아왔지만 이제는 경제적으로 어느 정도 만족하게 된 상태에 이르자 더 많은 정치적 자유와 권리를 갈망하기 시작하게 되었다는 것이다.[333] 물론 이것은 대도시의 경우이다. 과연 프스코프와 같은 인구 20만의 중소도시에서 민주주의에 대한 갈망은 어느 정도인가? 지방에서 민주주의 의식은 어느 정도 발전되어 있고 시민사회는 어느 정도 활성화되어 있는가?

사실 프스코프에서는 모스크바나 상트페테르부르크에서와 같이 수천, 수만 명이 참가하는 적극적인 대규모 반정부, 反푸틴 시위[334]는 없었던 것으로 보인다. 하지만 최근 프스코프 지역 비정부기구의 활동 등을 보면 지역 사회의 정치 의식도 이전과는 달라지고 있음을 보여준다. 따라서 본 연구에서는 프스코프 지역의 민주주의 발전 정도를 소련 붕괴 이후 오늘날에 이르기까지 프스코프 지역의 민주주의 의식과 비정부조직(NGO) 활동을 중심으로 고찰함으로써 이제까지 연구자들이 크게 관심을 기울이지 않았던 지방의 시민사회 발전 과정의 한 예로 살펴보겠다.

이미 몇몇 선행 연구자들이 지적하였듯이 지방 사례에 대한 연구는 다음과 같은 이유 때문에 필요하다. 첫째, 러시아는 거대한 나라이기 때문에 지방마다 상황이 상당히 다르다. NGO 활동을 고찰할 경우에도 지방 NGO는 가용자원의 한계로 인해 중앙의 대도시에서 활동하고 있는 NGO와는 많이 다를 수 있다.[335] 따라서 시민사회 발전의 편차도 중앙과 지방 간에는 많은 차이가 있을 수 있고 관심사 또한 국가적이라기보다는 지역에 한정된 사안이 많을 수 있다. 그러므로 러시아 시민사회 발전의 다양한 모습을 파악하고 균형잡힌 분석을 도출해 내기 위해서는 지방의 경우를 고찰할 필요가 있다. 둘째, 세계화 과정이 진행되면서 러시아의 지방도 세계화의 영향을 직접적으로 받고 있는데, 사안에 따라서는 지방 사회단체와 지방 정부가 외국 단체와 직접 교류하면서 글로컬화(glocalization)와 지방화(localization) 현상이 심화되고 있다.[336] 따라서 시민사회 문제에 있어서도 지방 NGO와 외국 단체들 간의 협력 및 교류 상황을 파악하는 것은 최근 지방의 글로컬화 과정을 이해하는 데 도움을 줄 것이다. 이런 목적을 가지고 본 절에서는 프스코프 지역의 시민사회 발전 정도를 비정부기구의 상황을 통해 알아보겠다. 그럼 먼저 프스코프 지역의 민주주의 의식 발전 정도와 그 변화에 대해 살펴보자.

• 프스코프 지역 사회의 민주주의 의식

켈리 맥만(Kelly McMann)과 니콜라이 페트로프(Николай Петров)가 1999-2000년에 러시아 지방 민주주의 발전 정도를 측정한 연구는 프스코프 지역의 민주주의 발전 정도가 57개의 조사대상 중에서 중하위권인 33위에 머무르고 있음을 보여준다.[337] 맥만과 페트로프는 모스크바 소재 대학교와 연구소 소속

[표 40] 전문가들이 측정한 러시아 지역의 민주주의 수준[340]

순위	지역	전문가가 선정한 비율 (%)**	순위	지역	전문가가 선정한 비율 (%)
1	상트페테르부르크 시	94	28	블라디미르 주	0
2	스베르들롭스크 주	73	28	볼고그라드 주	0
3	니제고로드 주	67	28	볼로그다 주	0
4	사마라 주	62	33	알타이 변강	−5
5	모스크바 시	56	33	아스트라한 주	−5
6	이르쿠츠크 주	39	33	벨고로드 주	−5
6	칼리닌그라드 주	39	33	치타 주	−5
8	페름 주	33	33	키로프 주	−5
9	야로슬라블 주	28	33	프스코프 주	−5
9	크라스노야르스크 주	28	33	로스토프 주	−5
9	무르만스크 주	28	33	스몰렌스크 주	−5
9	노브고로드 주	28	33	스타브로폴 주	−5
9	사할린 주	28	42	아무르 주	−11
14	노보시비리스크 주	23	42	랴잔 주	−11
15	첼랴빈스크 주	17	44	툴라 주	−15
15	캄차트카 주	17	45	보로네즈 주	−16
15	레닌그라드 주	17	46	케메로보 주	−20
15	오렌부르크 주	17	46	오룔 주	−20
15	튜멘 주	17	46	탐보프 주	−20
15	톰스크 주	17	49	쿠르간 주	−26
21	아르한겔스크 주	12	49	리페츠크 주	−26
22	칼루가 주	11	49	사라토프 주	−26
23	코스트로마 주	6	52	브리얀스크 주	−32
23	마가단 주	6	52	펜자 주	−32
23	트베리 주	6	54	크라스노다르 주	−36
26	모스크바 주	2	55	쿠르스크 주	−68
27	옴스크 주	1	56	울랴놉스크 주	−74
28	이바노보 주	0	57	프리모르스크 변강	−79
28	하바롭스크 주	0			

연구원 및 교원, 러시아 대통령 행정실과 연방회의(Совет Федерации) 의원들, 그리고 외국 학자 등 총 26명으로 이루어진 러시아 지역 전문가들에게 '가장 민주주의적이라고 생각하는 연방주체 10곳과 비민주적이라고 생각하는 연방주체 10곳'을 각각 선정해달라는 설문조사를 진행하였다.[338] 이후 설문조사에 응한 각각의 전문가들이 선정한 지역의 선정 비율을 계산한 후 전자(가장 민주적이라고 생각하는 지역)의 비율 값에서 후자(가장 비민주적이라고 생각하는 지역)의 비율 값을 뺀 결과를 토대로 [표40]을 작성하였다.[339]

프스코프 지역의 민주주의 성향에 대한 또 다른 분석도 맥만과 페트로프의 연구결과의 유효성을 입증해주고 있다. 스웨덴의 정치학자 엔더스 우흘린(Anders Uhlin)이 같은 시기에 행한 여론 조사의 결과를 살펴보자.[341] [표41]에서 보듯 1999-2000년에 행해진 프스코프 지역 엘리트들의 민주주의적 가치에 대한 지지도 조사 결과 프스코프 지역은 조사대상인 북서관구 연방주체와 발트 해 국가 중에서 민주주의 가치에 대한 지지도가 가장 낮고, 정치 현안에 대해 반대세력을 형성할 권리에 대해서도 별로 관심을 보이지 않는 것으로 나타났다. 정치 참여에 대한 관심도 노브고로드 다음으로 낮은 수치를 나타내고 있고, 그와 비슷하게 사회적 약자를 보호해야할 필요성에 대해서도 비교적 낮은 수치를 보여주고 있다.[342] 즉, 정치 참여 항목을 제외한 나머지 지표에서는 맥만과 페트로프가 작성한 표의 결과에서처럼 노브고로드, 칼리닌그라드, 스베르들롭스크, 상트페테르부르크 등보다 민주주의적 가치에 대한 지지도에서 낮은 점수를 보이고 있다 [표41].

프스코프 지역의 이러한 특성은 지방 엘리트들의 '시민의 정치 참여 對 소수 엘리트 통치(elite rule)'에 대한 견해를 보면 더욱 확연히 드러난다. 지방의 정치 및 행정을 책임지고 있는 지방 엘리트들의 민주주의적 가치에 대한 태도는 그 지역의 민주주의 확산 정도를 알 수 있는 지표가 된다는 점에서 중요하다고 할 수 있다. [표42]를 살펴보면 프스코프 지역의 엘리트들이 대중들의 정치 참여에 대해 지지하는 비율은 100점 만점으로 보았을 때 18점으

[표 41] 지역 엘리트들의 민주주의적 가치에 대한 지지도, 1999~2000 (지수 0-100)[343]

지역	민주주의 가치에 대한 지지	반대세력을 결성할 권리	사회적 약자에 대한 보호	시민의 정치 참여
프스코프	65	67	82	47
노브고로드	67	78	86	37
칼리닌그라드	71	72	84	56
스베르들롭스크	70	76	85	48
상트페테르부르크	72	83	90	44

[표 42] 엘리트 통치에 대한 지역 엘리트들의 견해 (지수 0-100)[344]

지역	대중들의 정치 참여에 대한 지지	전문가 지배에 대한 반대	강한 지도자의 통치에 대한 반대
프스코프	18	25	11
노브고로드	23	32	14
칼리닌그라드	21	29	13
스베르들롭스크	19	25	13
상트페테르부르크	26	35	17

로 조사대상의 다른 언방주체 중에서 가장 낮다는 것을 알 수 있다. 반면 강한 지도자의 통치에 대해서는 여타 지역보다 거부감을 덜 보이고 있다. 이러한 것을 종합하여 러시아 내 몇개 지역과 비교하였을 때 프스코프 지역 엘리트들의 민주주의 성숙도가 적어도 2000년대 초반까지는 상대적으로 낮은 수준에 머물러 있었다고 할 수 있다.

• 프스코프 지역의 NGO: 2000년대 초반

지역 NGO의 성격과 활동에 대해 알아보는 것 또한 해당 지방의 민주주의 발전 정도를 측정하는 데 도움을 줄 것이다. 프스코프 주 내 비정부기구의 정확한 숫자는 알 수 없지만 2000년대 초반 약 1,000~1,200여개의 비정부기구가 등록되어 있었다. 물론 약 70% 정도는 서류상으로만 존재할 뿐이고, 300여개 단체만 활동 중이었으며 그중에서도 활발히 활동하는 단체는 100~200여개 정도로 추산되었다.[345] 대부분의 단체는 주의 수도인 프스코프 시에 위치하고 있으며, 시 경계 밖에 본부를 두고 있는 것은 10여개 미만이었다. 특히 이웃 지역인 노브고로드 주와 비교해서 프스코프 지역에서는 시민단체의 활동이 미약한 편이었는데 프스코프의 열악한 경제 상황은 시민단체 활동에 대한 재정적 지원을 어렵게 했다. 때문에 대부분의 시민단체는 직원들에게 봉급을 제대로 지불하지 못하는 상황에 처하게 되었다. 사실 러시아 대부분의 시민단체는 회원제로 운영되지 않는다. 프스코프 주도 예외는 아니라서 소수의 열성적 활동가만이 정규직으로 시민단체 업무를 돌보고 있었다.[346] 2000년대 초반 프스코프 지역의 대표적 시민단체는 아래와 같다.

'베체'(Вече, 민회). 이 단체는 소련시절 반체제 서클에 기반을 두고 만들어졌으며 주로 인권과 민주주의 증진을 위한 활동을 전개하고 있다. 프스코프의 이 단체는 반체제 물리학자 안드레이 사하로프가 활동하던 1980년대 후반에 결성되었다. 당시 프스코프 지역에서 3,000여명이 참가하는 대규모 시위를 조직하기도 하였고, 1991년 발트 해 공화국들의 분리 독립운동에 대한 소련 정부의 봉쇄조치에 항의하기도 하였다. 또한 1991년 발생한 우크라이나 지역 탄광 노동자들의 파업을 지지하기도 하였다. 소련 해체 이후 1990년대 중반부터는 체첸전쟁 당시 인권유린 사태 등에 항의하는 등 인권보호 활동에 주력하고 있다. 2000년 초반 당시 3명의 정규직원이 있었다.[347]

'프스코프 병사의 어머니 위원회'(Совет Псковских солдатских матерей). 군대에 자식을 보낸 어머니의 모임으로 러시아 전국에 이와 비슷한 단체가 많이 있으며, 프스코프 주에도 몇 개의 조직이 존재한다. 그중 일부 단체는 지방 정부당국과 긴밀한 협력관계를 유지하고 있어 엄밀히 말해 '시민단체'라고 말하기 어려운 점도 있다. 이들 단체 중 그래도 독립적인 성격을 띠는 단체가 1998년에 결성되었는데, 그 단체는 신체결함이 있는 아들을 둔 한 어머니의 노력으로 창설되었다. 신체결함으로 인한 군복무 면제대상인 아들에게 의사가 신체결함을 확인하는 진단서 발급을 해주지 않자 그의 어머니는 상트페테르부르크의 '병사의 어머니' 단체에 도움을 요청하여 결국 아들의 군복무를 면제시킬 수 있었다. 이후 이 어머니는 자신과 비슷한 처지에 있는 사람들을 돕기 위해 프스코프 지역 '병사의 어머니'단체를 결성했다. 결성 당시 프스코프 지방 정부는 이 단체에 사무실을 내주는 것을 거부하였다. 하지만 프스코프 지역의 또 다른 시민단체 '부활'과 '베체'로부터 도움을 받아 우여곡절 끝에 업무를 시작하였다. 하지만 2000년대 초반 회원 수는 5명에 불과했다.[348)]

여성 단체. 2000년대 초반 프스코프 지역에 5-6개의 여성 단체가 있지만 그다지 활성화 된 상태는 아니었다. 그중 하나가 소비에트 시절 러시아 전역에 지부를 가지고 있던 '러시아의 여성 연합'이라는 단체인데 이 단체는 소련 해체 이후 공식적 지위를 이어받아 계속 활동하고 있다. 프스코프 지역에는 이 여성 연합단체가 1990년 결성되었다. 이들은 여성과 관련된 사회, 경제적 문제들에 주로 관여하고 있다. 하지만 이 단체는 등록된 회원이 없으며 자금난을 겪고있다. '여성 연합' 외에 '청년 이니셔티브'라는 단체도 여성, 젊은이들과 관련된 입법 절차에 영향력을 행사하려고 노력하였다. 이 단체는 체첸 전쟁 반대활동을 활발히 전개하였고, 전쟁 중에 부상당한 병사들을 도와주는 활동도 전개하였다. 두 단체는 약 56명의 회원이 있는 것으로 알려져 있지만, 5명 정도만이 활발히 활동하는 정도였다.[349)]

• 지방 정부와 NGO와의 관계

프스코프 지역은 사실 타 지역에 비해 시민단체가 활동하기에 좋은 조건을 가지고 있지 않다. 프스코프 지역에는 군의 영향력이 강하고, 역사적으로 애국적인 전통이 강하며, 여타 지역에 비해 교육수준이 상대적으로 낮고, 경제상황도 좋지 않기 때문이다.[350)] 더구나 시민단체 활동에 중요한 역할을 담당하는 언론의 역할도 프스코프 지역에서는 별로 신통치 않았다. 지방 언론은 전혀 민주적이지도 개방적이지도 않았다.[351] 프스코프에서는 1990년대와 2000년대 초반까지만 해도 지방의 대표적인 언론이 주지사나 시장의 강력한 영향력하에서 통제되고 있었다. 주지사의 견해를 대변했던 신문으로는 '프스콥스카야 프라브다(Псковская правда)'를, 프스코프 시장의 견해를 대변했던 신문으로는 프스코프 시에서 발행하는 '노보스티 프스코바'(Новости Пскова)를 들 수 있다.[352] 이런 상황에서 시민사회 단체들은 그들의 활동을 지방 언론을 통해 효과적으로 선전할 수도 없었다. 2000년대 초만 해도 지역 정부에 비판적인 기사는 실리기 어려운 상황이었고, 따라서 시민단체들은 자신들의 활동을 소개하기 위해 언론에 돈을 지급하고 보도를 요청하기도 했다.[353]

당시 프스코프 지방 정부는 시민단체를 그다지 위협적인 세력으로 보지 않았다. 지방 당국자들은 대부분의 시민단체들이 자립 능력이 부족하다고 보았고 정부로부터 도움이 필요하다고 보았다.[355] 따라서 프스코프 지방 정

[그림 60] 프스코프의 낙하산 부대[354]

부는 시민단체를 정부조직과 결합한 일종의 협업 단체로 만들려는 노력을 꾸준히 했다. 한편 지역 시민단체들도 지방 정부나 지역 기업에 의존하는 경향이 강했다. 사실 이러한 경향은 러시아 전체의 상황이었지만, 프스코프와 같이 작은 도시에서는 이러한 경향이 더 강했다.[356] 프스코프 시민단체의 한 지도자에 따르면 2000년대 이전까지만 해도 지방 정부당국은 민간단체를 무시하는 태도를 취했다. 이런 이유로 2000년대 초반까지는 지역 정부와 시민단체 간의 교류가 거의 없었다.[357]

시민단체의 활동에 대한 시 당국의 직접적인 제재 조치는 없었다. 하지만 비록 시민단체에 대한 공식적이고 체계적인 탄압은 없었어도 시민단체의 권리가 완전히 보장되어 있지는 않았다. 정부 시책에 대해 너무 솔직히 비판하는 단체는 간접적으로 불이익을 받는 경우도 있었다. 예를 들어 인권보호 활동을 벌였던 '베체' 단체의 주요 활동가들이 1990년대와 2000년대 초반 지방 정부의 압력에 의해 직장에서 쫓겨나기도 했다.[358] 물론 비밀경찰의 감시도 늘 뒤따랐다. 그 외에도 프스코프 시 당국은 시민단체들이 음성적으로 활동하는 것을 방지하기 위한 행정적 조치를 취했다. 시 당국은 시민단체들이 자발적으로 사법기관에 등록하게끔 하는 제도를 마련했다. 프스코프 시 소재 대부분의 시민단체들은 사법기관에 등록했는데 왜냐하면 공식 등록이 없는 시민단체는 은행구좌를 개설할 수 없도록 규정하고 있기 때문이었다. 은행구좌 없이는 실질적으로 자금 조달에 큰 곤란을 겪게 된다.[359] 프스코프 당국이 시민단체들에게 완전한 '자유'를 제공한 것은 아니었다.

하지만 시민단체에 대한 지방 정부의 무관심은 2000년 초반을 기점으로 서서히 바뀌기 시작했다. 지방 정부가 시민단체를 지방 정부의 이해관계를 위해 사용할 수 있다고 판단하면서 지방 정부는 시민단체와 상호협조체제를 구축하고 재정적 지원을 강화하기 시작했다.[360] 예로서 프스코프 시 당국자는 EU의 CIS권 지원 프로그램인 TACIS(Technical Aid to the Commonwealth of Independent States)의 보조금 신청을 위해 외국 단체와 접촉해본 경험이 있는 지방 NGO에게 도움을 요청하는가 하면,[361] 그와 관련된 새로운 법규를 제정하기 위해 NGO활동 변호사들의 자문을 구하기도 했다.[362] 특히 프스코프 시 당국은 2000년에 시민단체를 담당하는 관리 한 명을 두어 3개월에 한 번씩 시민단체의 활동을 조사, 보고하게 하였으며 동시에 20만 루블을 시민단체 지원금으로 책정하였다. 이외에도 시민단체를 지원하기 위한 별도의 프로그램도 마련하였는데, 그중 하나는 19개 시민단체와 협동위원회를 만들어 시민단체의 의견을 듣는 프로그램이었으며, 또 다른 하나는 시 정부와 지역 기업들로부터 기금을 조성, 재정 보조가 필요한 시민단체에게 제공하는 프로그램이었다. 시 당국의 이러한 지원 결정은 프스코프의 시민단체들이 외국으로부터 자금 지원을 받는 것보다 시 정부로부터 받는 것이 더 낫다고 판단한 것에서 기인했다.[363] 동시에 시민단체와 적극적인 관계를 맺고 자금 지원을 통해 시민단체를 시 정부의 의도에 따라 '통제'하려는 의도도 있었다고 볼 수 있다.[364]

2000년대 초반 지방 정부의 자금 부족으로 이 같은 시민단체 지원 정책이 안정적으로 이루어지지는 못했다. 하지만 당시까지 프스코프 지역 시민사회는 많든 적든 대부분 지방 정부의 보조금에 의존하고 있는 상황이었다. 이런 연유로 프스코프 지역 시민사회는 사회 현안에 대해 지나치게 정부를 비난하기 보다는 중도적 입장을 취하는 경우가 많았고 활동도 지방 차원에 머무르는 경우가 많았다. 시민단체는 존재했지만 민주주의적 성격은 강하지 않은 상태였다.[365]

• 프스코프 시민단체의 최근 활동: 2000년대 후반

2000년 초반과 비교하여 최근 프스코프 지역 NGO활동의 차이점이라면 그동안 소극적 활동을 전개해 왔던 프스코프 지역의 NGO들이 점차 지방 정부를 향해 자신들의 이해관계를 적극적으로 개진해나가고 있다는 점이다. 그 예로 최근 활발한 활동을 하고 있는 '메모리알'(기억)과 '프스코프의 망가

진 도로(Убитые дороги Пскова)'라는 단체를 살펴보겠다.[366]

• '메모리알'(Мемориал) 프스코프 지부

2007년 6월 7일 프스코프 주의 시민단체들은 1937년 스탈린 정권이 자행한 大테러 발생 70주년을 맞이하여 쿠즈네초프 주지사, 주 의회 대표 폴로조프(Б. Г. Полозов), 시의회 의장 루진 (Я. В. Лузин), 프스코프 시장 호로넨 (М. Я. Хоронен) 등 지방 정부기관 수장들에게 탄원서를 보냈다. "개인명예 회복에 대한 법안이 기념비 건립 필요성에 대해 명시하지 않고 있다"라는 제목의 탄원서에서 메모리알은 "프스코프 주 비정부기구들은 죄 없이 탄압당한 사람에 대한 기념비를 건립할 것을 정부에 요구한다"고 요청했다.[367] 탄원서의 내용은 지역 신문 '프스콥스카야 구베르니야(Псковская губерния)'에도 게재되었다. 탄원서에서 시민단체들은 프스코프 주에서 1937년 大테러로 "처형당하고, 유형에 보내지고, 억압당한 시민들이 수천 명에 달한다"고 밝히면서 "프스코프 주는 정치 테러 희생자를 위한 추모비를 세우지 않는 러시아 내 몇 안 되는 지역 중의 하나"라고 비판하고 있다.[368] 실제로 프스코프 지역에서 1920-1950년 동안 60,000명 이상이 체포되어 온갖 고초를 당했고 그중 8,000명 이상이 총살됐다.[369] 2007년 당시 프스코프 주에는 3,500명의 정치탄압 희생자들이 생존해있었고 프스코프 시에 그 절반에 해당하는 1,400명 정도가 거주하고 있었다.[370]

'메모리알' 프스코프 지부 회원들은 이미 1989년 3월부터 추모비 건립을 위해 노력해왔고 그 결과 1995년 6월 9일 주 정부는 "정치적 동기에 의해 억압당한 프스코프 주 시민들을 기리는 것에 대하여"라는 법안(No. 105)을 발표했다. 하지만 2007년 탄원서에서 시민단체들은 이 법안이 궁극적으로 이행되지 않았고, 2003년 대테러 희생자 추모비 건립을 위해 주 정부 예비비에서 10만 루블을 출자하기로 '희생자 복권을 위한 주 위원회'가 결정을 내렸으나 이 역시 이행되지 않았다고 지적하였다.[371] 그후 3년 뒤인 2006년 12월 프스코프 시 정부와 시민단체 '메모리알'은 콤무날나야 거리(ул. Коммунальная)에 위치한 미로노시츠크(Мироносицк) 묘지에 대테러 희생자를 위한 추모비를 세우기로 합의하였다. 하지만 이 합의 역시 이행되지 않고 유야무야 되었다. 이에 시민단체들은 2007년 6월 탄원서에서 아래와 같이 구체적 계획을 수립할 것을 지방 당국에게 요청하였다.

> "희생자를 기리기 위해 모든 가능한 노력을 기울인지 18년이 이미 지났다. 우리는 프스코프 주 정부와 프스코프 시에 '정치 탄압에 의해 희생당한 사람들을 위한 추모의 날'(День памяти жертв полтических репресий)인 2007년 10월 30일 이전까지 추모비 건립을 위한 다계층으로 구성된 위원회를 즉시 조직하고, 추모비 건립 장소에 정치 테러 희생자를 추모하기 위한 초석을 세우며, 기념비 건립 날짜를 정하고, 재정 문제, 기념비 제작, 그리고 장소의 설정 및 보존 문제를 해결할 것을 요구한다."[372)]

결국 1989년부터 메모리알 프스코프 지부 회원들이 노력해왔던 추모비 건설의 염원은 시민단체들이 요청한대로 1937년 대테러 발발 70주년 해인 2007년 10월 30일 이루어졌다. 처음 요청한 이후 18년이 지난 후였다. 향후 기념비를 세우기로 한 자리에 일단 작은 돌비석을 세우고 제막식에 프스코프 부시장 이반 체체르스키(Иван Цецерский)와 '메모리알' 프스코프 지부 대표 유리 제바(Юрий Дзева)가 함께 참석하였다.[373)] 이 자리에서 체체르스키 부시장은 "'인민의 적'이라는 억압적인 용어로 이들을 괴롭히고 지속적으로 모욕하고, 비하하고, 일할 기회를 제한하고 가족들을 억압했다"고 밝히면서, 희생자 중 많은 이들이 훌륭한 노동자, 농민, 인텔리겐치아, 군인, 성직자였다는 것을 인정해야한다고 강조했다.[374)] 제막식에 맞추어 정

[그림 61] 2007년 10월에 건립된 추모비에 헌화하는 프스코프 메모리알 단체 회원들[376)]

부기관이 메모리알과 공동으로 제작한 정치억압 희생자에 대한 책, <망각하지 말 것. 프스코프 주에서의 정치탄압, 1920~1950>의 출판식도 함께 있었다. 이후 매년 10월 30일 정치 테러 희생자에 대한 추모의 날에는 이 비석 앞에서 추모식이 열린다.[375] 결국 메모리알 프스코프 지부는 여타 시민단체와 함께 꾸준한 행동을 통해 주 정부에 압력을 넣어 그들의 목적을 관철시켰던 것이다.

• '프스코프의 망가진 도로'

메모리알과 같이 지방 정부를 상대로 적극적 교섭을 통해 자신들의 이해관계를 관철시켜나가는 또 다른 NGO그룹이 있다. 바로 '프스코프의 망가진 도로'(Убитые дороги Пскова)라는 시민단체이다. 메모리알이 모스크바에서 처음으로 결성되어 전국으로 퍼져나간 시민단체라고 한다면 '프스코프의 망가진 도로'(이하 '망가진 도로')는 이름에서도 알 수 있듯이 프스코프에서 시작되어 전국적으로 지부를 넓히고 있는 단체라는 점이 주목할 만하다. 최근 전국 규모로 시민활동을 확산시키고 있는 영향력 있는 단체로 괄목할 성장을 보이는 이 단체는 2008년 2월 프스코프에서 처음으로 결성되었다.

이 시민단체의 주요활동은 프스코프의 열악한 도로 사정을 개선시켜 도로의 안전과 교통질서 회복을 위한 활동에 있다. 이를 위해 이 단체는 파손된 도로 문제 해결, 안전 운전, 운전예절 교육 등의 활동을 벌이고 있다.[377] 이러한 활동을 통해 '망가진 도로'는 프스코프 시와 주의 수송 인프라 발전을 통한 지역의 경제사회 지표 향상을 목표로 삼고 있다. 이 운동은 알렉산드르 바실리예프(Александр Васильев)라는 지역 주민에 의해 지역 시민단체인 '올바른 운전'(Правый руль)과 '야경대'(Ночной дозор)와 함께 2008년 3월 9일 처음으로 시작되었다. 당시 "나는 세금내고 있다. 그런데 도로는 어디 있나?!"라는 성명서를 발표하고 프스코프 시내에서 80대의 자동차를 동원해서 시위 행진을 하였다.[378]

[그림 62] 2010년 5월 30일 프스코프 시에서 열린 도로 보수 촉구 시위[381]

이 행진은 시 당국의 제재로 관공서가 위치한 도시 중심부를 통과하지는 못했다. 하지만 단체 행동을 통해 심각한 도로 상태에 대해 당국자에게 항의하고 공론화시켰다는 점에서 그 의의를 찾을 수 있다. 시위 참가자들은 열악한 도로 사정과 도로 보수에 관한 법규 위반에 대한 책임을 프스코프 고위관리에게 물으며 날카롭게 비판했다. 당시 프스코프 제1부시장 발렌틴 이바노프(Валентин Иванов)는 시위대를 만나 도시 예산 부족과 문제 해결의 복잡성에 대해 설명하였다. 하지만 '메모리알' 단체의 경우처럼 시 정부로부터 문제 해결에 대한 확답을 듣지 못하였고, 이에 시위 참가자 중 몇 명이 '국가교통안전 조사국(ГИБДД: Государственная инспекция безопасности дорожного движения)' 프스코프 지부에 도시 도로 관리자들의 업무 이행을 촉구하는 성명서를 전달하였다.[379] 1990년대 초반의 시민단체와는 달리 이례적으로 적극적인 태도를 표명했던 것이다. '망가진 도로' 시민단체의 특징이라면 활동범위가 프스코프에 머물지 않고 전국으로 확산되었다는 점이다. 이 단체가 결성된 지 3개월 만인 2008년 5월 24일, 러시아 38개 지역의 자가용 소유자들이 프스코프에 모여서 휘발유 가격 인상과 품질 저하 그리고 프스코프 시와 주의 열악한 도로 사정에 대한 시위행진을 벌였다. 첫 시가행진을 벌인지 단 2개월 여 만이다. 이들은 연료와 도로 수송 분야에 대한 러시아 정부의 비효율적이고 비합리적인 정책을 비판하면서 프스코프 주 정부 관리들뿐만 아니라 러시아연방 검찰청, 러시아연방정부, 그리고 대통령실에 대해서도 해결책을 촉구하는 대담성을 보였다.[380)]

2009년 4월 10일에는 도시 한 복판 '10월 광장'에 150명 가량이 모여서 피켓을 들고 보수 작업의 질 문제에 대한 항의시위를 벌였다.[383)] 시위대는 아래와 같은 강력한 어조로 당국을 비판하는 성명을 냈고, 자신들의 제안을 담은 편지를 주지사에게 보냈다.

> "우리는 도로 유지와 보수를 위해 세금을 내고 있다. 그런데 우리 돈이 어디에 쓰이는지 알 수가 없다. 우리가 낸 돈이 부패한 관리들의 주머니 속에 들어가는 것을 바라지 않는다. 우리는 당국에 양질의 도로보수와 유지를 요청한다. 우리는 당국이 아무것도 하지 않고 앉아있는 것을 더 이상 방관하고 있지 않을 것이다!" [384)]

[그림 63] 프스코프 주 레페시 지역의 거리[382)]

시위대의 이 같은 요청에 대해 지방 정부 당국은 문제의 심각성과 지방 사회에 미치는 영향을 고려했는지 이외로 신속한 반응을 보였다. 약 5주 후인 2009년 5월 21일 프스코프 주 지도부는 '망가진 도로' 대표와 회동의 자리를 마련했다. 이 자리에서 양측은 도로보수 작업의 질을 평가할 독립적인 전문가 영입, 프스코프 주 도로 위원회에서 문제가 되었던 '도로 연구소'에 대한 제재조치, 가격-질 대비 적정선에서 도로 보수작업을 수행할 계약자 선정 등의 문제를 결정하였다. 이 회동 이후 '망가진 도로'는 지방 정부와의 논의 결과가 전반적으로 성공적이었고 지역 정부가 시민의 목소리에 귀를 기울이기 시작했다는 믿음을 주기 시작했다고 평가했다.[385]

이후 지방 정부는 이 시민단체의 요구조건을 적극적으로 검토, 수용하는 자세를 보였다. 2009년 10월 주지사 안드레이 투르차크는 '망가진 도로'와 회동을 가졌고 그 자리에서 이 단체 대표들에게 시급히 보수공사가 필요한 도로의 목록을 제출하라고 제안했다.[386] 이후 '망가진 도로'의 발기인이자 대표 중의 한 사람인 알렉산드르 바실리예프와 여타 대표들은 지역 정부와 자주 접촉하면서 자신들의 제안 및 요구 사항을 전달하고 관철시켜 나가고 있다.[387]

이 시민단체는 프스코프 지역에서 시작했지만 전국에서 지지자를 끌어 모아 현재는 명칭에서 '프스코프'를 뺀 '망가진 도로(Убитые дороги)'라는 이름으로 전국 규모의 시민단체로 확장되고 있는 추세이다.[390] 더구나 이 단체는 블라디미르 푸틴 총리가 2011년 5월 6일 자신을 지원하는 외곽단체로 창설한 '전러시아 인민전선'(Общероссийский народный фронт)에도 가입,[391] 전국 언론의 조명을 받았다. 특히 이 단체의 창설자인 29세의 프스코프 주민 바실리예프는

[그림 64] 알렉산드르 바실리예프[388]

'인민전선'에 자신이 창설한 단체가 가입함으로써 유명세를 타게 되었다. 푸틴 총리는 극동의 블라디보스토크에서 서쪽 끝 칼리닌그라드 구간 자동차 경주대회에 참가한 바실리예프를 본받아야할 인물로 치켜세우면서 모스크바 근교 도로 보수 책임을 맡기기까지 했다. 푸틴의 신임을 한 몸에 받은 그는 결국 국가두마 의원이 됨으로써 일약 출세가도에 오르는 행운을 맞이하였다.[392)]

[그림 65] '프스코프의 망가진 도로' 로고[389)]

2008년에 창설되어 주로 인터넷을 통해 세를 확장하면서 러시아 지방 정부에 압력을 가해왔던 '망가진 도로'가 '전러시아 인민전선'에 가입하게 된 배경은 확실치 않다. 푸틴 측에서 2011년 총선과 2012년 대선을 앞두고, 세를 급속히 확장해 가고 있으며 많은 시민들로부터 동감을 얻어내고 있는 이 단체에 먼저 접근했을 수 있다. 배경이야 어떻든 '전러시아 인민전선'과 '망가진 도로' 간의 '결탁'은 국가 이익에 부합하는 활동을 하는 조합주의화 된 NGO의 예를 보는 듯하다. 푸틴의 경우 지방 정부에 압력을 가하는 NGO를 포섭함으로써 중앙 정부가 해야 하는 지방 정부에 대한 감시의 역할은 물론, 지방 정부의 약점을 포착해 지방 정부 및 엘리트들에게 간접 압력을 가해 통제하기 용이하게 만들 수 있는 이점이 있다. 반면 NGO회원들은 연방정부에 협조함으로써 자신의 도시가 도로 보수 등에 있어 더 많은 혜택을 받을 수 있을 것이라고 믿었다.[394)] 프스코프의 시민사회와 NGO는 10여 년 전과 비교해 더욱 활발하게 활동하면서 지방 시민사회 발전과 민주주의 발전에 기여하고 있다.[395)]

소련 붕괴 이후 갑자기 국경지방으로 변모하고 이웃 국가들과 국경분쟁에

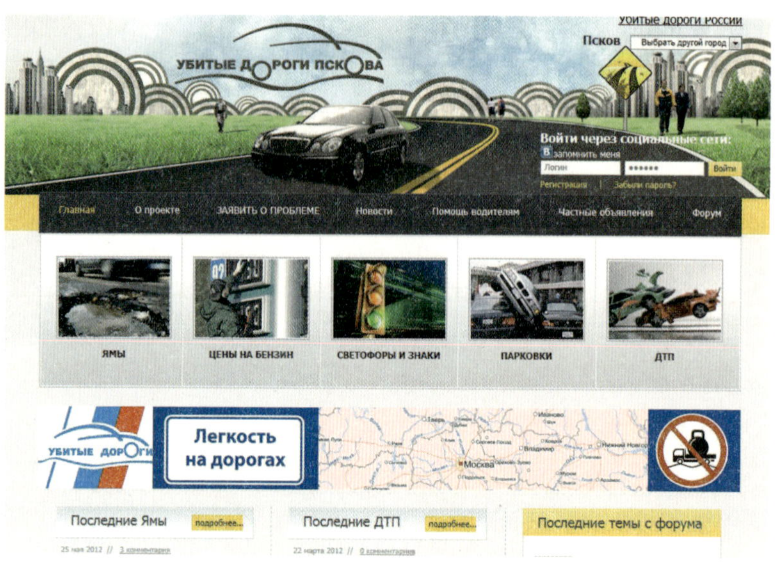

[그림 66] '프스코프의 망가진 도로' 홈페이지[393)]

휩싸이면서 1990년대와 2000년대 초까지 프스코프 지역은 국경지대의 지정학적 특성상 보수적이고 민족주의적인 성향이 강하게 남아있었다. 물론 암울한 지역 경제 상황 개선에 그다지 도움을 주지 못하는 중앙 정부에 대한 불만도 누적되고 있었다. 지역 경제가 열악한 상황에서 인권, 시민의 권리 등 민주주의 가치에 관심을 가질 수 있는 여건은 쉽게 조성되지 않았다. 하지만 2000년대 말 프스코프 지역 시민단체의 활발한 활동은 이제 프스코프 지역에서도 변화의 바람이 불고 있음을 보여주고 있다. '메모리알'과 같은 인권단체들은 지방 정부에 끈질기게 자신의 요구를 피력하여 목표를 관철해 나가고 있다. '망가진 도로'는 대담하게 거리 행진을 주도해서 지방 당국을 곤혹스럽게 만들었고 지방 관리들이 그들의 임무를 성실히 이행하는지 감시하겠다고 나섰다. 특히 이들은 자신들의 주장을 전국적인 네트워크를 통해 확산시키면서 동조자를 쉽게 찾아내 단체의 영향력을 강화시켰다. 이 같은 예는 이제 모스크바나 상트페테르부르크와 같은 대도시뿐만 아니라 프스

[그림 67] 러시아의 '망가진 도로' 홈페이지의 블라디보스토크-칼리닌그라드 자동차 경주 안내 ('전러시아 인민전선' 로고가 보임.)[396]

코프 같은 지방의 중소도시에서도 민주주의적인 의식이 확산되고 있음을 보여주는 것이다.

프스코프 주 이야기

VII

문화:
지방의 상징 만들기와 지역 정체성 형성

1. 프스코프 신화

소련 해체 이후 지난 20년 동안 러시아의 지방 정부와 관료 그리고 지식인들이 자신들의 지역 정체성을 만들어 내기 위해 노력해왔음은 잘 알려진 사실이다.[397] 소비에트 시기에는 중앙 정부가 소비에트 이데올로기라는 공통의 가치를 이용하여 다양한 민족과 거대한 영토에 통일성을 불어넣어 전 지역을 하나의 소비에트 국가로 통합하려 노력했고 그러한 강력한 중앙집권적 체제에 거스르는 지방 정부는 거의 없었다. 하지만 소련해체 이후 상황은 달라졌다. 1990년대 초부터 자신이 살고 있는 지역에 대한 강한 애착심, 소속감을 지닌 지방 엘리트는 지방 정부와 함께 소비에트 시절 동안 도외시되었던 그 지역의 전통, 역사적 유산, 역사적 인물 등을 복원하기 시작하면서 지방의 정체성 공고화 노력을 기울이고 있다. 지방 정부와 엘리트들이 이 같이 독자적 정체성을 구축하려고 노력하는 이유는 여러 가지 측면에서 찾아 볼 수 있는데 다음의 세 가지를 주요인으로 볼 수 있을 것이다.

첫째, 소련 붕괴 이후 10여 년 동안 과거에 막강한 영향력을 행사하였던 '중앙'의 존재가 상당히 약화되었고 소비에트 이데올로기도 소멸해버리면서 그 빈 공간을 메우려는 시도가 등장했기 때문이다. 둘째, 자기 지역의 역사적 인물을 선전하고 역사적 기억을 보존함으로써 그 지역의 독특한 정체성을 부각시켜 외부 관광객을 유인, 지방 정부의 수입 증대를 모색하고, 더 나아가 중앙 정부로부터의 관심을 확보하여 중앙으로부터의 각종 지원과 투자를 유인하기 위해서이다. 셋째, 세계화의 여파가 지방까지 확산되면서 지방 사회가 자신들의 정체성 규정이라는 문제에 더 관심을 갖게 되었기 때문이다.

최근 러시아 지방 정부가 지방 정체성을 새롭게 만들어 내거나 기존에 존재하던 것을 더욱 공고화하고 가시화하려는 노력의 일환으로 흔하게 행해지는 방법 중의 하나는 지방의 역사적 사건과 연루된 인물을 그 지방의 상징으로 부각시키는 것이다. 이 경우 각 지방은 하나의 상징적 인물만 지니고 있는 것이 아니라 복수의 상징적 인물을 가지고 있을 수 있다. 그 경우 각각의 인물은 해당 지역의 다양한 시기의 역사적 경험을 대변해 주며, 그 특별한 경험은 그 지역의 특별한 성격 즉, 지역 정체성을 이루는 근간이 된다. 따라서 특정 지역을 심도 있게 이해하기 위해서는 다양한 접근법이 있을 수 있겠지만 해당 지역의 상징을 면밀히 검토해보는 것은 그 무엇보다 중요하다.[398]

'프스코프'라는 지명이 러시아 최초의 역사 기록서인 '원초연대기'에 처음으로 등장하는 해는 903년이다. 이를 감안한다면 "러시아가 여기서 시작된다"라는 오늘날 프스코프 주의 선전문구가 결코 과장이 아님을 알 수 있다. 사실 프스코프는 러시아 발전의 역사에서 중요한 역할을 담당한 두 명의 인물과 관련이 깊다. 그 두 명 중 한 명은 올가 공후이다. 올가 공후는 러시아 역사에서 최초로 955년 기독교를 수용한 지도자였다. 올가 공후의 고향이 바로 프스코프이다.[399] 더구나 앞서 프스코프 역사에 관한 장에서 보았듯이 올가의 손자 블라디미르는 988년 정교를 키예프 루시의 국교로 선포한 인물이다. 또한 올가 공후는 여성으로서는 최초로 러시아 정교의 성인으로 시성된 인물이다.[400] 두 번째 인물은 알렉산드르 넵스키이다. 넵스키는 1242년 독일 기사단의 침략을 물리침으로써 러시아 영토와 러시아 신앙을 유럽의 영향으로부터 구해낸 인물이다. 러시아 서쪽 변방에 위치한 프스코프 지역은 이후에도 수차례 외침을 받았고 그때마다 힘들게 러시아 영토를 방어하면서 '변방의 요새'라는 이미지를 굳혀나갔다.

이러한 프스코프의 역사적 역할과 거기서 생성된 '신화'를 바탕으로 소련 해체 이후 프스코프 정부와 지방 엘리트들은 프스코프 지역의 정체성을 공고히 하기 위해서 위의 두 역사적 인물을 지방의 상징으로 만드는 작업을 활발히 벌이고 있다. 본 장에서는 탈소비에트 프스코프 지방 정부와 지역 엘리트들이 어떻게 지방의 고유한 상징을 발굴, 보전하여 지역 정체성 재정립에 이용하고 있는가를 프스코프 지역의 상징적 인물인 알렉산드르 넵스키의 예를 들어 고찰하겠다.[402]

[그림 68] 프스코프의 올가공후 동상[401]

2. 프스코프의 상징[403]

• 프스코프의 지정학적 위치와 넵스키의 중요성

러시아 서부 국경에 위치한 프스코프는 역사적으로 '변방의 요새' 그리고 '조국 수호자' 역할을 톡톡히 해왔다. 프스코프 지역은 서쪽으로는 중세의 강국이었던 리보니아, 리투아니아 등의 발트 해 국가와 폴란드 북쪽으로는 스웨덴과 같은 나라와 맞닿거나 인접해 있는 지정학적 위치로 인해 12세기 이후 20세기에 이르기까지 잦은 외침을 받았다. 기록에 의하면 1116년부터 스웨덴과의 북방전쟁이 한창이었던 1709년까지만 보더라도 외적으로부터 총 123회의 침략을 받았다고한다.[404] 이로 인해 프스코프는 총 9km에 달하는 성곽과, 37개의 감시탑 그리고 14개의 문이 설치된 말 그대로 '요새화'된 도시가 되었다.[405]

수백 년 동안에 수백 차례의 외침의 경험을 지닌 국경지역에서 전쟁의 기억과 그와 관련된 역사적 인물은 여타 지역과 비교해 남다르게 중요할 것이다. 그것을 입증해주는 하나의 예는 바로 프스코프 시의 도시 관련 기념행사에 자주 등장하는 역사적 인물들에서 나타난다. 2008년 도시창건 1105주년 기념행사의 마지막 프로그램인 퍼레이드는 도시 중심부인 '레닌 광장'에서 시작하여 폐회식이 열리는 '기계노동자 스타디움'까지 행진하는 것이었다. 시 문화부는 확성기를 부착하고 갖가지 축하장식이 된 차량행렬과 함께 도시를 대표하는 역사적 인물들의 기마행렬을 기획했는데 여기에 포함된 대표인물 4인은 올가 공후(княгиня Ольга), 알렉산드르 넵스키, 도브몬트 공후, 그리고 표트르 대제였다.[406] 이중 러시아 지도자 중 최초로 기독교 세례를 받고 정교도 신자가 된 올가 공후를 제외한 3인은 모두 프스코프에서 타민족의 침략으로부터 루시와 정교 신앙을 수호했던 인물이라는 공통점을 지니고 있다. 이렇게 퍼레이드에 등장한 대표적인 역사적 인물을 통해 우리는 국경지대라는 프스코프의 지정학적 특수성을 파악할 수 있다.

이들 인물 중 탈소비에트 시기 프스코프 주 지방 엘리트와 지방 정부에 의해 지방 정체성을 공고화하는 데 가장 빈번하게 이용되는 인물은 바로 알렉산드르 넵스키이다. 러시아인들에게 있어 넵스키는 평화스러운 정교 국가 러시아에 대한 서방 이교도들의 뻔뻔스런 침략의도를 성공적으로 막아낸 인물로 자리매김 되어있다.[407] 이 외에도 넵스키는 러시아 군사전술에 있어서도 명장으로 추앙받고 있다. 그 이유 중 하나는 그가 싸워 이긴 '얼음 위의 전투'가 러시아 군사전술 발전사에서 무척 중요한 의미를 지니고 있기 때문이다.[408] 러시아 전쟁사가들은 '얼음 위의 전투'의 전술적 중요성은 말위에 탄 기마병을 보병이 성공적으로 제압하고 전투를 승리로 이끌었다는 점에 있다고 본다. 이 기술은 서유럽에서는 알려지지 않았던 것으로 넵스키는 앞선 군사 전술을 활용하여 전투를 승리로 이끈 뛰어난 지략가로 당시 유럽에 알려지게 되었다.[409] 그렇다면 오늘날 프스코프 지방 정부와 지방 엘리트들은 과연 어떻게 국민 영웅 넵스키를 '지방의 상징'으로 만들고 있고 탈소비에트 맥락에서 재정의 해나가고 있는가? 다음 절에서 이에 대해 살펴보겠다.

• 소비에트 시기: 국가 영웅으로서의 넵스키

알렉산드르 넵스키가 프스코프의 지역 상징으로 추대되고 있는 것은 새로운 탈소비에트 현상이다. 소비에트 시기 넵스키는 국가적 영웅으로 주로 '중앙'에 의해 선전되었지 프스코프의 영웅은 아니었다. 예를 들어 1941년 나치 독일 침공 직후 만들어진 소비에트 포스터에 넵스키는 18-19세기의 명장 수보로프, 20세기 초 내전시기에 백군을 물리친 차파예프(Чапаев)와 함께 대표적인 군사적 영웅으로 등장하였고 [그림69], 1942년 제작된 또 다른 포스터에는 나치 독일군을 1242년 루시를 침략해 들어온 독일기사단에 비유하고 그들을 무찌르는 넵스키가 등장하였다[그림70]. 또한, 스탈린 정부는 대조국전쟁 발발 1년 후인 1942년 7월, 전투를 승리로 이끄는 데 결정적 역할을 한 군 지휘관에게 수여하는 '알렉산드르 넵스키 훈장'(Орден Александра Невского)이라는 것도 제정하였다.[410] 이후에도 넵스키는 소련 우표에 등장하는 등 주로 국가차원에서 전쟁 영웅으로 소개되었다. 영화, 우표, 포스터 등 공식적인 선전 매체에 등장한 넵스키의 모습은 주로 투구를 쓰고 있거나 무기를 들고 있는 군사령관의 모습이었다.[411]

소비에트 시기 넵스키를 국가 영웅으로 취급했던 관례는 사실 제정 러시아 시기의 관례와 공통점을 지니고 있다. 스탈린 정부가 제정한 '알렉산드르 넵스키 훈장'의 경우 명칭은 약간 달랐지만 사실 제정 러시아 시기에 이미 존재했던 것이었다. 표트르 대제는 군사적 공훈을 세운 사람에게 수여할 목적으로 넵스키 훈장이라는 것을 구상했었지만 제정하지 못하고 사망했다.

[그림 69] 대조국전쟁기의 포스터(1941)
붉은색 배경인물 중 제일 왼쪽이 넵스키임[412)]

이 훈장은 표트르 사후 여황제로 등극한 그의 두 번째 부인 예카테리나 1세에 의해 1725년 5월 21일에 제정되었다. 이후 1917년까지 러시아 황실은 이 훈장을 '성인 알렉산드르 넵스키 훈장'(Орден Святого Александра Невского)이라 명하고 군사적 공훈을 세운 군인들에게 수여하였던 것이다.[414)]

다만 제정 러시아 시기와 소비에트 시기 차이점이라고 한다면 소비에트 시기에는 알렉산드르 넵스키가 주로 군사적 영웅으로 묘사되었던 반면 제정 러시아 시기에 넵스키는 주로 정교회 성인으로 묘사되었다. 공식적으로 종교를 '인민의 아편'으로 본 소비에트 정권의 무신론 정책을 감안하면 넵스키 이미지에서 종교적 색채를 제거한 것은 당연한 것이라 하겠다. 하지만 제정 시기는 달랐다. 사실 넵스키는 이반 4세가 차르로 즉위하였던 1547년 마카리(Макарий) 대주교가 모스크바 정교회 회의에서 넵스키를 정교회의 성인(святой)으로 시성하였고,[415)] 그 후 넵스키의 공식 명칭은 '성인 공후'(святой князь)로 주로 불리었다.[416)] 정교회 성인으로 추대된 이후 넵스키 이름을 딴 교회가 제정 시기 러시아 전역에 세워지면서[417)] 넵스키는 러시아 인민들의 의식 속에 러시아 정교회 성인의 이미지로 확고히 자리 잡히게 되었다.

[그림 70] 대조국전쟁기의 포스터(1942). 최상단의 말 탄 기사가 넵스키임[413)]

반면 소비에트시기 동안 넵스키는 프스코프의 지역 상징으로나 정교회 성인으로는 거의 묘사되지 않았다. 예를 들어 1980년대 중반에 출판된 프스코프의 선전 책자나 관광가이드 책자에 넵스키와 관련된 내용은 거의 등장하지 않는다. 이들 책자는 대신 프스코프를 고대 유적이 많이 남아있는 '박물관 도시' 또는 1900년 초 레닌이 잠시 머물면서 혁명 운동을 지휘하였던 장소로 묘사하고 있다. 예를 들어 1983년 출판된 '고대 러시아 도시를 따라서'(По древнерусским городам)라는 책자 중 프스코프를 소개하는 첫 장의 제목은 바로 '프스코프에 머물렀던 레닌'이다. 이 책은 1900년 초 레닌이 83일 간 국경지대에서 가까운 프스코프에 머무르면서 서방에 머물고 있는 망명 혁명가들과 긴밀한 연락을 취하면서 혁명운동을 지휘했다고 강조하면서 상당한 분량을 1900년대 초반과 1917년 러시아 혁명 전후 프스코프에서의 혁명 운동 등을 소개하는 데 할애하고 있다. 이 책의 나머지 부분은 프스코프의 유적들에 대한 소개를 하고 있을 뿐이다.[418] 1984년 소련에서 영어로 출판된 프스코프 소개 책자에도 '레닌과 관련된 장소'라는 장에 레닌이 머물렀던 아파트, 레닌 동상, 프스코프 공산당사 등을 소개하고 있지만 넵스키와 관련된 장은 없다.[419] 마찬가지로 1970년대에 출판된 소비에트 대백과사전의 '프스코프' 항목을 봐도 넵스키에 대한 언급은 없다.[420]

이 외에도 위의 프스코프 소개 책자에는 프스코프에 있었거나 현존하고 있는 넵스키 이름의 교회에 대해서도 한마디도 언급하지 않고 있다. 사실 프스코프에는 1908년 지어진 '정교회 성인 알렉산드르 넵스키 대공 軍교회'(Воинский храм святого благоверного великого князя Александра Невского)가 소비에트 시기에도 남아있었다. 이 교회는 프스코프 시 부근에 주둔하고 있는 2만 명 정도로 구성된 '옴스크 96연대'라는 군대를 위해 설립된 것으로 당시 차르 니콜라이 II세가 모든 주둔 군부대는 자체의 군부대 전용 교회를 가질 수 있도록 허락한다는 원칙하에 프스코프 시 당국이 지은 것이었다.[421] 그러나 러시아 혁명과 내전이 끝난 후 대중들의 여가활동을 위한 '클럽'으로 변했고 교회의 종탑과 꼭대기 부분도 파괴되었다. 대조국전쟁 이후 1947년에 이

[그림 71] 프스코프의 넵스키 동상 (1993년 설립)[423]

교회 건물은 장교들의 집으로 또다시 기능이 바뀌었고 그 다음에는 결국 창고로 사용되었다.[422] 아마도 소비에트 시기 프스코프 안내 책자들은 비록 역사적인 건물이지만 창고로 사용되고 있는 교회건물을 설명할 필요성을 못 느꼈을 것이다. 결국 소비에트 시기 이 교회는 외부인은 물론, 프스코프 주민들에게 아무런 관심을 끌지 못한 채 남아있었다.

마찬가지로 소비에트 시절에는 프스코프에 넵스키 동상조차 찾아볼 수 없었다. 프스코프에 넵스키 동상이 처음으로 세워진 것은 소련이 해체된 후 2년이 지난 1993년이었다[그림 71].[424] 비록 1981년 프스코프 근교 '소콜리하(Соколиха)' 언덕에 넵스키 동상을 짓기로 결정을 하였지만 동상 건립에 대한 최초의 결정은 지방 정부가 아닌 '중앙'의 결정에 의한 것이었다. 1967년 1월 소련 공산당중앙위원회(ЦК СССР)와 각료회의(Совет Министров СССР)는 '전국가적 의미를 지닌 기념비 설립 계획, 1967-1970'을 발표하였고 이어 1968년 전국 공모를 통해 동상 디자인을 선정하였고 이듬해인 1969년 프스코프 지방

당과 지방 정부의 심의를 걸쳐 동상건립을 최종 확정하였다.[425] 프스코프 지역에 넵스키 동상을 건립하는 것은 중앙의 이니셔티브에 의해 시작 되었던 것이었다. 소비에트 시기에는 비록 지방과 연관된 역사적 인물이라도 그에 대한 정치적 용도로의 선전은 상명하달 식으로 모스크바에서 총체적 결정을 내리고 관리를 하는 시스템이었다. 넵스키와 관련한 상징제작 및 행사조직 등에 있어서 지방 정부가 배제되거나 소극적으로 참여하였던 상황은 탈소비에트 시기 완전히 변하게 되었다. 오늘날 지방 정부는 넵스키를 '프스코프 사람'으로 만드는 일에 주도적 역할을 하고 있다.

[그림 72] 얼음 위의 전투 750주년을 기념해 추츠코예 호수 근처에 세워진 기념비(1992년 설립)[426]

• 탈소비에트 시기: 프스코프의 넵스키 재정의 하기

• 배경

최근 프스코프 지방 정부와 엘리트들이 넵스키를 '지방화,' 즉 지방의 상징으로 만들려고 적극 노력하고 있는 이유는 다음과 같이 설명할 수 있을 것이다. 첫째, 서론에서 이미 지적했듯이 탈소비에트 시기 지방 정체성 구축 필요성의 증대이다. 지방 정부가 관광자원 개발을 통한 수익 증대를 목적으로 지방의 상징을 부각시키고 상품화하는 것은 최근 프스코프를 비롯 여타 지방 정부의 중요한 임무가 되었다. 외부인들의 관심을 끌기위해 프스코프의 상징을 개발하는 것이 필요하였으며, 넵스키는 프스코프의 상징으로 더할 나위 없이 적절한 인물이었다. 특히 넵스키는 2008년 12월 러시아 TV채널 '로시야(Россия)'와 TV방송사 'B and D(ВиД)'가 TV시청자, 라디오 청취자, 인터넷 사용자 등을 대상으로 한 설문조사에서 러시아 역사에서 가장 중요한 인물로 선정됨으로서 러시아의 국민영웅임이 입증되었다.[427] 아래에서 보겠지만 최근 프스코프 정부가 넵스키를 자기 지역과 더욱 적극적으로 연결시키는 것은 아마도 국민영웅이라는 넵스키의 지명도를 이용해 프스코프를 선전하려는 의도가 다분히 깔려있음을 알 수 있다.

둘째, 지방 정체성 구축을 위한 여건도 소비에트시기에 비해 많이 개선되었다. 위에서 보았듯이 소비에트시기 지방 정부는 지방 정체성을 스스로 구축할 필요성을 크게 느끼지 못했다. 왜냐하면 지방의 이미지도 중앙의 계획에 의해 이루어졌기 때문이었다. 동상 한 개를 지어도 이데올로기와 정치적 선전을 중시한 '중앙'이 간여를 하고 결정을 내리는 경우가 많았다.[428] 이러한 상황은 소련 붕괴 이후 첫 10년 동안 급속히 바뀌었다. 비록 2000년 푸틴이 집권하면서 지방의 정치, 경제적 자율권 확대 노력은 중앙으로부터 많은 제약을 받게 되었지만, 지방의 독자적 정체성 확보 노력은 그대로 계속되고 있다. 인터넷 사용자가 빠른 속도로 확산되면서 이제는 지방의 작은 도시까지 자체 홈페이지를 만들고 있다. 상대적으로 적은 비용을 들여 자신의 도시와 상징을 손쉽게 그리고 효과적으로 선전할 수 있는 이점이 있기 때문이다. 이러한 상황에서 프스코프 주와 시정부는 각자의 홈페이지를 통해 프스코프 지역의 역사, 문화에 관련된 정보는 물론, 돌아볼 곳 등의 섹션을 만들어관광 자원에 대한 정보를 잘 정비해놓았다.

셋째, 이 외에도 지방이 국가 영웅을 잘 활용한다면 그에 따른 많은 부수물을 얻을 수 있을 것이라는 계산도 지방 정부가 '넵스키의 프스코프化' 노력을 고양시켰다고 볼 수 있다. 사실 소련 붕괴 이후 신러시아 정부가 애국심을 고양시키고, 러시아의 종교적, 문화적 전통을 보호하고, 단합된 강한 러시아를 구축하려는 노력의 일환으로 넵스키의 신화를 이용해 왔음을 알 수 있다. 예를 들어 1995년 2월 러시아 정부는 '러시아 군사명예의 날에 대하여'라는 법률을 제정하여 러시아 역사에서 러시아 군대가 주요한 승리를 거둔 날들을 선정하여 매년 그 역사적 의의를 기리고 축하행사를 개최하고 있는

데, 그중 하나가 바로 넵스키의 공훈을 기리기 위해 제정한 '추츠코예 호수 위 독일 기사단에 대한 알렉산드르 넵스키 군대의 승리의 날'(День победы русских воинов князя Александра Невского над немецкими рыцарями на Чудском озере)-4월 18일이다.[429] 또한 메드베데프 대통령은 2010년 러시아 '알렉산드르 넵스키 훈장'의 수여 대상을 소비에트 시기처럼 혁혁한 공훈을 세운 군사령관들에게 수여하는 것에서 러시아의 학문, 교육, 문화, 예술의 발전, 국제무대에서의 국위선양 등에 기여한 러시아 시민에게 수여하는 것으로 대상을 수정하였지만 여전히 러시아 정부가 수여하는 최고 훈장 가운데 하나로 지정하는 법령을 공표하였다.[430] 이는 곧 신러시아 정부가 제정 러시아, 소비에트 정부와 마찬가지로 넵스키를 국가 영웅의 자리에 공식적으로

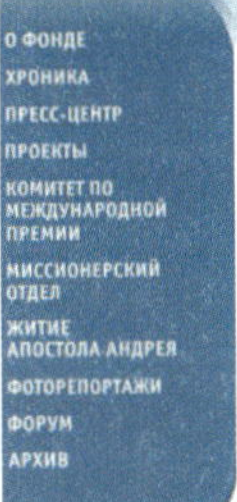

[그림 73] 사도 성 안드레이 페르보잔느이 재단 홈페이지[432]

복귀시켰음을 의미한다. 또한 러시아 정부는 애국적이고 민족주의적이며 정교의 색채가 강한 시민단체인 '러시아 민족영광 센터'(Центр национальной славы России)와 '사도 성 안드레이 페르보잔느이 재단'(Фонд Святого Всехвального апостола Андрея Первозванного)이 2009년 러시아 국력 강화, 사회와 조국에 대한 봉사 확산, 그리고 신세대 러시아 엘리트 창조를 목적으로 시작한 '알렉산드르 넵스키'라는 프로그램을 적극 후원하고 있다.[431] 이렇게 국가 영웅으로 대접받는 넵스키를 프스코프의 영웅으로 묘사할 수 있다면 프스코프 지방 당국은 프스코프에 대한 선전, 이미지 고양, 그리고 중앙 정부로부터의 관심과 지원을 얻기가 수월하기 때문이다.

다만 한 가지 지적해야 할 점은 넵스키는 전 국민이 가장 중요한 역사적 인물로 뽑은 국민영웅이니만큼 프스코프뿐만 아니라 다른 지방에서도 최근 그를 그 지역과 결부시키는 행사를 개최하고 있는 것을 볼 수 있다. 예를 들어 넵스키가 사망한 곳인 고로데츠(Городец)에는 1993년 넵스키 사망 730주년을 맞아 작은 동상을 세웠으며,[433] 쿠르스크(Курск) 주정부는 1999, 2000년에 넵스키 탄생 780주년을 맞아 '일과 조국을 위해'라는 주정부에서 수여하는 훈장을 제정하면서 넵스키를 훈장에 새겨 넣었고, 넵스키의 탄생 축하행사를 가졌다. 그 이외에도 쿠르스크 시는 수도 한 복판 공원에 넵스키의 동상을 세우기도 하였다.[434] 이외에도 넵스키의 탄생지인 야로슬라브 주 소재 페레슬라블-잘레스키(Переславль-Залесский) 시는 2009년 4월 '러시아 민족의 영광 센터'가 기획한 '알렉산드르 넵스키' 프로그램 지원의 일환으로 넵스키와 관련한 각종 행사를 치렀다.[435]

이러한 사실에도 불구하고 프스코프 지방 정부와 엘리트들이 넵스키를 '프스코프 사람'으로 결부시킬 수 있는 데에는 몇 가지 역사적 근거와 지리적 이유가 있다. 넵스키가 러시아 국민영웅으로 대접받는 이유는 바로 1240년대 외적을 물리치고 러시아를 지켜냈기 때문이다. 바로 그 전투와 지리적으로 그리고 역사적으로 가장 직접적으로 관련이 있는 지역이 다름 아닌 프스코프이다. 13세기 노브고로드 공화국의 공후 넵스키가 서쪽 국경지역에서 전투를 벌일 때 프스코프 지역으로부터 많은 군사들을 징집해서 프스코프인들이 직접 전투에 참여했다. 그 유명한 '얼음 위의 전투'에서도 많은 프스코프 병사들이 참전하였다.[436] 그 외에도 프스코프는 1241년 초 독일 기사단에 의해 점령되었으나 넵스키에 의해 해방된 도시였다. 지리적으로도 '얼음 위의 전투'가 벌어진 곳은 당시 '프스코프 영토'라고 불리는 지역에서 벌어졌고 추츠코예 호수도 현재 행정구역상 프스코프 주에 속해있다. 이 외에도 앞서 보았듯이 소비에트 정부가 프스코프 지역에 거대한 넵스키 동상을 짓기로 결정내린 것, 그리고 러시아 정부도 1996년 4월 '알렉산드르 넵스키 승리의 날'에 즈음하여 옐친 대통령 명으로 러시아 군대 중 최초로 프스코프 소재 낙하산 부대인 제76 공수사단에 '알렉산드르 넵스키' 이름을 수여하였다는 사실은[437] 소비에트 및 러시아 정부가 프스코프를 넵스키와 가장 밀접한 연관을 지닌 곳으로 인정한 것을 의미한다. 바로 이와 같은 이유들이 오늘날 프스코프 지방 정부와 엘리트들이 넵스키를 프스코프의 상징으로 만드는 데 당위성을 제공해 주고 있다.[438]

- 지방 영웅으로 묘사하기

프스코프 시와 프스코프 주 정부는 최근 들어 알렉산드르 넵스키와 관련된 다양한 행사에 지대한 관심을 가지고 관련 행사를 적극 지원하면서 넵스키가 프스코프와 밀접한 관계를 갖는 인물로 대내외적으로 홍보하고 있다. 먼저, 프스코프 시는 2007년부터 소콜리하 언덕의 넵스키 동상 주변 공터에서 1242년 알렉산드르 넵스키가 독일 기사단과 벌였던 추츠코예 호수 위의 전투를 재현하는 행사도 지원하고 있다.[439] 시 정부는 처음으로 재연 행사가 치러지기 전날인 2007년 4월 21일 시내 중심가에서 퍼레이드를 조직하였다. 퍼레이드에는 전투 재연 참가자 수십 명이 13세기 루시 시기 병사의 복장과 독일 기사단 복장을 입고 프스코프 방어의 상징인 크레믈린으로부터 시내 한 복판에 위치한 성녀 올가 동상까지 행진하였다.[440] 행사 당일에는 약 1만 여명이 30분 정도 진행된 전투 재연 장면을 지켜보았고[441] 행사가 끝난 후에는 프스코프 주지사 미하일 쿠즈네초프(Михаил Кузнецов)가 행사 주관자와 관중들에게 흥미로운 볼거리를 제공해준 데에 대한 감사 메시지를 낭독하였다. 이 연설에서 주지사는 "이 행사가 프스코프 주민들에게 뿐만 아니라 전 러시아 국민들에게 잊지 못할 행사가 될 것"이라고 강조하였다.[442] 프스코프 주지사의 이러한 발언은 이 같은 행사를 계기로 프스코프가 소위 '넵스키 타운'으로 전 러시아에 알려지기를 바라는 의도를 지니고 있음을 보여준다. 2007년 이후 넵스키 군대의 전투 재현 행사는 최근 프스코프 시의 주요 연례행사 중 하나가 되었다.

두 번째로, 프스코프 시 정부는 1995년 러시아 정부가 새롭게 제정한 16개

[그림 74] 프스코프 시내에 설치된 전투 재현 행사 선전 표지판[443]

의 '러시아 군대명예의 날'(День воинской славы России) 중의 하나인 '추츠코예 호수 위 독일 기사단에 대한 알렉산드르 넵스키 군대의 승리의 날'을 전후하여 넵스키와 관련한 다채로운 행사를 기획하여 넵스키를 프스코프의 상징으로 부각시키는 데 적극 활용하고 있다.[444] 예를 들어 2007년 4월 초 프스코프 시립 도서관은《알렉산드르 넵스키-러시아 영토의 수호자》라는 제목의 전람회를 개최하여 시민들이 넵스키의 행적에 대해 익숙해지는 계기를 마련하였고, 4월 7일에는 얼음 위 전투 승리를 기념하기 위해 프스코프 시의 '기계노동자 스타디움'(стадион Машиностроитель)에서 출발하여 넵스키의 동상이 위치한 소콜리하 언덕까지 달리기 대회를 개최하였다.[445] 매년 4월 18일 당일에는 다양한 행사가 행해지는데 오전에는 프스코프의 '알렉산드르 넵스키 교회'에서 기도회로 그날의 기념행사가 시작되어, 정오에 넵스키 동상 앞에 프스코프 주지사 및 시장과 같은 지방 정부의 고위인사와 정교회 수장, 프스코프 주둔 군대의 장교, 사병은 물론 퇴역군인까지 모여 동상 앞에 꽃과 화환을 바치는 성대한 기념식이 행해진다.[446] 이후 오후에는 학생들이 참가하는 넵스키에 관한 퀴즈대회가 개최되고, 4시경부터는《알렉산드르 넵스키》영화가 무료로 시내 극장에서 상영된다. 보통 기념일 다음날인 4월 19일도 넵스키 관련 행사는 계속되는데 2007년의 경우 오전에《오늘날과 역사속의 알렉산드르 넵스키》라는 제목으로 지역 학생들을 대상으로 한 지역 단위의 학술회의가 개최되었는가 하면, 오후에는 프스코프 민속 클럽 회원들이 주립도서관에서《얼음 위의 전투: 러시아 역사속의 영웅적 순간》이라는 제목의 강연회를 개최하기도 하였다.[447] 그야말로 프스코프에서의 4월 한 달은 넵스키와 관련된 각종행사로 꽉 찬 달이 된다.

최근에는 프스코프 지방 정부는 이러한 행사 기간과 규모를 연장, 확대하였다. 예를 들어 지방 당국은 2000년대에는 주로 지방 중심으로 열리던 넵스키 관련 학술회의를 2010년경부터는《동시대인과 후대에 남긴 알렉산드르 넵스키의 유산》이라는 제목의 전국규모 학술회의로 확대하였다. 뿐만 아니라 2011년 1월에는 베라 예멜야노바(Вера Емельянова) 부주지사 주재로 열린 회의에서 프스코프 주 당국은 비록 학술회의 자체는 4월 15-16일 동안 열리지만, 학술회의 주제와 관련된 연극《프스코프에 관한 이야기》를 2월부터 시작하기로 결정함으로써 실질적으로 학술회의 관련 행사 기간을 2개월 일찍 시작하기로 결정하였다.[449] 넵스키 관련 기간이 이제는 4월 한 달에서 2-4월로 거의 3개월이 된 것이다.

• 정교회 성인으로 묘사하기

탈소비에트 시기 프스코프 지역 언론에서 묘사되는 넵스키의 이미지는 많은 경우 정교도 성인으로서의 이미지이며[그림77][451] 넵스키를 신앙심이 무척 깊은 정교회 신자로 묘사하고 있다. 이는 앞서 언급했듯이 16세기 중반

[그림 75] 프스코프의 알렉산드르 넵스키 군 교회[448]

[그림 76] 프스코프 벨리카야 강의 유람선 '알렉산드르 넵스키'호[450]

넵스키가 정교회 성인으로 시성된 이후 혁명 이전까지 주로 정교회 성인으로 묘사되었던 전통이 부활했음을 의미한다. 또한 지방 언론은 프스코프 정교회가 넵스키의 사망일인 12월 6일 '알렉신드르 넵스키' 교회에서 거행된 추모식에 대해 보도하면서 넵스키는 1261년 당시 러시아를 지배하던 킵차크汗國(Золотая орда)의 지도자를 만나기 위해 수도 사라이(Сарай)를 방문했다가 그곳에 러시아 정교회 관구를 설립했다는 사실을 상기시킴으로써 넵스키가 신앙심이 깊은 사람이었음을 강조하고 있다.[452]

이와 함께 이 기사는 넵스키 사망 후 지방의 한 수도원에 안치될 때 일어났던 '기적'을 소개함으로써 넵스키를 종교적 측면에서 신화화하고 있다. 넵스키는 1262년 넵스키는 사라이를 다시 방문했고, 노브고로드로 되돌아오는 길에 병에 걸려 블라디미르 근교 고로데츠(Городец)라는 소도시에 머물게 되었다. 그곳에서 넵스키는 더 못가고 이듬해인 1263년 이 도시의 표도르 수도원에서 결국 사망하였다. 그 후 그의 시신은 근처의 대도시 블라디미르로 옮겨져 그곳의 성탄 수도원(Рождественская монастырь)에 묻히게 되었는데, 이 기사는 그의 입관식때 "기적(чудо)"이 일어났고 그 기적이야말로 넵스키의 신성함을 확인해 주는 사건이라고 강조하였다.[453]

[그림 77] 정교회 성인으로 묘사된 알렉산드르 넵스키[454)]

아울러 지방 언론은 넵스키의 신성함으로 인해 많은 정교회 신도들이 수백 년 동안 그의 유해를 보고 은혜를 입고 육체적, 정신적 질병을 치유 받았다고 보도하면서 넵스키 유해가 기적과 같은 힘을 지니고 있다고 암시하고 있다.[455)] 이와 관련하여 프스코프 지방 언론은 2007년 9월 20일부터 한 달간 상트페테르부르크의 '알렉산드르 넵스키 수도원'에 안치되어있던 유해가 러시아 및 해외의 몇 개 도시로 순회 전시되는 행사에 대해 상세한 추적 보도를 냈다. 동년 9월 3일자 프스코프 뉴스 네트워크(Псковская лента новостей)의 한 기사는 넵스키의 유해가 한 달 동안 넵스키와 역사적 연관성을 지닌 9개의 도시를 순회하게 될 것이며 프스코프에는 10월 3~5일 동안 전시될 것이라고 보도하였다.[456)] 이외에도 순회 전시가 시작된 9월 20일부터 프스코프 지방 언론은 유해가 모스크바, 칼리닌그라드, 리가 등 프스코프 이전의 순방지에 도착할 때마다 일일이 보도하기도 하였다.[457)] 10월 3일 프스코프 언론은 드디어 유해가 작은 버스에 실려 오후 6시 프스코프에 도착하였고 10월 4일 오전에는 프스코프 정교회 총대주교의 집전 하에 삼위일체 성당에서 유해를 모시고 예배를 거행함과 동시에 프스코프 주의 모든 교회에서 한 시간 정도의 기도회가 열리며, 오전 7시부터 오후 11시까지 일반인들에게 공개될 것이라고 유해 전시 일정에 대해 상세히 보도하였다.[458)] 한 언론 기사는 이 순회 전시를 기획한 '러시아 민족영광 협회'(Центр Национальный Славы России)의 부회장 블라디미르 부슈예프(Владимир Бушуев)가 넵스키가 유해를 보고 "수천 명의 사람들이 믿음을 굳건히 하였고 많은 이들이 넵스키를 자아완성의 이상형으로 삼았다"고 말한 것을 인용하면서, 넵스키의 신성한 힘과 대중들에 대한 종교적 영향력을 간접적으로 강조하기도 하였다.[459]

지역 언론뿐만 아니라 지역 성직자들도 넵스키를 애국적인 성인으로 묘사하는데 중요한 역할을 하고 있다. 예를 들어 2006년 9월 12일 넵스키 추모일에 프스코프 시 소재 '알렉산드르 넵스키 사원' 사제장 올레크 테오르(Олег Тэор)신부는 "위대한 알렉산드르 넵스키 공이 [서구의] 라틴이즘을 수용하지 않았기 때문에 러시아 국가가 확고히 설 수 있었고 외적들이 바윗돌처럼 반으로 쪼개버리려던 정교 신앙도 보존될 수 있었다"고 주장하면서 넵스키가 서구 가톨릭교도의 공격으로부터 정교 신앙과 국가를 보호한 애국적인 정교도임을 강조하였다.[460] 프스코프 주 페초리(Печоры)시 소재 '순교자 성 바르바라(Варвара)교회'의 사제장 예브게니 펠레셰프(Евгений Пелешев) 신부도 2006년 12월 에스토니아 정교회 성인들을 위한 기념일에 "정교도 공후 알렉산드르 넵스키는 러시아 영토뿐만 아니라 정교 신앙도 수호했다. 그러므로 오늘날 에스토니아에 있는 러시아 정교회가 그를 에스토니아와 발트 해 전 지역 정교 신앙의 수호자로 존경하고 있다"고 강조했다.[461] 이외에도 그해 12월 넵스키 공후 사망 추모예배에서 넵스키 교회 테오르 사제장은 "군 입대를 앞둔 예비 징집 병들은 병역의 의무에 대한 축복을 받기 위해 그리고 우리 땅에 1,000년 동안 존재해온 정교 신앙을 저버리지 않으려면 자주 이 교회에 와서 기도해야한다"고 강조하면서, "성 넵스키 공후의 보살핌[기도]에 의해 군복무가 가치 있는 것이 될 것이고 신의 도움을 받게 될 것이다"고 주장했다.[462] 이렇듯 프스코프 정교회 사제들은 넵스키를 명장으로 묘사하는데 그치는 것이 아니라 정교를 수호한 정교도 공후이자 성인임을 강조하고 있다.

* * *

소비에트 시기에는 중앙 정부가 지방의 특성을 규정하는 데 주 역할을 담당하였으므로 프스코프 지방 정부는 지방 상징 개발에 대한 필요성을 인식할 기회가 거의 없었고 그에 대한 관심도 적었다. 이러한 상황은 소련 해체 이후 탈소비에트 과정에서 바뀌기 시작하였다. 소비에트 체제 붕괴 이후 지방 정부는 대내외적인 이유로 지방의 상징과 '새로운' 전통을 만들어 내는 데 관심을 가지고 많은 노력을 기울이기 시작하였다. 관광자원 개발을 통한 수익 증대 노력, 중앙 정부로부터의 관심 및 지원 유도, 정교 신앙의 확산과 정교회의 영향력 증대, 지방 엘리트들의 향토 역사에 대한 관심 등이 각 지방 정부의 '지방 찾기' 및 '제 고장 정체성 찾기' 노력의 직간접적인 동인이었다.

러시아의 서쪽 국경지대에 위치해 있는 프스코프는 13세기 이래 역사적으로 수많은 외침에 시달려 온 지역이다. 이 지역에서 1240년대에 서유럽 가톨릭교도들의 침략을 물리치고 러시아 국가와 정교 신앙을 수호하여 국가적 영웅으로 추앙받고 있는 알렉산드르 넵스키 공후는 탈소비에트 시기 프스코프 지방 정부가 지방의 상징으로 부각시키기에 더할 나위 없이 좋은 인물이었다. 소비에트 시기 동안 프스코프 지방 당국은 프스코프 지역과 알렉산드르 넵스키 간의 관계에 대해 거의 관심을 기울이지 않았지만 탈소비에트 시기에 접어들면서 프스코프 지방 정부와 엘리트, 종교지도자, 지방 언론들은 국가 영웅인 넵스키를 나름대로 '재정의'하기 시작하였다. 구체적인 방법은 첫째, 각종 행사를 통해서 넵스키와 프스코프와의 연관성을 강조함으로써 넵스키를 '지방화'하는 것이었고, 둘째, 소비에트 시기 동안 넵스키를 단지 군사적 측면에서 조명했던 것에서 벗어나 넵스키를 정교회 성인으로 '새롭게' 조명하는 것이었다. 물론 이러한 경향은 소련 붕괴 이후 전적으로 새롭게 등장한 것은 아니었다. 그것은 볼셰비키혁명 이전 제정 러시아의 전통이 다시 부활한 것이었다.

프스코프 지방 정부와 엘리트들의 이러한 넵스키 재정의 방향은 중앙 정부가 추진하고 있는 정교신앙을 바탕으로 한 애국적 국가 정체성 구축 전략과 궤를 같이 하는 것이다. 이는 곧 프스코프 지방 정부와 엘리트들은 넵스키를 재정의하고 지방의 상징으로 부각시킴으로써 지방 정체성 구축은 물론 중앙 정부로부터의 정치적, 물적 지원 확보라는 두 가지 목표를 동시에 달성할 수 있는 지방 나름대로의 생존 전략이라 볼 수 있을 것이다.

프스코프 주 이야기

한국과의 관계: 협력 전망과 프스코프 주의 대외 관계

프스코프 주는 러시아의 북서쪽 국경지역에 위치해 있다. 유럽과의 거리는 가깝지만 한국과의 거리는 그 만큼 멀다. 하지만 놀랍게도 한국과 프스코프는 이미 소련이 해체되기 직전 인연을 맺을 기회가 있었다. 양측의 관심과 이해관계가 맞이 떨어졌던 것이다. 본 장에서는 프스코프와 한국 관계를 살펴보고 그 다음 프스코프의 대외 관계에 대해 알아보겠다. 한동안 소강상태에 빠졌다가 최근 다시 살아나기 시작한 한국-프스코프 관계가 향후 어느 정도 활성화 될 수 있을지 예측하기 위해서는 현재 프스코프 주가 추진하고 있는 대외 관계의 성격을 먼저 알아야 하기 때문이다.

1. 한국-프스코프 주 관계

• 1990년대 초반

한국과 프스코프 주 관계가 처음으로 시작된 것은 1990년대 초반이다. 1992년 9월 초 러시아의 알렉산드르 티트킨 산업장관은 서울을 방문하여 당시 한국의 한승주 상공부 장관과 만나 한국 기업의 러시아 진출에 대해 논의하였다. 이 자리에서 양 장관은 삼성, 대우 등의 기업들이 수십억 달러

상당의 합작 투자 사업을 통해 러시아 통신 및 전자산업에 진출하는 것에 합의하였다.[463] 이 합의에 따라 삼성은 프스코프의 자동텔레폰 스테이션 공장'과 합작하여 디지털식 시티 폰 스테이션을 생산하는 데 3,800만 달러를 투자하기로 하였다.[464] 이후 1993년 11월 삼성전자는 프스코프 시에 1만회선 용량의 전화 교환기(모델명: TDX 1B) 공급계약을 체결하였다. 아울러 당시 프스코프 주 전체의 도시 및 농어촌용 통신망을 디지털화 하는데 협력하기로 합의했다.[465] 이후 삼성전자는 프스코프에 10만 회선 규모의 무선호출시스템 수출계약과 2만 회선 용량의 신형교환기를 수출하기로 프스코프 주지사(블라디슬라프 투마노프)와 계약을 체결하였다.[466]

• 2009

하지만 이후 한국 기업과 프스코프 주의 관계는 더 이상 보도된 바가 없다. 1998년 러시아가 IMF 위기를 맞은 후 한국 기업의 진출이 오랫동안 위축된 것으로 보인다. 다만, 한국과 프스코프 주가 처음으로 인연을 맺은 지 거의 20년이 지난 후 다시 연을 이어가게 되었다. 2009년 대한상공회의소가 러시아 중소기업 관계자들을 초청해서 한·러 중소기업 간 협력을 늘리는 계기를 모색하였는데 거기에 프스코프 주도 관심을 가지고 참여했다는 점은 무척 고무적이다. 2009년 6월 15일부터 대한상공회의소는 4박5일간 러시아 중소기업 관계자들을 초청하여 '러시아 중소기업 국제화 연수'를 실시하였다. 이 연수 프로그램에 프스코프 상공회의소 회장 블라디미르 쥬보프(Владимир Зубов)가 러시아 측 상공회의소 회장단의 대표로 참가하여 한국과 러시아 중소기업의 협력을 모색하는 계기를 가졌다.[467] 이 자리에는 프스코프 상공회의소 회장 외에도 우랄 상공회의소 회장 등 10명의 러시아 지방 상공회의소장이 참석하였다. 이 프로그램을 통해 쥬보프 회장을 포함한 러시아 지방 상공회의소 회장들은 '대한상의-러시아 지방상의 간담회,' '러시아 중소기업 국제화 지원 세미나' 등에 참석하였고, 현대자동차 울산 공장, 부산 신항만, 부산시 등도 방문하여 한국의 중소기업 지원 체계를 습득하고 산업현장을 견학할 기회를 가졌다.[468] 이 프로그램은 손경식 대한상공회의소 회장이 강조했듯이 한국의 71개 지방상의와 러시아 171개 지방상의 간 협력네트워크를 구축하는 것을 목표로 조직되었다.

[그림 78] 블라디미르 쥬보프 프스코프 상공회의소 회장[469]

프스코프 지방 언론도 쥬보프 상공회의소 회장이 한국 방문단의 대표로 선발된 것에 대해 보도하는 등 깊은 관심을 보였다. 2009년 6월 5일 프스코프 지방 언론과 인터뷰에서 쥬보프 회장은 한국, 중국, 일본이 프스코프 주한테는 정말로 멀리 떨어져 있는 국가들이고 낯선 지역이지만 이들 국가들이 자신들의 고유한 기술을 가지고 프스코프 인접 지역으로 이미 진출하고 있음을 상기시켰다.[470] 쥬보프 회장은 한국의 현대자동차가 레닌그라드 주에 자동차 공장을 짓기로 합의했다는 사실을 예로 들고, 당시 프스코프 주도 현대자동차 유치를 위해 레닌그라드 주와 경쟁했으나 결국 실패했음을 지적했다.[471] 이 언론 보도는 쥬보프 회장이 한국에 가서 프스코프 지역에 대한 소개와 투자 잠재력에 대해 설명할 것이라고 밝히면서 한국 기업이 프스코프 지역 공장에서 특히 자동차 조립라인 부품 및 완제품 생산을 고려하고 있다고 밝혔다.[472]

프스코프 지역 경제계 인사가 한국을 방문한데 이어 한국의 외교관도 프스코프를 방문하였다. 2009년 6월 26일 이석배 상트페테르부르크 총영사는 프스코프를 방문하여 제1부주지사 세르게이 페르니코프를 비롯하여 지역 중소기업 대표들과 만났다.[473] 지역의 주요 일간지인 '프스콥스카야 프라브다'는 이석배 총영사의 발언을 상세히 보도하면서 상당한 관심을 나타냈다. 이 신문은 총영사가 프스코프 주의 경제 상황에 대해 깊은 관심을 보였다고 보도하면서 프스코프 주가 2008년 미국발 금융위기의 여파에 얼마나 영향을 받고 있는지, 실업인구가 많은지, 그리고 경기후퇴 예방 조치가 얼마나 효과를 보고 있는지 등에 깊은 관심을 보였다고 보도했다.[474)]

이 기사는 이석배 총영사의 말을 빌려, 한국이 러시아 전체는 물론 북서연방관구에 투자하는 것에 무척 관심을 가지고 있다고 보도하면서 그의 방문 목적 중 하나는 한국 기업이 프스코프 지역 농업과 식품제조업에 투자하기 위해 현지 파트너를 구할 수 있는지 알아보기 위한 것이라고 전했다. 이 신문은 한국의 지방 도시와 프스코프 주 또는 프스코프 주의 도시들이 자매결연을 맺는 것이 가능하며, 양자 간 경제, 문화, 스포츠 등 전반에 걸쳐 협력이 가능할 것이라고 보도하고 있다. 이석배 총영사의 방문과 그의 방문 목적 그리고 관심사에 대한 지역 언론의 상세한 보도는 프스코프 주의 한국에 대한 관심을 반영한 것이라 하겠다.

앞의 프스코프 경제에 대한 장에서 보았듯이 프스코프는 현재 식품가공 산업과 부품조립 산업이 발달된 지역이다. 유럽 진출의 유리한 교두보를 마련하고자 하는 한국 기업에게는 유럽과 근접하고 양질의 그리고 서유럽보다는 다소 저렴한 인건비를 지닌 프스코프 지역이 매력적인 투자지가 될 수 있을 것이다. 즉, 유럽과 접한 프스코프가 지닌 '변방성'을 잘 활용한다면 프스코프와 외국의 투자자 모두 '윈-윈'할 수 있는 기회를 만들어 낼 수 있을 것이다.

프스코프 주는 이제까지는 주로 유럽 국가의 투자를 유치하기 위해 노력했던 것은 사실이다. 하지만 최근 아시아 지역으로부터의 투자도 성공적으로 유치한 경험이 있다. 2011년 3월 프스코프 주 당국자들은 싱가포르의 '주롱'(Jurong)이라는 컨설턴트 회사와 합작으로 '프스코프 판 실리콘밸리 스콜코보(псковское Сколково)'를 구축하는 계획을 수립하였다. 프스코프 주와 '주롱'은 이 프로젝트의 일환으로 프스코프 주 내의 모글리노(Моглино)와 스푸트니코보(Спутниково) 산업지구에 하이테크 단지 건설 계획을 수립하였다.[475)] 이 계획에 대해 현 주지사 안드레이 투르차크(Андрей Турчак)는

'주룽'은 세계적인 컨설팅 회사로 이 프로젝트 수주를 놓고 경합을 벌인 3개의 최종 경합자 중 하나라고 강조하였다. 프스코프에 미래 첨단기술 단지를 조성하는 프로젝트가 외국 기업에게 그 만큼 인기가 있었음을 지적하려는 의도인 것으로 풀이할 수 있다.[476] '주룽'과의 합작이 어떻게 진행될지 지켜봐야 하겠지만 프스코프는 이제 지리적으로 가까운 유럽뿐만 아니라 아시아권 국가들로부터도 투자를 유치하려고 노력하고 있다.

다음 절에서는 과연 프스코프 주와 유럽 국가들은 어떠한 협력체계를 발전시켜 나가고 있는지 그리고 어떠한 역학관계를 지니고 있는지 살펴보겠다. 프스코프 주와 유럽 국가들과의 관계는 프스코프 주와 관계를 맺고자 희망하는 한국 기업 및 투자자에게 유용한 배경 정보가 될 것이다.

2. 프스코프 주의 대외 관계

• 스웨덴 및 북유럽

프스코프와 북유럽의 관계는 역사적으로 볼 때 부침을 거듭해왔다. 앞서 살펴보았듯이 러시아는 17, 18세기 스웨덴과 잦은 충돌을 빚어왔고 심지어는 스웨덴 왕이 프스코프 성벽 코앞까지 와서 성을 함락시키기 위해 진두지휘를 하기까지 하였다. 하지만 소련 해체 이후 1990년대부터 프스코프 지역은 북유럽국가들과 서서히 관계 증진을 모색해 오고 있다. 사실 이미 16세기경 유럽의 도시 연맹인 한자 동맹(Hanseatic League)의 일원으로 발트 해 및 독일 북부 연안의 국

[그림 79] 16세기한자 동맹 도시[477]

가들과 함께 활발한 상업 및 교역 활동을 벌였다. 오늘날 프스코프 주는 이러한 역사적 경험을 다시 부활시키기를 바라고 있다. 스웨덴과 핀란드 같은 북구 국가들이 오늘날 프스코프에게 매우 중요한 그 이유는 첫째, 다양한 분야에서 프스코프에 서비스와 도움을 제공해주고 있기 때문이고, 둘째, 관광 수입증대와 연결되어있기 때문이다.

예를 들어, 2000년대 들어 프스코프 주 정부는 핀란드의 관광객을 유치하기 위해 헬싱키로부터 배를 타고 에스토니아 타투(Tartu)를 거쳐 프스코프로 들어오는 루트를 개발하기 위해 논의하는 등 북유럽국가로부터 관광객 유치 노력을 적극 시도하기 시작했다.[478] 관광 이외에 프스코프 주는 북유럽 국가로부터 다양한 지원을 받고 있다. 스웨덴은 프스코프 지역 고등교육 체제의 현대화 및 서구식 개혁을 스웨덴의 자본을 투자하여 적극 돕고 있다. 러시아가 회원국으로 있는 유럽의회(Council of Europe)는 1999년 볼로냐 협정(Bologna Process)을 통해 회원국의 고등교육 학위제도 및 교육의 질의 표

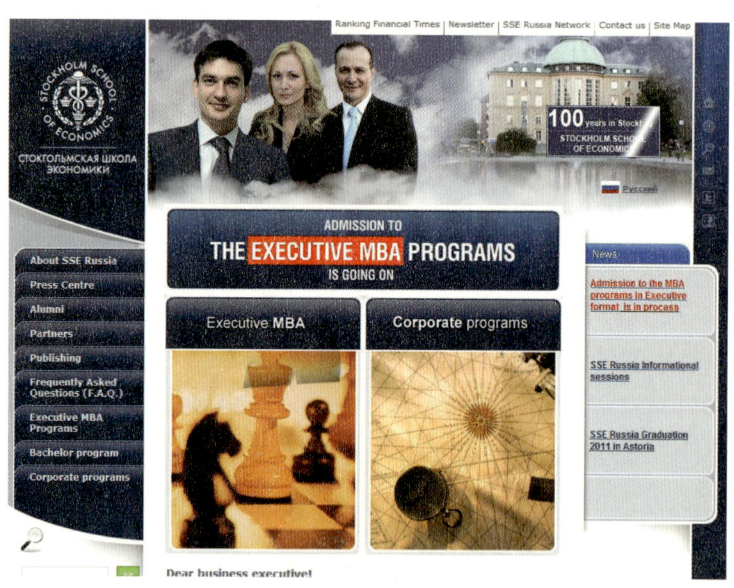

[그림 80] 러시아 스톡홀름 경제학교 홈페이지[483]

준화를 이루기 위해 구 공산권 국가의 교육 개혁을 원조하고 있다.[479] 스웨덴은 이미 1997년부터 모스크바와 상트페테르부르크에 국제비즈니스 대학교인 '스톡홀롬 경제학교'(Stockholm School of Economics, Russia)를 개교하여 프스코프 볼니 대학(Псковский Вольный институт)과 프스코프 국립 종합기술대학(Псковский государственный политехнический институт)의 교수들을 초청하여 서구 기준의 학사, 석사 교과과정 개발을 돕고 있다.[480] 그 외에도 프스코프에서 온 교수들은 이 학교에서 현대적 교수법, 효율적 시험 방법 개발 등 프스코프 지역 고등교육의 질 제고를 위한 훈련과 교육을 받고 있다.[481] 스웨덴은 또한 1990년대 말부터 프스코프를 포함 발트 해 국가를 후원하는 '발트 해 호랑이'(Baltic Tigers)라고 불리는 비즈니스 프로젝트에 참여하고 있으며 덴마크, 핀란드 및 여타 북유럽 국가들과 함께 '발트 해 지역 프로그램, 2007~2013' 프로젝트를 통해 프스코프 주의 기업들과 합작으로 지역 경제 활성화 작업도 수행하고 있다.[482]

2000년대 초만 해도 스웨덴을 비롯한 북유럽 국가와 상업 및 문화교류 증진을 도모하는 것은 많은 프스코프 지역 주민들에게 생소한 것이었다. 당시 프스코프와 레닌그라드 주의 해외 국가와의 협력, 교류 등의 실태에 대해서 조사한 한 보고서는 이들 지역이 외국과 협력보다는 '자급자족' 경제체제 운영에 더 관심을 갖고 있는 것처럼 보인다고 진단하기도 하였다.[484] 이 보고서는 프스코프 주는 서구로부터의 영향을 막아온 오랜 전통을 가지고 있음을 지적하면서 이러한 역사적 경험이 서유럽 국가들과 관계를 개시하는 데 어느 정도 걸림돌이 되고 있다고 밝히고 있다.[485] 사실 스웨덴에 의해 여러 번 포위를 당한 경험이 있는 프스코프에게 북유럽은 근대이래 늘 경계의 대상이었다. 이런 이유로 프스코프 주민들은 북구 국가들과 관계를 진전시키는 것은 그 국가들과 일종의 새로운 평화 및 화해 관계를 수립하는 것으로 인식하였고, 그것은 분명 이들 국가와의 관계가 새로운 국면으로 접어드는 것을 의미하였다.[486] 물론, 프스코프의 이러한 지정학적 위치에 기인한 특정 역사적 경험뿐만 아니라, 소비에트 시기 때부터 경제 발전, 산업 발전 측면에서 '변방'으로 오래 남았던 지역적 특성상 서구 기업과의 합작, 경제 협력은 곧 서구 자본주의 경쟁시스템이 도입되는 것을 의미하는 것이기도 했다. 2000년대 초만 해도 이에 대한 두려움이 프스코프 지역 주민들에게 팽배해 있었다. 현재는 이러한 초기 난관을 넘어서 경제뿐만 아니라 관광, 교육 등의 분야에서 프스코프와 북유럽 국가와 협력이 점진적으로 이루어지고 있다.

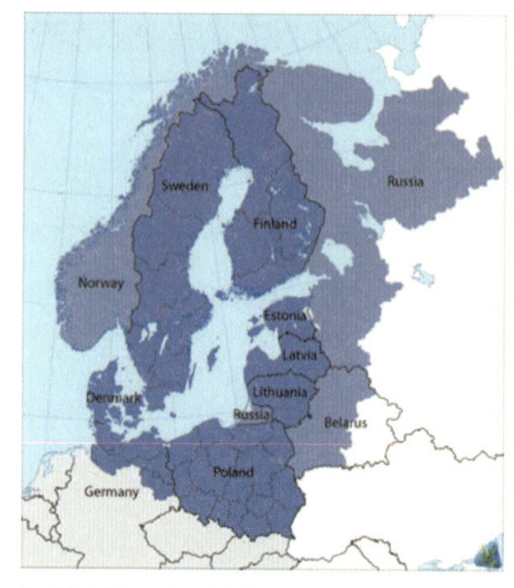

[그림 81] EU가 지원하는 발트 해 국가 프로그램 참가 국가(러시아 북서연방관구가 포함 됨)[487]

• 에스토니아와 라트비아

스웨덴과의 관계와는 달리 발트 해 국가인 에스토니아, 라트비아와 프스코프 주와의 관계는 굴곡이 심했다. 이들 발트 해 국가의 경우 최근까지도 프스코프를 유럽의 일부로 보기보다는 '타자'로 보는 시각이 지배적이었다. 이러한 상황은 분명 러시아의 '변방'으로서 역할을 수행하면서 서쪽에 위치한 유럽 국가들과 관계 증진을 통해 정치, 경제적 이득을 얻으려는 프스코프의 생존전략에 걸림돌이 되는 것이다. 유럽연합(EU)이 프스코프를 바라보는 시각은 분명 러시아를 바라보는 시각과 연계되어있다. 문화적으로 볼 때 EU는 러시아정교회와 역사적으로 공동의 이익을 위해 협력하고 관계를 발전시킨 경험이 거의 없다. 이러한 역사적 경험의 부재는 최근까지도 EU국가들이 프스코프 주한테 진정으로 마음을 열고 유럽의 변방으로서 EU의 특정 프로젝트에 참하게끔 하는 데에 일정정도 거부감을 갖게 하였다.[478]

에스토니아, 라트비아에 대한 프스코프의 시선도 곱지만은 않았다. 이들 국가와 프스코프와의 관계는 소련 해체 이후 국경문제로 긴장 국면으로 접어들기도 했다. 프스코프 주와 국경을 맞댄 라트비아는 1991년부터 피탈로보(Пыталово) 지역에 대한 영유권을 주장하기 시작하였다. 이곳은 유럽으로 향하는 철도 교통의 요충지 중 하나로 지역 경제 발전에 있어 중요한 역할을 담당하고 있는 지역이다.[489] 이 지역은 1920년 라트비아와 소련 간 평화협정에 의해 라트비아로 이양되었다가 제2차 세계대전 직후인 1948년 러시아 소비에트사회주의 공화국의 프스코프 주 내의 행정구역으로 다시 편입되었다. 라트비아는 2007년이 되어서야 비로소 러시아와의 평화협정을 통해서 이 지역에 대한 영유권이 러시아에 속한다는 것을 인정하였다.[490]

프스코프 주가 봉착한 더 심각한 문제는 에스토니아와의 국경문제이다. 논쟁이 되는 지역은 페초리(Печоры) 지역으로 약 2,000㎢의 면적을 지닌 이 지역은 인근 추츠코예 호수에서의 어업 활동과 항해에 대한 관리라는 측면에서 양국에게 지경학적으로 중요한 지역이다.[491] 이 곳은 1919년 3월 에스토니아 독립전쟁 당시 에스토니아군에 의해 점령당했고 이듬해인 1920년 2월 에스토니아에 합병되었다.[492] 이후 이 지역은 1944년 소련에 의해 다시 합병될 때까지 에스토니아의 11개 주의 하나로 페체리(Petseri)라는 에스토니아 지명으로 남게 되었다. 그러나 소련 붕괴 이후인 1990년대 초 소련으로부터 다시 독립한 에스토니아는 1920년 합병 시 러시아와 에스토니아 간에 체결되었던 타투 평화조약(Tartu Peace Treaty)을 근거로 이 지역에 대한 영유권을 다시 주장하기 시작하였다. 에스토니아 정부는 특히 페초리에 거주하는 주민들 중 에스토니아에 친인척이 있는 주민들에게 에스토니아 여권을 발급해 주었는데, 이 같은 정책은 러시아 정부의 심기를 불편하게 만들었다. 왜냐하면, 그 같은 조치가 에스토니아가 이 지역에 대한 영유권을 다시 주장하는 것으로 비춰졌기 때문이었다.[493] 또한, 에스토니아의 이러한 정책으로 프스코프 지역 주민의 상당수가 에스토니아 여권을 받게 되었는데 이로 인해 한때 지역 주민들 사이에서 에스토니아 시민권 획득에 대한 관심이 고조되기도 하였다.[494] 하지만 2000년대 중반부터 페초리 지역에 대한 에스토니아의 영유권 주장은 중단된 상태이다. 그 이유는 국경분쟁 사안을 안고 있을 경우 에스토니아가 추진 중이던 EU 및 NATO회원국 가입에 부정적 영향을 미칠 것을 우려하여 국경문제 논의를 잠정적으로 중단했기 때문이다.[495] 그러나 궁극적으로 에스토니아는 러시아와 페초리 지역에 대해 합의를 도출해야하는 상황에 있다. 그 이유는 에스토니아 헌법이 자국의 영토를 1920년 2월 2일 소련과 에스토니아 사이에 체결되었던 타투 평화협정에 근거해서 국경을 정한다고 명시하고 있기 때문이다. 이는 앞으로도 페초리 지역을 둘러싼 양국 간 국경 문제 합의도출이 쉽지만은 않을 것을 암시해 준다.[496]

국경 문제와 연관된 또 다른 문제는 에스토니아, 라트비아 화물트럭의 프스코프 주 도로 이용에 대한 문제이다. 소련이 해체되고 프스코프 주가 하루아침에 에스토니아, 라트비아라는 새로운 '외국'과 국경을 맞대게 되자 양국 지역 주민들 사이에 심리적, 감정적 거리감이 더 커지게 된 것은 사실이다. 특히, 에스토니아 독립 이후 에스토니아 내 러시아에 인에 대한 차별대우 등이 문제가 되자 러시아 정부는 한때 에스토니아 물품에 대해 이중 과세를 부과하기도 하였다. 이에 더해 소련 시기에는 동일 시간대였으나 소련 붕괴 이후 프스코프 주와 에스토니아 및 라트비아 간에 1시간의 시차가 나면서 프스코프 주와 두 발트 해 국가 간 심리적 거리감은 더 커지게 되었다.[597]

• 벨라루스

프스코프 주와 주변국과의 관계에 있어 또 하나 중요한 요소는 서쪽에 위치한 국가들과 관계이다. 프스코프 주지사 미하일로프는 러시아와 벨라루스가 "하나의 국가, 하나의 국민"이라고 하면서 양 지역 주민들 간의 공통된 정체성을 강조하면서 긴밀한 관계를 유지하고 있는데 프스코프와 라트비아, 프스코프와 에스토니아 등 발트 국가들과의 국경 문제에 얽힌 미묘한 문제를 고려한다면, 벨라루스와의 관계는 어쩌면 프스코프 주가 중동부 유럽으로 진출 시 보다 용이한 교두보의 역할을 할 수 있을 것이라는 계산이 깔려 있다 하겠다.

프스코프 주지사 미하일로프는 개인적으로 슬라브 민족 간의 단합을 적극 지지하는 태도를 취하면서 이미 1990년대 중반부터 벨라루스와 밀접한 관계를 맺어왔다. 1997년 7월 흐리스토포로프 프스코프 부 주지사는 사절단을 이끌고 민스크를 방문하여 벨라루스와 양 지역 간 교역을 증대하기로 합의하였다. 1996년 기준으로 프스코프-벨라루스 교역량은 2,200만 불 정도였는데 프스코프 교역량의 1/4은 벨라루스와의 교역이 차지했다.[498] 당시 모스크바는 프스코프가 벨라루스와 긴밀한 관계를 발전시키고자하는 것에 지지를 표명하였는데, 옐친 대통령은 프스코프 주지사 미하일로프가 벨라루스의 알략산드르 루카셴카(Alyaksandr Lukashenka) 대통령을 프스코프로 초빙하는 것을 지지한다고 발표했다.[499] 당시 옐친 지도부는 경제개혁 실패와 분리주의 세력의 만연으로 체제위기가 발생하자 국민전환용 가드로 벨라루스를 내세워 국민의 관심을 회복하고 그것을 발판으로 정국을 장악하려는 의도로 벨라루스와의 관계 강화에 나섰다.[500] 이러한 국내 정치적 이유뿐만 아니라 러시아의 안보 전략적 측면에서도 벨라루스와 관계를 돈독히 해야 할 이유가 있었다. 모스크바는 NATO가 동진정책을 피고 있는 탈냉전, 탈소비에트 공간에서 벨라루스가 러시아 안보의 완충지대로서의 역할을 수행해줄 수 있을 것이라고 판단했기 때문이었다.[501] 러시아와 벨라루스 간의 긴밀한 관계는 프스코프 주정부와 벨라루스 관계에도 덩달아 긍정적인 영향을 미쳤다.

하지만 벨라루스와 러시아와의 관계가 늘 우호적이었던 것은 아니다. 2000년대에 들어서 러시아와 벨라루스와의 관계가 악화된 적이 있었다. 1996년 이래 형식적이나마 벨라루스와 연방 관계를 유지하고 있던 러시아는 벨라루스에게 다른 나라에 비해 월등히 싼 값에 석유를 공급했다. 하지만 2006년 4월 러시아는 이듬해부터는 벨라루스에 공급되는 석유가격을 2

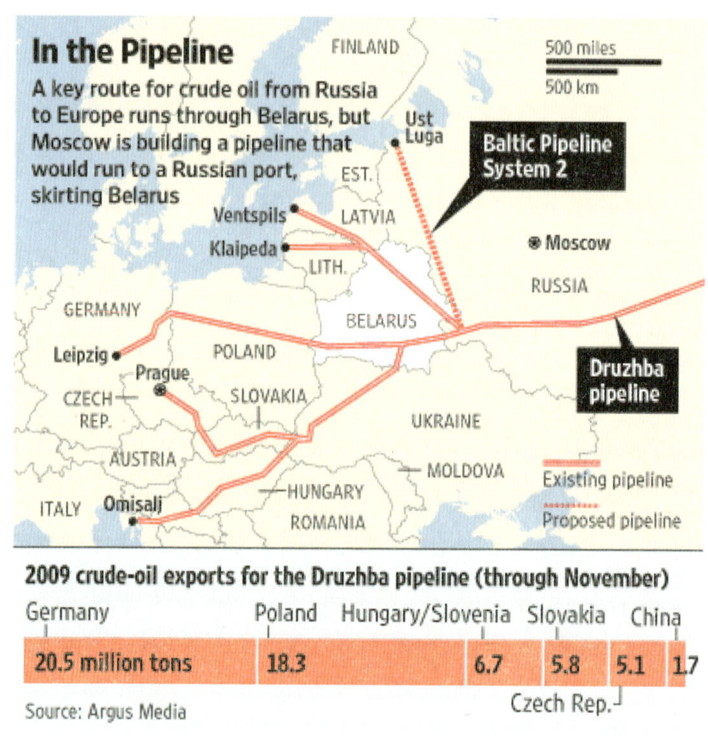

[그림 82] 벨라루스를 우회하는 파이프라인(점선) 계획도[504)]

배 인상하겠다고 발표했고 이에 대해 벨라루스는 2007년 1월 자국의 영토를 지나 유럽으로 향하는 러시아 석유 파이프라인에 지대 사용료를 물리겠다고 위협하였다.[502)] 이에 대해 2008년 푸틴 총리는 러시아 정부는 기존의 벨라루스를 통과해서 유럽으로 향하는 석유 파이프라인을 대체해서 벨라루스를 우회하는 새로운 파이프라인을 개발할 수 있다고 선언했다.[503)] [그림 82]

이러한 일련의 긴장관계가 지속되는 과정 중에서도 프스코프 주 정부는 벨라루스와 상호 협력 사업을 지속했다. 2006년 8월 프스코프 주는 벨라루스 정부와 합작으로 낙농제품 생산시설을 짓기로 합의했으며,[505)] 2007년 3월에는 프스코프 시와 민스크 시가 사업, 교육, 관광 등의 분야에서 협력하기로 협정을 맺었다.[506] 국경지대로서 프스코프 주가 가진 변방성을 활용한 정책이었다. 하지만 모스크바와 벨라루스의 관계가 불편할 때 프스코프 주 정부는 아무래도 모스크바의 의중에 대해 신경을 쓰지 않을 수 없을 것이고 양국 간 긴장관계가 더 심해진다면 합작 사업은 위축될 수밖에 없을 것이다. 이런 점에서 국경지대가 안고 있는 한계는 상존해 있는 것이다.

프스코프 주 이야기

IX 결론:

프스코프는 모스크바나 상트페테르부르크와 비교해서, 심지어 러시아 극동지방이나 시베리아와 비교해서도 우리에게 생소한 곳이다. 러시아 북서쪽 국경지대에 있음으로써 한국에서는 가장 멀리 떨어져 있는 러시아 지역 중 하나인 셈이다. 다만 러시아 문학도들에게는 프스코프가 1820년대에 푸시킨이 머물면서 휴식을 취하고 창작활동을 하던 고즈넉한 전원 지역으로 잘 알려져있다. 하지만 프스코프는 전원적이고 낭만적인 곳만은 아니다. 또 다른 면모를 가지고 있다.

프스코프 지역은 무엇보다도 러시아 역사를 통해 '변방의 요새' 역할을 충실히 한 지역이다. 1242년 알렉산드르 넵스키가 독일 기사단의 침략을 격퇴하고 국경을 수호한 이래 1941년 독일군에게 점령당할 때까지 수백 차례 외침을 받았다. 그뿐만 아니라 19세기 말 20세기 초에는 상트페테르부르크에서 체포된 혁명가들이 잠시 유배되는 장소이기도 했다. 레닌도 프스코프에서 몇 개월 머물면서 혁명이론을 다듬고 집필활동을 했다. 프스코프는 제정러시아 지배체제가 종말을 맞이한 곳이기도 하다. 1917년 2월 혁명의 소용돌이 속에서는 니콜라이 2세가 프스코프 역에 정차된 기차 안에서 하야 결정을 내리면서 300년 로마노프 왕조가 막을 내렸다. 그런가 하면 제1, 2차 세계대전 중에는 독일군에 의해 점령되어 수난을 겪기도 했다. 국경지대의 대가를 톡톡히 치른 것이었다. 국경지대로서 경제적 불이익도 감수해야 했다. 소련 지도부는 전략적 이유로 국경지역에 있는 프스코프에 중요한 산업 시설을 짓기를 꺼렸고 완제품보다는 주로 부품을 생산하는 공장을 지었다.

소련 해체 후 프스코프 지역은 시장자본주의 체제로 이행하면서 한동안 힘든 시기를 거쳐야 했다. 이전의 생산체제가 붕괴하면서 여타 지역보다 경제적으로 더 침체하였던 것이다. 설상가상으로 프스코프 주는 다시 국경지역이 되면서 이웃 국가인 에스토니아, 라트비아와 껄끄러운 관계를 맞이하기도 했다. 소련 해체 후 독립한 이들 두 국가는 국경지역에 대한 영유권을 주장하고 나왔고 모스크바는 이 문제에 대해 민감하게 반응하였다. 이 과정에서 모스크바와 유럽 사이에 있는 프스코프 주는 모스크바의 눈치를 보면서 신중하게 대응해야 했고, 때로는 위험한 줄타기도 해야 했다. 한편으로는 모스크바에 충성하는 수사를 구사하면서, 또 다른 한편으로는 조용히 발트 국가와 협력관계를 지속하는 것이었다. 프스코프의 정치인들은 지역 이해관계에 무관심한 모스크바에 때로는 불만을 표명하기도 했고 지역 주민도 그러한 불만을 총선을 통해 표출하기도 했다. 1990년대 초·중반만 해도 안보 우선주의에 기반을 둔 보수주의적이고 민족주의 성향이 강했지만 1996년 예브게니 미하일로프 주지사 당선 이후부터는 지역의 경제적 이해관계를 우선시하는 실용주의적 경향이 강해지고 있다.

소련 붕괴 이후부터 지속해서 감소해오던 산업 생산은 다행히도 2000년대 들어서부터 조금씩 증가하기 시작했다. 괄목할만한 성장은 없었어도 마이너스 성장은 거의 사라졌다. 1990년대 연방정부로부터 적절한 지원을 받지 못했던 프스코프 주는 2000년대 중반 이후부터는 이웃인 발트 해 국가와 인근 북유럽 국가들과 협력을 강화하고, 투자 유치를 위해 노력하고 있다. 최근 들어서는 유럽뿐만 아니라 한국을 포함 극동지역 국가들의 자본 유치에도 관심을 보이고 있다. 이제 프스코프 주는 '국경의 요새'라는 전통적 역할을 줄여나가면서 대신 유럽을 향한 '북서지역 관문'의 역할을 강화하고 있다. 동시에 2009년 당선된 주지사 안드레이 투르차크는 모스크바와의 친밀한 관계를 이용해 연방정부로부터의 재정적 지원을 성공적으로 확보하고 있다. 지역 사회도 변화하고 있다. 2000년대 초·중반까지만 해도 지역 시민사회단체들의 활동은 그다지 활발하지 않았고, 시민의 권리, 민주주의 가치에 대해서는 별로 관심을 보이지 않았다. 하지만 2000년대 중반 이후부터는 몇몇 시민단체들이 지역 이익집단의 요구사항을 지방 정부 당국에 활발하게 표출하고 있다. 폐쇄적이고 조용했던 변경의 국경지역이 점점 개방적이고 역동적인 모습을 띠어가고 있다.

2009년경 프스코프 주정부는 지역 상황의 특수성을 고려하여 2020년 달성을 목표로 경제·사회발전 전략 계획을 세웠다. 주요 계획은 농업 관련 산업의 육성, 역사·문화유산의 보존, 관광산업 육성과 토대 구축, 교통·수송 시설 확대 및 발전이다. 앞서 보았듯이 프스코프 주 정부와 엘리트들은 많은 유적지를 가지고 있는 프스코프 주의 특성을 살려 관광상품 개발에 주력하고 있고 아울러 지방 상징 개발에도 힘쓰고 있다. 또한, 식품 가공업은 프스코프 주의 가장 경쟁력 있는 산업 분야이다. 이런 점들을 고려한다면 프스코프 주가 설정한 목표를 달성할 가능성은 충분히 있다.

하지만 한편으로는 해결해야 할 문제점도 산적해 있다. 인구의 지속적인 감소, 타 지역과 비교해서 상대적으로 낮은 생활수준과 낮은 경제발전 수준, 기간 시설 부족, 주 정부의 낮은 예산 확보율 등의 문제이다. 그 외에도 외국자본의 유치는 아직 타 지역에 비하면 초라한 수준이다. 상트페테르부르크와 모스크바라는 '고래' 사이에 낀 '새우' 프스코프가 외국투자 유치를 위해 이들 두 도시와 경쟁하기는 힘이 너무 부친다. 프스코프 주는 양 도시에 식품 등을 공급하는 거점도시 또는, 협력도시로 성장할 가능성이 있는 반면 프스코프 지역의 인적 자원을 빨아들이는 블랙홀을 옆에 두고 있기도 하다. 3개의 국가와 국경을 마주함으로써 해외교역의 중심지로 성장할 잠재력을 가지고 있지만, 과거 경험으로 미루어볼 때 모스크바와 인접국가와의 관계가 프스코프의 '북서지역 관문' 역할을 제한할 경우도 있을 것이다. 프스코프 주의 지정학적 특성을 어떻게 효과적으로 활용하느냐가 프스코프 주의 미래에 중요한 영향을 미칠 것이다.

참고문헌

- 강윤희. "러시아 환경 NGO의 발전 현황과 전망: 시베리아 및 극동 지역 환경 NGO의 가용자원과 네트워크를 중심으로." 『러시아의 선택: 탈소비에트 체제전환과 국가·시장·사회의 변화』. 하용출 외. 서울: 서울대학교, 2006.
- 강혜련. 『러시아 국가와 시민사회』. 서울. 오름, 2003.
- 권세은 외. 『북서연방지구』. 서울: 경희대학교 출판국, 2006.
- 김문황. 『고대 러시아 문학사: 어둠을 밝히는 횃불』. 서울: 건국대학교 출판부, 2002.
- 랴자놉스키, 니콜라스 V. , 마크 D. 스타인버그. 『러시아의 역사 (상)』. 조호연 역. 서울: 까치, 2011.
- 박수헌. "탈공산주의 체제전환기 국가와 시민사회: 러시아의 경험." 『세계정치』. 제31집 1호. 2010.
- 박정호. "벨라루스 국가건설과정과 정체성 요인." 『유리시아 지역의 국가·민족 정체성』. 한양대학교 아태지역연구센터 러시아·유라시아연구사업단 엮음. 서울: 한울아카데미, 2009.
- 송준서. "교육의 표준화, 현대화, 세계화를 향한 노력과 난관들." 『2011 Russia Report』. 용인: 한국외국어대학교 러시아연구소, 2012.

- ______. “기억의 정치학: 러시아 국가통합 도구로서 전쟁의 기억.” 『중소연구』. 제36권 제1호. 2012.
- ______. “탈소비에트 러시아 국경지방의 상징 만들기: 프스코프의 상징, 알렉산드르 네프스키.” 『서양사론』. 112호. 2012.
- ______. “탈경계 시대 러시아 국경 지역의 변방성: 프스코프 주의 경험.” 『북방의 등대: 러시아 북서연방관구』. 최우익 외. 서울: 한국외국어대학교, 2012.
- ______. “포스트소비에트 러시아 지역 정체성 변화: 우랄 지역 모노고로드를 중심으로.” 『러시아 인문공간: 자연·인간·사회』. 라승도 편. 서울: 한국외국어대학교, 2012.
- ______. “올가 공후의 부활: 탈소비에트 프스코프의 상징과 지역 정체성의 형성.” 『노어노문학』. 제23권 3호. 2011.
- ______. “다큐멘타리 필름 <소비에트 이야기>와 러시아의 과거청산 문제.” 『2010 러시아는 어디로 가는가?』. 홍완석 편저. 서울: 한국외국어대학교, 2010.
- 스이로프, С. Н. 『러시아의 역사: 고대 루시에서 볼쉐비끼 혁명까지』. 기연수 역. 서울: 동아일보사, 1988.
- 전홍찬. 『통계로 이해하는 러시아』. 서울: 집문당, 2006.
- 정한구. 『러시아 국가와 사회: 새 질서의 모색, 1985-2005』. 서울: 한울아카데미, 2005.
- 제성훈. “3기 푸틴 정부의 대내외정책 전망.” 『2012년 러시아 대선 리포트: 푸틴의 복귀와 러시아의 미래』. 용인: 한국외국어대학교 러시아연구소, 2012.
- 홍석우. 『코자크와 오렌지혁명의 나라, 우크라이나』. 서울: 한국외국어대출판부, 2008.
- Данилов. А. А., Л. Г. Косулина. 『러시아 역사』. 문명식 편역. 서울: 신아

사, 2009.

- "Alexander Nevsky." *Great Soviet Encyclopedia*. New York, 1977.
- Alexseev, Mikhail A. and Vladimir Vagin. "Russian Regions in Expanding Europe: The Pskov Connection." *Europe-Asia Studies*. Vol. 51, No. 1 (1999).
- Amos, Howard. "Pskov." *The Moscow Times* (June 5. 2011).
- Clemens, Walter C. *The Baltic Transformed: Complexity Theory and European Security*. Lanham: Rowman & Littlefield, 2001.
- Crummey, Robert O. *The Formation of Muscovy 1302-1613*. London and New York: Longman, 1987.
- Dymtryshyn, Basil. *Medieval Russia: A Source Book, 850-1700*. Orlando: Harcourt Brace Jovanovich, Inc, 1991.
- Evans, Alfred B. Jr. and Vladimir Gel'man. *The Politics of Local Government in Russia*. Lanham: Rowman & Littlefield, 2004.
- Makarychev, Andrey. "Pskov at the Crossroads of Russia's Trans-border Relations with Estonia and Latvia: Between Provinciality and Marginalit." *Europe-Asia Studies*. Vol. 57. No. 3 (May 2005).
- McMann, Kelly M. and Nikolai V. Petrov. "A Survey of Democracy in Russia's Regions." *Post-Soviet Geography and Economics*. Vol. 41. No. 3 (2000).
- Morozkina, Yelena. *Pskov: A Guide*. Moscow: Raduga Publishers, 1984.
- Orttung, Robert W., Danielle N. Lussier and Anna Paretskaya, ed. *The Republics and Regions of the Russian Federation : A Guide to Politics, Policies, and Leaders*. Armonk, N.Y. : M.E. Sharpe, 2000.
- Petro, Nicolai. "A Tale of Two Regions: Novgorod and Pskov as Models of Symbolic Development." *The Journal of Socio-Economics*. 35 (2006).
- __________. *Crafting Democracy: How Novgorod Has Coped with*

Rapid Social Change. Ithaca and London. Cornell University Press, 2004.

- "Pskov (and Pskovians)." *Russian Life*. July/August (2003).
- Qualls, Karl. "Local-Outsider Negotiations in Postwar Sevastopol's Reconstruction, 1944-53." In *Provincial Landscapes: Local Dimensions of Soviet Power, 1917-1953*. Ed. by Donald J. Raleigh. Pittsburgh: University of Pittsburgh Press, 2001.
- Roll, Gulnara, Tatiana Maximov, and Eero Mikenberg. "The External Relations of the Pskov Region of the Russian Federation." SCHIFF-texte Nr. 63. (2001).
- Slider, Darrell, Vladimir Gimpel'son, Sergei Chugrov. "Political Tendencies in Russia's Regions: Evidence from the 1993 Parliamentary Elections." *Slavic Review*. Vol. 53. No. 3 (Autumn, 1994).
- Uhlin, Anders. *Post-Soviet Civil Society: Democratization in Russia and the Baltic States*. London and New York: Routledge, 2006.

- "ВАЛОВОЙ РЕГИОНАЛЬНЫЙ ПРОДУКТ НА ДУШУ НАСЕЛЕНИЯ." *Регионы России. Социально-экономические показатели,* 2010.
- "ВЕЛИЧИНА ПРОЖИТОЧНОГО МИНИМУМА, УСТАНОВЛЕННАЯ В СУБЪЕКТАХ РОССИЙСКОЙ ФЕДЕРАЦИИ за IV квартал 2009г." *Регионы России. Социально-экономические показатели,* 2010.
- "Внешняя торговля." *Регионы России. Социально-экономические показатели*. 2010.
- "ИЗМЕНЕНИЕ ЧИСЛЕННОСТИ НАСЕЛЕНИЯ." *Регионы России. Социально-экономические показатели,* 2010.
- "ИНОСТРАННЫЕ ИНВЕСТИЦИИ В ЭКОНОМИКУ РОССИЙСКО Й ФЕДЕРАЦИИ." *Регионы России. Социально-экономические пока-*

затели. 2010.

- *История России IX-XX Веков.* Санкт-Петербург, 1996.
- "ИЗМЕНЕНИЕ ЧИСЛЕННОСТИ НАСЕЛЕНИЯ." *Регионы России. Социально-экономические показатели,* 2010.
- "КОЭФФИЦИЕНТЫ МИГРАЦИОННОГО ПРИРОСТА." *Регионы России. Социально-экономические показатели,* 2010.
- "КОЭФФИЦИЕНТЫ МЛАДЕНЧЕСКОЙ СМЕРТНОСТИ." *Регионы России. Социально-экономические показатели,* 2010.
- Левин, Н. Ф. *Псков на старых открытках.* Посков, ООО Извдтельский Дом 'СТЕРХ,' 2004.
- "НАЛИЧИЕ КВАРТИРНЫХ ТЕЛЕФОННЫХ АППАРАТОВ СЕТ-И ОБЩЕГО ПОЛЬЗОВАНИЯ НА 1000 ЧЕЛОВЕК." *Регионы России. Социально-экономические показатели,* 2010.
- "Население. Посковская область." *Регионы России. Основные характеристики субъектов Российской Федерации,* 2011.
- "Население." *Регионы России. Социально-экономические показатели,* 2010.
- "ОБЩИЕ КОЭФФИЦИЕНТЫ РОЖДАЕМОСТИ." *Регионы России. Социально-экономические показатели,* 2010.
- "ОБЩИЕ КОЭФФИЦИЕНТЫ Смертности." *Регионы России. Социально-экономические показатели,* 2010.
- "ОРГАНИЗАЦИИ С УЧАСТИЕМ ИНОСТРАННОГО КАПИТАЛА." *Регионы России. Социально-экономические показатели,* 2010.
- "ОЖИДАЕМАЯ ПРОДОЛЖИТЕЛЬНОСТЬ ЖИЗНИ ПРИ РОЖДЕНИИ." *Регионы России. Социально-экономические показатели,* 2010.
- "ОСНОВНЫЕ СОЦИАЛЬНО-ЭКОНОМИЧЕСКИЕ ПОСКЗАТЕЛИ

(Псковская область).” *Регионы России. Основные характеристики субъектов Российской Федерации,* 2011.

- *Отечественная история.* Москва: Культура и спорт, 1998.
- “Псков.” *Большая советская энциклопедия.* Москва: Советская энциклопедия, 1978.
- *По древнерусским городам. Новгород, Старая Русса, Псков, Старый изборск.* Москва. Профиздат, 1983.
- “ПРОДУКЦИЯ СЕЛЬСКОГО ХОЗЯЙСТВА.” *Регионы России. Социально-экономические показатели.* 2010.
- “Проекты Фонда《Центр стратегических разработок Север-Запад》по Северо-Западному региону.” Центр стратегических разработок《Северо-запад》(2010).
- “РАСПРЕДЕЛЕНИЕ ЧИСЛА ПРЕДПРИЯТИЙ И ОРГАНИЗАЦИЙ ПО ВИДАМ ЭКОНОМИЧЕСКОЙ ДЕЯТЕЛЬНОСТИ в 2009г.” *Регионы России. Социально-экономические показатели,* 2010.
- “Северо-западный федеральный округ. Псковская область.” *Регионы России. Основные характеристики субъектов Российской федерации,* 2011.
- “Среднедушевые денежные доходы населения.” *Регионы России. Социально-экономические показатели,* 2010.
- “СРЕДНЕМЕСЯЧНАЯ НОМИНАЛЬНАЯ НАЧИСЛЕННАЯ ЗАРАБОТНАЯ ПЛАТА.” *Регионы России. Социально-экономические показатели,* 2010.
- “СРЕДНИЙ РАЗМЕР НАЗНАЧЕННЫХ ПЕНСИЙ.” *Регионы России. Социально-экономические показатели,* 2010.
- Тетерина, Н. К. “Промышленность Псковской области Современное

состояние и перспективы развития." *Псковский регионологический журнал.* No. 2 (2006).

- "ТОВАРНАЯ СТРУКТУРА ЭКСПОРТА В 2009 г." *Регионы России. Социально-экономические показатели* (2010).
- "Уровень безработицы." *Регионы России. Социально-экономические показатели*, 2010.
- "ЧИСЛЕННОСТЬ ВРАЧЕЙ НА 10 000 ЧЕЛОВЕК НАСЕЛЕНИЯ." *Регионы России. Социально-экономические показатели*, 2010.
- "ЧИСЛЕННОСТЬ НАСЕЛЕНИЯ НА ОДНОГО ВРАЧА." *Регионы России. Социально-экономические показатели*, 2010.
- "ЧИСЛЕННОСТЬ НАСЕЛЕНИЯ С ДЕНЕЖНЫМИ ДОХОДАМИ НИЖЕВЕЛИЧИНЫ ПРОЖИТОЧНОГО МИНИМУМА." *Регионы России. Социально-экономические показатели*, 2010.
- "ЧИСЛО БОЛЬНИЧНЫХ КОЕК НА 10 000 ЧЕЛОВЕК НАСЕЛЕНИЯ." *Регионы России. Социально-экономические показатели*, 2010.
- "ЧИСЛО ПЕРСОНАЛЬНЫХ КОМПЬЮТЕРОВ НА 100 РАБОТНИКОВ." *Регионы России. Социально-экономические показатели*, 2010.

인터넷 자료

- 성동기.「중국 진출 기업이 동상 세워 히트 친 비결은?」. 2011. 12. 21. *ChosunBiz*. http://biz.chosun.com/site/data/html_dir/2011/12/21/2011122103148.html (검색일 2011. 12. 30).
- "삼성전자, 러시아에 교환기 수출 계약 체결."「연합뉴스」. 1994. 5. 4. http://news.naver.com/main/tool/print.nhn?oid=001&aid=0003851095 (검색일

2012. 3. 16).

- “[소련 해체 20년] 민주주의 원하면서도 차르(제정러시아 시기 황제)형 리더 선호… 푸틴 '소프트 독재' 낳아,” 『조선일보』. 2011년 12월 8일. http://news.chosun.com/site/data/html_dir/2011/12/08/2011120800229.html (검색일 2011. 12. 26).
- “한국 기업, 러시아 통신·전자 산업 진출 계획.” 「연합뉴스」. 1992. 9. 14. http://media.daum.net/news/vview/print?newsID=19920914184440764 (검색일 2012. 3. 16).
- “한-러, 중소기업 교류 넓힌다,” 「아시경제」, 2009. 6. 15. http://www.asiae.co.kr/news/print.htm?idxno=2009061510451235256&udt=undefined (검색일 2012. 3. 16).
- “Abram Petrovich Gannibal (Ibrahim Hannibal).” *Wikipedia*. http://en.wikipedia.org/wiki/Ibrahim_Hannibal (검색일 2012. 5. 2).
- “Belarusian specialists to build dairy production facility in Pskov oblast.” *Belarusian Telegraph Agency*. August 23, 2006. http://news.belta.by/en/print?id=107413 (검색일 2012. 4. 25).

  “Bronze Soldier of Tallinn,” http://www.search.com/reference/Bronze_Soldier (검색일 2012. 5. 9).
- “Defining National Identities: The Role of History Education in Russia and Ukraine.” Events at the Center, Woodrow Wilson International Center for Scholars. www.wilsoncenter.org (검색일 2011. 5. 30).
- “Did Russian Civil Society Wake Up In 2011?” *Radio Free Europe/ Radio Liberty*. 2011. 12. 29. www.rferl.org/articleprintview/24437163.html (검색일 2012. 1. 10).
- “Dozen Arrested As Moscow Protesters Call For New Elections.” *Radio Free Europe Radio Liberty*. 2012. 3. 10. www.rferl.org/

articleprintview/24510968.html (검색일 2012. 4. 11).

- "Farmstead Pushkin Mikhailovskoe." http://www.photoforum.ru/photo/426484/index.en.html (검색일 2011. 12. 18).
- "Investment memorandum of the Pskov Region." http://invest.pskov.ru/sites/default/files/memorandum_eng_light.pdf (검색일 2012. 5. 5).
- Kalmykov, Svetlana. "People's Front Advances," *The Voice of Russia* (June 17, 2011)http://english.ruvr.ru/ print/52013330.html.
- "Latvia's Economy Ministry Signs Agreement for Closer Cooperation with Pskov Region." *The Baltic Course*. 2010. 9. 17. www.baltic-course.com (검색일. 2011. 2. 6).
- "Livonian War." http://en.wikipedia.org/wiki/File:Campaigns_of_Stefan_Batory.svg (검색일 2011. 7. 10).
- Maksymiuk, Jan. "Belarus: Whose Friend Now?" *Radio Free Europe/Radio Liberty*. January 30 2007. http://www.rferl.org/articleprintview/1074385.html (검색일 2012. 4. 25).
- Mikenberg, Eero. "Pskov, Leningrad Regions and Estonia: Transborder Cooperation or Competition?" http://www.ut.ee/ABVKeskus/?leht=publikatsioonid&aasta=2000&dok (검색일 2012. 5. 20).
- "Millennium of Russia." *Wikipedia*. http://en.wikipedia.org/wiki/File:1000_Dovmont.jpg (검색일 2012. 3. 20).
- "Minsk, Pskov will implement joint projects in business, tourism, culture and education." *Belarusian Telegraph Agency*. March 15, 2007. http://news.belta.by/en/print?id=142989 (검색일 2012. 4. 25).
- Pogoda.ru.net. http://pogda.ru.net/climate/26258.htm. (검색일 2011. 7. 24).
- "Pskov Region: General Information." *Kommersant*. http://www.*kommersant*. com/t-63/r_5/n_407/Pskov_Region/. (검색일 2011. 3. 20).

- "Pskov Veche Vasnetsov." http://en.wikipedia.org/wiki/File:Pskov_Veche_Vasnetsov.jpg (검색일 2011. 4. 19).
- "Pskov." *The Moscow Times*. June 05, 2011. http://www.themoscowtimes.com/article/pskov-russia-starts-here/438227.html (검색일 2011. 7. 02).
- "Pskov: the Paratroopers' Town, My Town," *OD[open democracy] Russia. Post-Soviet World,* 2009. 8. 27. http://www.opendemocracy.net/article/email/pskov-the-paratroopers-town-my-town (검색일 2011. 12. 26).
- "Russia to adopt market gas price with Belarus from 2007." *People's Daily Online*. April 17, 2006. http://english.people.com.cn/200604/17/print20060417_258874.html (검색일 2012. 4. 25)
- "Russia: Moscow Pushes Ahead with Pipeline Bypassing Belarus." *Radio Free Europe/Radio Liberty.* May 16, 2008. http://www.rferl.org/articleprintview/1117499.html (검색일 2012. 4. 25).
- "Russia's Ghost Towns." Global Post. www.globalpost.com/dispatch/news/regions/europe/russia/110720/russia-rural-population-demographics (검색일 2012. 4. 6).
- "Russia's Hero is Grand Prince Alexander Nevsky." *Kommersant.* 2008. 9. 24. www.kommersant.com/doc.asp?id=-13283 (검색일 2012. 1. 9).
- "Russie." http://fr.academic.ru/pictures/frwiki/78/Novgorod_Monument_LOC_cropped.jpg (검색일 2012. 3. 9).
- "Setos." Wikipedia. http://en.wikipedia.org/wiki/Setos (검색일 2011. 7. 20).
- "Social Project." Stockholm School of Economics, Russia. http://www.sseru.org/index.php?tpl=second&mid=4;131&pid=166&lang=en (검색일 2012. 5. 2).
- "Stockholm School of Economics · Russia." http://www.sserussia.org/ (검색일 2012. 3. 21).
- "The Baltic Sea Region Programme 2007-2013." http://www.eu.baltic.net/

Co_operation_area.103.html? (검색일 2012. 3. 28).

- “The Legend about St. Olga, who founded Pskov city.” http://www.pskovgo.narod.ru/pskov/legend.htm (검색일 2011. 5. 25).
- “The Pskov Region: The Potential for Business Development Is Practically Inexhaustible!” Торгово-промышленная палата Псковской области. http://www.cci.pskov.ru/eng/region.html (검색일 2011. 2. 6).
- “The Russian Region That's Dying on Europe's Doorstep.” *Time*. 2011. 5. 9. http://time.com/time/world/article/0,8599,2068398,00.html (검색일 2012. 3. 25).
- “Trade Routes,” http://improveyoureq.blogspot.kr/2009/02/trade-routes.html (검색일 2011. 3. 20).
- “Translation of the relics of St Alexander Nevsky. Commemorated on August 30.” http://ocafs.oca.org/FeastSaintsLife.asp?FSID=102424 (검색일 2012. 1. 15).
- “Vladimir Vladimirovich Shuharto,” *Radio Free Europe/ Radio Liberty*. 2012. 4. 10 www.rferl.org/articleprintview/24543903.html참조. (검색일 2012. 4. 11).
- “World History at KLMA.” http://www.zum.de/whkmla/histatlas/russia/oblpskov.gif (검색일 2011. 3. 1).
- “Автопробег Владивосток — Калининград,” http://www.vladivostok-kaliningrad.ru/ (검색일 2011. 11. 10)
- ≪Акты об индивидуальной реабилитации жертв не восполняют не обходимости создания общественно значимого мемориала≫ Неправ ительственные организации Псковской области требуют от власти у вековечить память невинно репрессированных. *Газета Псковская губерния*. No. 23 (342) 13-19 июня 2007. http://gubernia.pskovregion.org/

number_342/09.php?print (검색일 2011. 7. 27).

- “Азия становится ближе.” *Псковская Правда*. 2009. 6. 26. http://pravadapskov.ru/rubric/4/2127/?print. (검색일 2012. 5. 1).
- “Александр Невский. Центральная часть триптиха П. Д. Корина. 1942 год.” http://www.vvv.ru/forum_gallery/original_view.php?id=47538&tid=1 (검색일 2012. 1. 5).
- “Александр Селезнев, Орден святого Александра Невского.” *Русская народная линия*. http://www.ruskline.ru/analitika/2010/06/02/orden_svyatogo_aleksandra_nevskogo (검색일 2012. 1. 8).
- “Александровская лента, андреевская лента, арматура,” *РИА Новости*. www.statesymbol.ru/dictionaries/20070116/39672456.html (검색일 2012. 4. 27).
- “В Пскове почтили память Александра Невского.” 2006. 9. 12. *ПЛН*. http://pln-pskov.ru/news/33481/html (검색일 2012. 1. 15).
- “В Храме Александра Невского в Пскове почтили память святого князя.” 2007. 12. 6. *ПЛН*. Псков. http://pln-pskov.ru/society/48168.html
- “Василий III (1479-1533),” http://oko-planet.su/history/historysng/109039-sluzhenie-rossii-1479-god-25-marta-rodilsya-vasiliy-iii.html (검색일 2011. 5. 10).
- “Владимир Зубов возглавит российскую делегацию предпринимателей в Южную Корею.” *ПЛН*. 2009. 6. 5 (http://pln-pskov.ru/print/65301.html (검색일 2012. 5. 1).
- “В годы первой Мировой войны.” *Портал государственных органов Псковской области*. http://www.pskov.ru/region/istoriya/pervaya-mirovaya (검색일 2012. 4. 24).
- “Великолукская область.” *Википедия*. http://ru.wikipedia.org. (검색일

2012. 3. 10).

- "Вертоград." http://pskov-palomnik.ru/index.php?com=pages&page=143 (검색일 2011. 5. 20).
- "Вторую книгу из серии «Псковская земля. История в лицах» презе нтуют в областной библиотеке." 2008. 1. 14. *ПЛН.* http://pln-pskov.ru/culture/49035.html (검색일 2011. 12. 10).
- Выборы депутатов Государственной Думы Федерального Собрания Российской Федерации четвертого созыва (Дата голосования 2003. 12. 7). http://www.vybory.izbirkom.ru/region/izbirkom (검색일 2012. 3. 22)
- Выборы Президента Российской Федерации. Псковская область. Центральная избирательная комиссия Российской Федерации. http://www.vybory.izbirkom.ru/region/region/izbirkom?action (검색일 2012. 3. 30).
- "День воинской славы России в честь победы Александра Невского в Ледовом побоище отметят 18 апреля в Пскове." 2008. 4. 10. *ПЛН.* http://pln-pskov.ru/culture/52186.html (검색일 2011. 11. 20).
- "День воинской славы России, посвященный 765-й годовщине Ледового побоища, отметят в Пскове." 2007. 4. 5. *ПЛН.* http://pln-pskov.ru/news/40122.html (검색일 2011. 12. 9)
- "День памяти святого князя Александра Невского отмечают Правос лавные." 2010. 12. 6. *ПЛН.* http://pln-pskov.ru/society/85326.html (검색일 2011. 12. 30).
- "Деньги на дороги Пскова больше не закапывают в ямы." *Вести*, 2011. 8. 12, http://www.vesti.ru/doc.html?id=536253 검색일 (2011. 12. 20).
- Достопримечательности. Монумент в память Ледового побоища. http://culture.pskov.ru/objects./object/225 (검색일 2012. 1. 10).
- "Евгений Михайлов не исключает своего участия в выборах губернатора

Псковской области." ВЛуки.ру. http://www.vluki.ru/news/2012/01/12/162543.html (검색일 2012. 12. 20).

- "Заместители Губернатора." Псковская область портал государственных органов. http://www.pskov.ru/vlast/ispolnitelnaya/administratsiya/zamestiteli (검색일 2012. 3. 25).
- "Жесть по-псковски," http://courier-pskov.ru/news/page/44/ (검색일 2011. 4. 12).
- "Жители Москвы могут поклониться мощам Александра Невского." 2007. 9. 20. *ПЛН.* http://pln-pskov.ru/society/45668.html (검색일 2011. 12. 20)
- "Золотое кольцо России." Туристический Переславль. www.tourismperreslavl.ru/news.html?newsId=20 (검색일 2011. 12. 30).
- "Икона Преподобного Довмонта Псковского." http://shkolazhizni.ru/img/content/i64/64611.jpg (검색일 2011. 5. 20).
- "Икона святого великого князя Александра Невского," http://pravosludm.narod.ru/arxiv/n09125/img/06nevski.html (검색일 2012. 2. 10).
- Имя россия. Исторический выбор 2008. http://www.nameofrussia.ru/ (검색일 2011. 9. 6).
- Индекс промышленного производства по субъектам Российской Федерации. Федеральная служба государственной статистики. http://www.gks.ru/wps/wcm/connect/rosstat/rosstatsite/main/enterprise/industrial/# (검색일 2012. 3. 30).
- Индекс производства по виду экономической деятельности "Обрабатывающие производства" по субъектам Российской Федерации. Федеральная служба государственной статистики, http://www.gks.ru/wps/wcm/connect/rosstat/rosstatsite/main/enterprise/industrial/# (검색일 2012. 3. 30).

- “История.” *Город Псков.* http://www.pskovgorod.ru/cats.html?id=28 (검색일 2011. 2. 2).
- “История.” *Россия начинается здесь! Псковская земля.* http://culture.pskov.ru/ru/history (검색일 2011. 2. 25).
- “Историческая карта.” http://lesson-history.narod.ru/map/full-sv1.gif (검색일 2011. 7. 4).
- “Как стать и остаться губернатором: инструкции от главного специалиста по региональным элитам.” 2009. 2. 16. *URA.RU.* http://www.ura.ru/content/urfo/16-02-2009/articles/1036253262.html (검색일. 2012. 3. 25).
- “Калининград примет ковчег с частицей мощей Александра Невского.” 2007. 9. 27. *ПЛН.* http://pln-pskov.ru/socity/45887.html (검색일 2012. 1. 10)
- Компания из Сингапура поможет создать “псковское Сколково.” *Renum.* www.regnum.ru/news/fd-nw/139\87765.html (검색일 2011. 3. 20).
- “Конусная попытка переписать историю. Между Москвой и Таллином вновь разгорелся скандал из-за памятника Воину-Освободитлею.” *Взгляд.* 2011. 4. 4. http://www.vz.ru/politics/2011/4/4/481119.html (검색일 2011. 5. 7).
- Крепул, Роман. “Киевская Русь - не Украина.” *Взгляд.* 19 Мая 2010 (검색일 2010. 6. 3).
- “Карта Псковской области.” http://old.pskov.ru/uploaded_files/documents/2006/20060724094231.gif (검색일 2011. 3.1).
- Лактионова, Наталья. “Воинский храм в Пскове, К 100-летию храма благоверного князя Александра Невского в Пскове.” www.pravoslavie.ru/put/28564.htm. (검색일 2011. 11. 10).
- “Лесной Фонд России,” http://www.forest-market.ru/info/guide/html/forest_resources.php?idp=60&idc=a. (검색일 2011. 1. 20).
- “Литию по жертвам политических репрессий отслужили в Пскове.”

Псковское агенстово информации. http://informapskov.ru (검색일 2012. 4. 13).

- "Магазин Путеществий." http://www.magput.ru/pics/large/69720.jpg (검색일 2011. 12. 18).
- "Малочисленный народ сету отныне будет под особой охраной государства." *MK.ru.* http://www.finnougoria.ru/upload/iblock/251/Festival%20 Setomaa15.jpg (검색일 2011. 4. 20).
- "Мифы о Ледовом побоище." http://topwar.ru/6730-mify-o-ledovom-poboische.html (검색일 2011. 7. 3).
- "Мощи Александра Невского привезут в Псков." 2007. 9. 3. *ПЛН.* http://pln-pskov.ru/society/45036.html (검색일 2012. 1. 10).
- "Мэрия хочет организовать псковичей в шествие в честь 1105-летия Пскова." 2008. 5. 20. *ПЛН.* http://pln-pskov.ru/society/53013.html (검색일 2011. 11. 26).
- "На горе Соколихе прошел митинг в честь Дня воинской славы." 2006. 4. 18. *ПЛН.* http://pln-pskov.ru/news/29973.html. (검색일 2011. 12. 15).
- «Нам нужны нормальные дороги». http://dorogipskova.ru/about/events/57/ (검색일 2012. 5. 2).
- "Национальный состав населения по субъектам Российской Федерации." *Всероссийская перепись населения 2010.* http://www.perepis-2010.ru/results_of_the_census/results-inform.php (검색일 2012. 4. 26).
- "Немецкие рыцари и русские воины прошли по центру Пскова." 2007. 4. 21. *ПЛН.* http://pln-pskov.ru/news/40709.html (검색일 2011. 12. 9).
- "Об итогах Всероссийской переписи населения 2010 года." Всероссийской переписи населения 2010. http://www.perepis-2010.ru/results_of_the_census/results-inform.php (검색일 2012. 4. 26).

- Общероссийский народный фронт, http://narodfront.ru/organization/20110606/379742791.html (검색일 2012. 4. 14).
- "Общество "Мемориал" намерено создать в Пскове музей памяти жертв политических репрессий," *Скбари.ру,* 2009. 10. 30, http://www.skobari.ru/novost859.html (검색일 2012. 4. 13).
- Ольга (княгиня Киевская). *Википедия.* http://ru.wikipedia.org. (검색일 2011. 7. 8).
- "Памятная доска на здании вокзала." http://www.etoretro.ru/pic19176.htm (검색일 2012. 3. 5).
- Памятник Александру Невскому в Курске. http://raduga/lekks.ru/Klykov/Pages/15.html (검색일 2012. 1. 9).
- "Памятник Александру Невскому." *Описание.* www.otdihinfo/ru/catalog/1931.html (검색일 2012. 1. 10)
- Памятники истории и культуры Пскова и Псковского края. www.opskove.ru/txt/124 2.html (검색일 2011. 11. 10).
- Память об Александре Невском. *Википедия.* http://ru.wikipedia.org. (검색일 2012. 1. 10).
- Персоналии. Александр Невский. Наследие земли Псковской. Культура и история Пскова и Посковской области. http://culture.pskov.ru/ru/persons/object/22 (검색일 2011. 10. 30).
- *По древнерусским городам. Новгород, Старая Русса, Псков, Старый изборск*. Москва: Профиздат, 1983.
- "Политические итоги - 2011." *Псковская Лента Новостей*. 2011. 12. 30. *ПЛН*. http://pln-pskov.ru/politics/105373.html (검색일 2012. 4. 11).
- "Почти на два месяца застянутся в Пскове Всероссийские Александро-Невские чтения." 2011. 1. 29. *ПЛН.* http://pln-pskov.ru/society/87607/html. (검

색일 2011. 12. 8).

- "Предложение М. Брячака об открытии представительства ЕС в Пскове - это несерьезное отношение к серьезным вопросам, счи тает Вадим Лаптев." *Псковское агенство информации.* 2004. 5. 7 (검색일 2011. 10. 27).
- Предсидатели в Совете Фадерации ФС РФ. http://sobranie.pskov.ru/oblastnot-cobranie/predstaviteli-v-sovete-federacii-fs-rf. (검색일 2012. 3. 29).
- "Принесение мощей Александра Невского в Псков - уникальное собы тие для Псковщины - отец Андрей (Таскаев)." 2007. 10. 3. *ПЛН.* http://pln-pskov.ru/society/46078.html (검색일 2012. 1. 10)
- "Природные ресурсы." *Псковская область.* http://www.pskov.ru/region/resursy (검색일 2011. 7. 25).
- "Псков 1860-1915," http://petshowboys.narod.ru/my_works/pskov/Pskov_old_part_two/slides/051.html (검색일 2012. 3. 5).
- "Псков." *Большая советская энциклопедия.* Москва. 1978. http://slovari.yandex.ru/псков/БСЭ/Псков.
- "Псков 1860-1915." http://petshowboys.narod.ru/my_works/pskov/Pskov_old_part_two/slides/051.html (검색일 2012. 3. 5).
- "Псков. Часовня в честь Николая II," http://art2.artefakt.ru/user/00/00/55/terrpubl/0011698/img0.jpg (검색일 2011. 6. 19).
- "Псковская губерния в 18-19 веках." Портал государственных органов Псковской области. http://www.pskov.ru/region/istoriya/livonskaya-voyna (검색일 2012. 5. 10).
- "Псковская епархия намерена организовать для десантников поклонение мощам святого князя в храме Александра Невского." 2007. 10. 3. ПЛН. http://pln-pskov.ru/society/46084.html (검색일 2012. 1. 10)

- "Псковская область портал государственных органов." http://www.pskov.ru/vlast/ispolnitelnaya/administratsiya/zamestiteli
- "Псковская область." Центральная избирательная комиссия Российской Федерации. http://www.vybory.izbirkom.ru/region/izbirkom (검색일 2012. 3. 22).
- "Псковская область." http://old.pskov.ru/uploaded_files/documents/2006/20060724095321.gif (검색일 2011. 3. 1).
- "Псковская область: робкие надежды на светлое будущее." *Росбалт*. 2004. 5. 24, http://www.rosbalt.ru/main/2004/05/24/162439 (검색일 2012. 5. 2).
- "Псковская область," Википедия. http://ru.wikipedia.org. (검색일 2011. 1. 30).
- "Псковская республика." http://upload.wikimedia.org/wikipedia/ru/d/d9/Rus-1240-nevski.png (검색일 2011. 4. 19).
- "Псковский парламент прекратил полномочия вице-спикера Михаила Гавунаса," http://www.sz.aif.ru/politic/news/71717 (검색일 2012. 4. 17).
- "Псковское областное Собрание депутатов." http://sobranie.pskov.ru/oblastnoe-cobranie/frakcii (검색일 2012. 3. 19).
- "Псковщина в послевоенный период." П*ортал государственных органов Псковской области.* http://www.pskov.ru/region/istoriya/pervaya-mirovaya (검색일 2012. 4. 24)
- Результаты выборов. Выборы депутатов Государственной Думы Федерального Собрания Российской Федерации пятого созыва. (Дата голосования 2007. 12. 2). ЦИК России; Псковская область. Центральная избирательная комиссия Российской Федерации. http://www.vybory.izbirkom.ru/region/izbirkom (검색일 2012. 3. 22).
- Результаты выборов. Выборы депутатов Государственной Думы

Федерального Собрания Российской Федерации шестого созыва. (Дата голосования 2011. 12. 4). ЦИК России; Псковская область. Центральная избирательная комиссия Российской Федерации. http://www.vybory.izbirkom.ru/region/izbirkom (검색일 2012. 3. 25).

- "Реконструкция Ледового побоища в будущем будет укрупняться." 2008. 4. 21. *ПЛН.* http://pln-pskov.ru/culture/52186.html (검색일 2011. 12. 8).
- Российская федерация. Федеральная служба государсевенной статистики. http://www.gks.ru/free_doc/new_site/business/invest/in-inv3.htm (검색일 2012. 3. 25).
- Русская народная линия. Информационно-аналитическая служба. Орден святого Александра Невского. http://www.ruskline.ru/analitika/2010/06/02/orden_svyatogo_aleksandra_nevskogo. (검색일 2012. 1. 10)
- "С начала года в Псковской области зарегистрировано 40 вновь созданных НКО." 2009. 8. 17. ПЛН. http://www.pln-psklov.ru/print/67536/html (검색일 2012. 4. 6).
- "Сведения о проводящихся выборах и референдумах." *Центральная избирательная комиссия Российской Федерации.* http://www.vybory.izbirkom.ru/region/izbirkom (검색일 2012. 3. 25).
- "Святая равноапостольная великая княгиня Российская Ольга." *Православный календарь*, http://days.pravoslavie.ruife/life6777htm (검색일 2012. 5. 2).
- Святой Довмонт-Тимофей. http://www.culture.pskov.ru/ru/persons/object/27 (검색일 2011. 12. 10).
- "Сегодня православные почитают святых мучеников эстонской

земли. 2006. "12. 1. ПЛН. http://pln-pskov.ru/news/33481.html (검색일 2012. 1. 10).

- Селезнев, Александр. “Орден святого Александра Невского.” *Русская народная линия*. http://www.ruskline.ru/analitika/2010/06/02/orden_svyatogo_aleksandra_nevskogo (검색일 2012. 1. 8)
- “Символика.” *Псковская область*. http://www.pskov.ru/region/simvolika (검색일 2011. 2. 10).
- Слепынин, Олег. “Александр Невский. Киевская брешь.” http://odnarodyna.com.ua/articles/4/2195.html. (검색일 2011. 12. 20).
- “Снова о Пскове... военном...” http://p66g.livejournal.com/138515.html (검색일 2012. 5. 20).
- Соломонова, Вера. “Я устал. Я остаюсь?” *Псковское агенство информации*. 2009. 2. 6, http://www.informapskov.ru/videology/48743.html (검색일 2012. 4. 6).
- “Социальный атлас Российских регионов. Портреты регионов. Псковская область.” Независимый институт Социальной политики. http://atlas.socpol.ru/portraits/ps.shtml#settle (검색일 2012. 4. 8).
- “Спасо-Елеазаровский монастырь,” http://fotki.yandex.ru/users/alenaluch9/view/244365/?page=0 (검색일 2012. 5. 20).
- “Спустя 765 лет после Ледового побоища русские воины вновь одержали победу над немецкими рыцарями.” 2007. 4. 22. ПЛН. http://pln-pskov.ru/news/40710.html (검색일 2011. 12. 9).
- “Территория.” *Псковская область*. http://pskov.ru/region/territoriya (검색일 2011. 1. 20).
- “Турчак Андрей Анатольевич.” Псковская область. http://www.pskov.ru/vlast/ispolnitelnaya/gubernator (검색일 2011. 9. 20).

- "Турчак, Андрей Анатольевич." Википедия. www.ru.wikipedia.org (검색일 2012. 3. 25).
- "Тысячи людей укрепятся в вере - Владимир Бушуев." 2007. 10. 3. *ПЛН.* http://pln-pskov.ru/society/46079.html (검색일 2012. 1. 15)
- Убитые дороги Пскова. http://dogogipskova.ru/about/us (검색일 2011. 10. 1).
- "Уйдёт, не уйдёт, уйдёт,,," *Полит Псковь.* Независимое интернет-издание. 2006. 5. 24. http://www.politpskov.com/index.php/information/690-message941.html (검색일 2012. 4. 12).
- УКАЗ Президента РФ от 07.09.2010 N 1099 "О мерах по совершенствованию государственной наградной системы российской федерации." http://graph.document.kremlin.ru/page.aspx?1;1297283 참고 (검색일 2011. 12. 30).
- Установка закладного камня на месте будущего памятника жертвам политических репрессий. ВЕЛИКОЛУКСКОЕ ОБРАЗОВАНИЕ. УПРАВЛЕНИЕ ОБРАЗОВАНИЯ АДМИНИСТРАЦИИ Г.ВЕЛИКИЕ ЛУКИ. http://www.eduvluki.ru/metod/detail_news.php?publ_id=2189&publ_catid=259&publ_type=2 (검색일 2012. 4. 13).
- "Участие псковичей в Ливонской войне." Портал государственных органов Псковской области. http://www.pskov.ru/region/istoriya/livonskaya-voyna (검색일 2012. 5. 10).
- Федеральный закон от 13 марта 1995 г. N 32-ФЗ "О днях воинской славы и памятных датах России (с изменениями и дополнениями). http://base.garant.ru/1518352/ (검색일 2011. 12. 30).
- "Филателия. Каталог почтовых марок СССР 1918—1991г." www.webmarki.com (검색일 2012. 1. 8).
- Фонд Святого Всехвального апостола Андрея Первозванного. www.

fap.ru. (검색일 2012. 1. 9).

- "Фракции," Псковское областное собрание депутатов. http://sobranie.pskov.ru/oblastnoe-cobranie/frakcii. (검색일 2012. 3. 19).
- X век." Россия начинается здесь! Псковская земля. http://culture.pskov.ru/ru/history (검색일 2011. 2. 25).
- Холдинговая компания Ленинец. www.testpilot.ru/russia/leninets/index.htm. (검색일 2012. 3. 25).
- "Храм Александра Невского," http://fotki.yandex.ru/users/natali120654/view/476760/?page=1 (검색일 2011. 10. 28).
- Численность постоянного населения на 1 января, человек, Псковская область, Федеральная служба государственной статистики, http://www.gks.ru/scripts/db_inet/dbinet.cgi (검색일 2011. 7.1).
- «Я плачу налоги – где дороги?!» http://dorogipskova.ru/about/events/55/ (검색일 2011. 10. 2).
- "6 декабря православные будет совершать память Святого Князя Александра Невского." 2006. 12. 5. *ПЛН*. http://pln-pskov.ru/news/36123.html (검색일 2011. 12. 9.)
- "10 лет назад 234-му Псквской дивизии было присвоено имя Алкекса ндра Невского." 2006. 4. 18. *ПЛН*. http://pln-pskov/ru/news/29956.html (검색일 2011. 11. 10).
- http://auto.phn24.ru/automir/autonews/97421.html. (검색일 2011. 12. 20).
- http://dorogirussia.ru/ (검색일 2011. 12. 20).
- http://event.interact-eu.net/604900/604902/603766/646178 (검색일 2012. 5. 5).
- http://fotki.yandex.ru/users/alekseenko-sveta2010/view/525421/?page=1 (검색일 2011. 12. 10).
- http://informpskov.ru/business/55097.html (검색일 2012. 5. 4).

- http://old.pskov.ru/uploaded_files/documents/2006/20060724095320.gif (검색일 2012. 5. 20).
- http://online.wsj.com/article/SB126255698457614053.html (검색일 2012. 4. 20).
- http://maps.yandex.ru (검색일 2011. 4. 18).
- http://map.primorye.ru/raster/maps/commonwealth/cis_europe_pol_95.asp?l=eng (검색일 2011. 4. 10).
- http://narodfront.ru/organization/20110606/379742791.html (검색일 2012. 4. 14).
- http://vk.com/dorogipskova (검색일 2011. 12. 20).
- http://vk.com/dorogipskova#/albums-1743489 (검색일 2012. 5. 10).
- http://www.ganesha.org/hall/suvorov.html (검색일 2012. 1. 10).
- http://www.vybory.izbirkom.ru/region/region/izbirkom?action (검색일 2012. 3. 30).
- http://www.kma.go.kr/repositary/sfc/pdf/sfc_ann_2010.pdf (2011.7.24 검색).
- http://xn--b1agiabgbe5aioifcjdn1f.xn--p1ai/wp-content/uploads/2011/12/433px-Nevski_Pskov.jpg (검색일 2011. 12. 10).

미주

1) "Pskov," *The Moscow Times*, June 05, 2011. htp://www.themoscowtimes.com/article/pskov-russia-starts-here/438227.html (검색일2011. 7. 2).

2) Н. Ф. Левин, Псков на старых открытках (Посков, ООО Извдтельский Дом 'СТЕРХ,' 2004), с. 26; "Псков," *Большая советская энциклопедия* (М., 1978). http://slovari.yandex.ru/псков/БСЭ/Псков "История," Город Псков (официальный сайт г. Пскова), http://www.pskovgorod.ru/cats.html?id=28 (검색일 2011.6.2).

3) "Псков," Указ. соч.

4) "Ольга (княгиня Киевская)," http://ru.wikipedia.org. (검색일 2011. 7. 8).

5) 예를 들어 홍석우, 『코자크와 오렌지혁명의 나라, 우크라이나』 (서울: 한국외국어대 출판부, 2008), pp. 63-67 참조.

6) Роман Крепул, "Киевская Русь - не Украина," *Взгляд*. 19 Мая 2010 (검색일 2010. 6. 3); "Defining National Identities: The Role of History Education in Russia and Ukraine," Events at the Center, Woodrow Wilson International Center for Scholars, www.wilsoncenter.org (검색일 2011. 5. 30).

7) Ibid.

8) Mikhail A. Alexseev and Vladimir Vagin, Russian Regions in Expanding Europe: The Pskov Connection, *Europe-Asia Studies*, Vol. 51, No. 1, (1999), pp. 43-64.

9) "Территория," *Псковская область*, http://pskov.ru/region/territoriya (검색일2011. 5. 20).

10) Там же.

11) http://maps.yandex.ru (검색일 2011. 4. 18).

12) "Территория," Указ. соч.

13) "Псковская область," http://old.pskov.ru/uploaded_files/documents/2006/20060724094818.gif (검색일 2011. 1. 30).

14) "Псковская область," *Википедия*, http://ru.wikipedia.org (검색일 2011. 1. 30).

15) "Карта Псковской области," http://old.pskov.ru/uploaded_files/documents/2006/20060724094231.gif (검색일2011. 3. 1).

16) "Лесной Фонд России," http://www.forest-market.ru/info/guide/html/forest_resources.php?idp=60&idc=a (검색일2011. 1. 20).

17) "Природные ресурсы," *Псковская область*, www.pskov.ru/region/resursy. (검색일2011. 7. 25).

18) "Территория," Указ. соч.

19) 필자 촬영

20) "Pskov Region: General Information," *Kommersant,* http://www.kommersant.com/t-63/r_5/n_407/Pskov_Region/. (검색일 2011. 3. 20).

21) "Природные ресурсы," Указ. соч.

22) Gulnara Roll, Tatiana Maximov, and Eero Mikenberg, "The External Relations of the Pskov Region of the Russian Federation," SCHIFF-texte Nr. 63. (2001), p. 9.

23) The Pskov Region: The Potential for Business Development Is Practically Inexhaustible!" Торгово-промышленная палата Псковской области, http://www.cci.pskov.ru/eng/region.html (검색일2011. 2. 6).

24) "Карта Псковской области," указ. соч.

25) Roll, Maximov, and Mikenberg, op. cit.

26) "Территория," Указ. соч.

27) Roll, Maximov, and Mikenberg, op. cit., p. 9.

28) 프스코프 주는 또한 치료용으로 사용되는 광천수 '힐로프스카야'(Хиловская)로 유명한데 이 광천수가 나오는 곳에 150년의 역사를 가진 요양소 '힐로보'(Хилово)가 위치한다. "The Pskov Region,": The Potential for Business...," op. cit.

29) "Псковская область," http://old.pskov.ru/uploaded_files/documents/2006/20060724095321.gif (검색일2011. 3. 1).

30) 프스코프 주의 기온은 2007년 기준임. Pogoda.ru.net. http://pogda.ru.net/climate/26258.htm. 한국 평균 기온은 2010년 기준. 기상청 자료 "기상연보" 참고. http://www.kma.go.kr/repositary/sfc/pdf/sfc_ann_2010.pdf (검색일 2011. 7. 24).

31) 현은 오늘날의 주(область)에 해당 함.

32) “Территория,” Указ. соч.

33) Там же.

34) Там же.; “Псковская область,” *Википедия*, Указ. соч.

35) Псковская область,” *Википедия*, Указ. соч.

36) “World History at KLMA,” http://www.zum.de/whkmla/histatlas/russia/oblpskov.gif (검색일 2011. 3. 1).

37) “Карта Псковской области,” Указ. соч.

38) “Об итогах Всероссийской переписи населения 2010 года,” Всероссийской переписи населения 2010.http://www.perepis-2010.ru/results_of_the_census/results-inform.php (검색일 2012. 4. 26).

39) “Setos,” *Wikipedia*, http://en.wikipedia.org/wiki/Setos (검색일 2011. 7. 20).

40) “Малочисленный народ сету отныне будет под особой охраной государства,” MK.ru, http://www.finnougoria.ru/upload/iblock/251/Festival%20Setomaa15.jpg (검색일 2011. 4. 20).

41) “Национальный состав населения по субъектам Российской Федерации,” *Всероссийская перепись населения 2010*, http://www.perepis-2010.ru/results_of_the_census/results-inform.php (검색일2012. 4. 26).

42) “Об итогах Всероссийской переписи населения 2010 года,” Указ. соч.

43) “Символика,” *Псковская область*, http://www.pskov.ru/region/simvolika (검색일 2012. 4. 27).

44) “Александровская лента, андреевская лента, арматура,” *РИА Новости*, www.statesymbol.ru/dictionaries/20070116/39672456.html (검색일 2012. 4. 27).

45) “Символика,” Указ. соч.

46) Там же.

47) Там же.

48) 본 절의 내용은 다음의 글에서 발췌하여 재구성한 것임. 송준서, “탈경계 시대 러시아 국경 지역의 변방성: 프스코프 주의 경험,’ 『북방의 등대: 러시아 북서연방관구』, 최우익 외 (서울: 한국외국어대학교, 2012), pp. 109-117.

49) Andrey Makarychev, “Pskov at the Crossroads of Russia's Trans-border Relations with Estonia and Latvia: Between Provinciality and Marginality,” *Europe-Asia Studies*, Vol. 57, No. 3 (May 2005), pp. 481-500

50) Ibid., p. 481.

51) Ibid., pp. 481-482.

52) Ibid., p. 482.

53) Ibid., p. 484.

54) Ibid., "Предложение М. Брячака об открытии представительства ЕС в Пскове - это несерьезное отношение к серьезным вопросам, считает Вадим Лаптев," *Псковское агенство информации*. 2004. 5. 7 (검색일 2011. 10. 27).

55) Makarychev, op. cit., p. 485.

56) Ibid.

57) Ibid.

58) Ibid., p. 484.

59) Ibid.

60) 물론 NATO와의 교류 경우에는 NATO가 아닌 새로운 명칭을 사용해야 할 것이라고 제안하기는 하였다.

61) http://map.primorye.ru/raster/maps/commonwealth/cis_europe_pol_95.asp?l=eng (검색일 2011. 4. 10).

62) Makarychev, op. cit., p. 488.

63) Ibid., p. 489.

64) Ibid., p. 497.

65) Ibid., p. 493.

66) 예를 들어 "Pskov (and Pskovians)," *Russian Life*, July/August 2003, pp. 58-59참조.

67) Petro, *Crafting Democracy: How Novgorod Has Coped with Rapid Social Change*(Ithaca and London: Cornell University Press, 2004), pp. 172-176; Eero Mikenberg, "Pskov, Leningrad Regions and Estonia," ABVKeskus, Academic Center for Baltic and Russian Studies http://www.ut.ee/ABVKeskus/?leht=publikatsioonid&aasta=2000&dok=transborder_cooperation (검색일 2012. 5. 20).

68) Andrey Makarychev, "Pskov at the Crossroads of Russia's Trans-border Relations with Estonia and Latvia: Between Provinciality and Marginality," *Europe-Asia Studies*, Vol. 57, No. 3 (May 2005), p. 492.

69) "История," *Россия начинается здесь!* Псковская земля,http://culture.pskov.ru/ru/history (검색일 2011. 2. 25).

70) Там же.

71) Там же.

72) 소비에트 시기 학자들은 스칸디나비아로부터 온 류릭이 루시 땅에 최초의 국가를 건립한 것으로 보는 노르만학설을 전적으로 받아들이지는 않고, 대신 이미 루시 땅에 슬라브 족들에 의해 건립된 국가가 존재하고 있었다고 보았다. 이런 맥락에서 소비에트 학자들은 이고리에 대해서도 슬라브 족 출신이라고 간주한다. 예를 들어 C. H. 스이로프, 『러시아의 역사: 고대 루시에서 볼쉐비끼 혁명까지』, 기연수 역 (서울: 동아일보사, 1988), p. 34 참조 (이 책의 원본은 1975년 소련에서 출판되었다). 하지만 최근 러시아 학자들이나 서방 학자들 사이에는 이고리를 순수한 슬라브 족 출신으로 보기 보다는 스칸디나비아 인이었던 류릭의 아들로 보는 견해가 주류를 이루고 있다. 프스코프 주 정부의 공식 사이트에도 이고리를 류릭의 아들로 묘사하고 있다. "X век," *Россия начинается здесь!* Псковская земля,http://culture.pskov.ru/ru/history (검색일 2011. 2. 25). 이외에도 김문황, 『고대 러시아 문학사: 어둠을 밝히는 횃불』, (서울: 건국대학교 출판부, 2002), p. 58; А. А. Данилов. Л. Г. Косулина. 『러시아 역사』, 문명식 편역 (서울: 신아사, 2009), p. 46 참조.

73) "История," Указ. соч.

74) Н. Ф. Левин, *Псков на старых открытках* (Псков, ООО Извдтельский Дом 'СТЕРХ,' 2004), с. 205; "The Legend about St. Olga, who founded Pskov city," http://www.pskovgo.narod.ru/pskov/legend.htm (검색일2011. 5. 25).

75) 올가가 당시 비잔틴 제국의 수도 콘스탄티노플을 방문하였을 때 세례를 받고 기독교인이 된 시기에 대해서는 955년이라는 기록과 957년 가을 경이라는 기록이 존재한다. *История России IX" XX веков* (Санкт-Петербург, 1996), с. 24.

76) Левин, Указ. соч., с. 205.

77) "Ольга (княгиня Киевская)," *Википедия,* http://ru.wikipedia.org. (검색일2011. 7. 8); "Святая равноапостольная великая княгиня Российская Ольга," *Православный календарь,* http://days.pravoslavie.ruife/life6777htm (검색일 2012. 5. 2).

78) "Вертоград," http://pskov-palomnik.ru/index.php?com=pages&page=143 (검색일 2011. 5. 20).

79) "История," Указ. соч.

80) Там же. Указ. соч.

81) 니콜라스 V. 랴자놉스키, 마크 D. 스타인버그, 『러시아의 역사 – 상』, 조호연 역 (서울: 까치, 2011), p. 135. 또한 프스코프는 노브고로드에 비해 영토가 작았으므로 프스코프 영토에서는 대귀족의 영지가 노브고로드의 대귀족이 가진 영지만큼 크지 않았다. 따라서 노브고로드에서처럼 상층, 하층의 계급 분리가 뚜렷하지는 않았다.

82) "История," Указ. соч.

83) 키예프 루시 시기 이름은 네보 호수(озеро Нево)였음.

84) "Pskov Veche Vasnetsov," http://en.wikipedia.org/wiki/File:Pskov_Veche_Vasnetsov.jpg (검색일 2011. 4. 19).

85) "Псковская республика," http://upload.wikimedia.org/wikipedia/ru/d/d9/Rus-1240-nevski.png (검색일2011. 4. 19).

86) "История," Указ. соч.

87) Там же.

88) Там же.

89) 이런 이유로 프스코프는 자연스럽게 모스크바의 영향권 안으로 들어가게 되었다. 랴자놉스키, 스타인버그, op. cit., p. 135.

90) "Александр Невский. Центральная часть триптиха П. Д. Корина. 1942 год," http://www.vvv.ru/forum_gallery/original_view.php?id=47538&tid=1 (검색일 2012. 1. 5).

91) 랴자놉스키, 스타인버그, op. cit. p. 124.

92) "넵스키"라는 그의 이름은 네바(Нева) 강기슭에서 스웨덴을 무찌른 것에서 유래된 것으로 "네바 강의 알렉산드르"라는 의미이다. Ibid., p. 123.

93) Ibid., pp. 124-125.

94) 사실 오늘날 넵스키는 러시아의 '이순신 장군' 같은 존재로 2008년 여론조사에서 러시아에서 가장 중요한 인물로 선정되기까지 했다. 이 때문에 오늘날까지도 프스코프에서는 넵스키의 흔적을 여러 군데에서 볼 수 있다. 도시 북쪽에 거대한 넵스키 동상이 서 있는가 하면 필자가 2010년 프스코프를 방문했을 때 도시를 가로지르는 벨리카야 강 연안에서 보았던 유람선의 이름도 알렉산드르 넵스키였다.

95) "Мифы о Ледовом побоище," http://topwar.ru/6730-mify-o-ledovom-poboische.html (검색일2011. 7. 3).

96) 랴자놉스키, 스타인버그, op. cit., p. 125.

97) Ibid.

98) "История," Указ. соч.

99) Икона Преподобного Довмонта Псковского," http://shkolazhizni.ru/img/content/i64/64611.jpg (검색일 2011. 5. 20).

100) 필자 촬영

101) 필자 촬영

102) 필자 촬영

103) "Псковская область," *Википедия*, Указ. соч.

104) “История,” Указ. соч.

105) 중세시대 이름은 레벨(Ревель)이었음.

106) “История,” Указ. соч.

107) “Псковская область,” *Википедия,* op. cit.

108) Robert O. *Crummey, The Formation of Muscovy 1302-1613* (London and New York: Longman, 1987), p. 87

109) Ibid.

110) Ibid., p. 79

111) Ibid., p. 87.

112) Ibid., p. 89.

113) Ibid., p. 92.

114) Ibid., pp. 92-93. 바실리 3세가 프스코프 주민들을 러시아 중부지역으로 강제 추방한 것은 예상치 못한 결과를 낳았다. 바로 프스코프의 문화, 풍습을 모스크바 공국의 중심부에 전파시켰다는 점이다. Ibid., p. 93.

115) Ibid.

116) Dymtryshyn, *Medieval Russia: A Source Book, 850-1700* (Orlando: Harcourt Brace Jovanovich, Inc, 1991), p. 259.

117) Ibid.

118) Ibid.

119) Crummey, op. cit., p. 136.

120) “Спасо-Елеазаровский монастырь,” http://fotki.yandex.ru/users/alenaluch9/view/244365/?page=0 (검색일2012. 5. 20).

121) “Василий III (1479-1533),” http://oko-planet.su/history/historysng/109039-sluzhenie-rossii-1479-god-25-marta-rodilsya-vasiliy-iii.html (검색일2011. 5. 10).

122) “Участие псковичей в Ливонской войне,” *Портал государственных органов Псковской области,* http://www.pskov.ru/region/istoriya/livonskaya-voyna (검색일2012. 5. 10).

123) 오늘날의 크라스노고로츠크(Красногородск).

124) “Участие псковичей в Ливонской войне,” Указ. соч.

125) Там же.

126) Там же.

127) “Livonian War,” http://en.wikipedia.org/wiki/File:Campaigns_of_Stefan_Batory.svg (검색일 2011. 7. 10).

128) “Участие псковичей в Ливонской войне,” Указ. соч.

129) Там же.

130) Там же.

131) Там же.

132) “Псковская губерния в 18-19 веках,” *Портал государственных органов Псковской области,* http://www.pskov.ru/region/istoriya/livonskaya-voyna (검색일 2012. 5. 10).

133) Там же.

134) Там же.

135) Там же.

136) Там же.

137) Там же.

138) Там же. 당시 프스코프 지역의 인구는 약 3만 명으로 전형적인 러시아의 시골 도시였다. Yelena Morozkina, *Pskov: A Guide* (Moscow: Raduga Publishers, 1984), p. 107.

139) Ibid.

140) “Псковская губерния в 18-19 веках,” Указ. соч.

141) Morozkina, op. cit., p. 107.

142) 필자 촬영

143) Morozkina, op. cit., p. 107.

144) Ibid., pp. 110-111.

145) Ibid., p. 140.

146) “Abram Petrovich Gannibal (Ibrahim Hannibal),” *Wikipedia,* http://en.wikipedia.org/wiki/Ibrahim_Hannibal (검색일 2012. 5. 2).

147) “Farmstead Pushkin Mikhailovskoe,” http://www.photoforum.ru/photo/426484/index.en.html (검색일 2011. 12. 18).

148) “Магазин Путеществий,” http://www.magput.ru/pics/large/69720.jpg (검색일 2011. 12. 18).

149) Morozkina, op. cit., p. 144.

150) Ibid., p. 145.

151) Ibid., p. 144.

152) Левин, Указ. соч., с. 26.

153) “Псков 1860-1915,” http://petshowboys.narod.ru/my_works/pskov/Pskov_old_part_two/slides/051. html (검색일 2012. 3. 5). 제1차 세계대전 중 프스코프에는 제정러시아의 북

부전선 참모본부가 설치되었다. 권세은 외, 『북서연방지구』, (서울: 경희대학교 출판국, 2006), p. 236.

154) "В годы первой Мировой войны," Портал государственных органов Псковской области, http://www.pskov.ru/region/istoriya/pervaya-mirovaya (검색일 2012. 4. 24).

155) 필자 촬영

156) "Памятная доска на здании вокзала," http://www.etoretro.ru/pic19176.htm (검색일 2012. 3. 5).

157) "Псков. Часовня в честь Николая II," http://art2.artefakt.ru/user/00/00/55/terrpubl/0011698/img0.jpg (검색일2011. 6. 19).

158) Morozkina, op. cit., p. 16. 소련 정부는 1941년 나치 독일이 소련을 침공함으로써 시작되어 1945년까지 지속된 전쟁을 '대조국전쟁'(Великая Отечественная война)으로 부른다.

159) "История," Город Псков, http://www.pskovgorod.ru/cats.html?id=28 (검색일2011. 2. 2).

160) Там же.

161) Там же.

162) Там же.

163) Там же.

164) Там же.

165) "Снова о Пскове... военном..." http://p66g.livejournal.com/138515.html (검색일 2012. 5. 20).

166) "Псковщина в послевоенный период," Портал государственных органов Псковской области, http://www.pskov.ru/region/istoriya/pervaya-mirovaya (검색일 2012. 4. 24); 벨리코룩스 주는 1957년까지 행정구역으로 존재하다가 이후 인근의 프스코프 주와 칼리닌 주로 흡수 통합되면서 없어졌다. "Великолукская область," Википедия. http://ru.wikipedia.org.(검색일 2012. 3. 10).

167) "Псковщина в послевоенный период," Указ. соч.

168) Там же.

169) Там же.

170) Там же.

171) Там же.

172) Gulnara Roll, Tatiana Maximov, and Eero Mikenberg, "The External Relations ofthe Pskov Region of the Russian Federation," SCHIFF-texte Nr. 63. (2001), p. 10. 스탈린 정부는 1939년 나치 독일과 불가침 조약을 맺은 후 독일의 폴란드 합병을 허용하는 대신 폴란드 동쪽

지역과 발트 해 국가를 합병하는 것을 독일로부터 용인 받았다.

173) Ibid.

174) "Псковщина в послевоенный период," Указ. соч.

175) Там же.

176) Там же.

177) Roll, Maximov, and Mikenberg, op. cit., p. 10.

178) Mikhail A. Alexseev and Vladimir Vagin, Russian Regions in Expanding Europe: The Pskov Connection, *Europe-Asia Studies*, Vol. 51, No. 1, (1999), p. 46.

179) Ibid.

180) 1990년대 말까지 방위산업 생산물의 양은 39%나 감소했다. 동기간 동안 중공업 생산뿐만 아니라 제지, 펄프 같은 지역의 대표적 경공업도 큰 폭으로 감소하였다. Roll, Maximov, and Mikenberg, op. cit., p. 11.

181) Alexseev and Vagin, op. cit., p. 46. 사실 1990년대 말, 2000년대 초까지만 해도 프스코프에서 대표적인 산업 시설은 바로 지역 전력발전소였는데 그나마도 주민들이 전기 값을 제대로 납부하지 않아 파산위기에 처하기도 했다. "Pskov (and Pskovians)," *Russian Life*, July/August, 2003, p. 59. 프스코프 주는 5개의 발전소를 가지고 있고 가장 큰 것은 프스코프 수력발전소인데 430메가와트(MW)의 용량으로 지역의 수요를 충당하고 남는 여분의 에너지는 이웃 벨라루스로 수출되기도 한다.

182) 필자 촬영

183) "Псковская область," *Википедия*, Указ. соч. *소비에트 시기에는 소련공산당 프스코프 주위원회 제1서기가 주의 수장이었음.

184) Gulnara Roll, Tatiana Maximov, and Eero Mikenberg, "The External Relations of the Pskov Region of the Russian Federation," SCHIFF-texte Nr. 63. (2001), p. 13; "Псковская область," *Википедия*, Указ. соч.

185) 소련 해체 이후 프스코프의 초대 주지사와 2대 주지사는 대통령이 임명함. Roll, Maximova, Mikenberg, op. cit., p. 13. 1993년 당시 미하일로프는 지리놉스키의 선전 신문인 '지리놉스키 프라브다'의 수석 편집인으로 일했고 1993년, 1995년 국가두마에 당선되어 러시아자유민주당(이하 '러시아자민당') 소속 의원으로 활동하였다. 이후 푸틴이 등장하기 전까지는 지리놉스키에게 의지하면서 많은 조언과 도움을 받았다. 미하일로프는 1999년 두마선거에서도 러시아자민당을 지지하였으나 2000년 경 지리놉스키의 인기가 점점 하락하는 것을 보고 탈당하여 프스코프 지역의 '푸틴 단결'(Putin Unity) 지부의 책임자가 되었다. Robert W. Orttung with Danielle N. Lussier and Anna Paretskaya,

ed., *The Republics and Regions of the Russian Federation : A Guide to Politics, Policies, and Leaders* (Armonk, N.Y. : M.E. Sharpe, 2000), p. 441.

186) Orttung, Lussier, and Paretskaya, op. cit., p. 442.

187) Ibid.

188) 특히 프스코프 시장 알렉산드르 프로코피예프(Александр Прокофиев)는 주 정부가 프스코프 시 예산에서 점점 돈을 더 많이 가져간다고 불만을 제기하였다. 그는 1996년 시의 수입은 4,500백만 달러였는데 1997년에는 4,000만 달러로 줄었고, 1998년에는 3,450만 달러로 감소했다고 주장하였다. 이외에도 프로코피예프는 미하일로프 주지사에 대해 프스코프 시를 러시아자민당의 한 기구로 사용하려고 한다고 비난하기도 하였다. Ibid.

189) "Евгений Михайлов не исключает своего участия в выборах губернатора Псковской области," ВЛуки.ру, http://www.vluki.ru/news/2012/01/12/162543.html (검색일2012. 12. 20).

190) Nicolai Petro, *Crafting Democracy: How Novgorod Has Coped with Rapid Social Change* (Ithaca and London: Cornell University Press, 2004), p. 175.

191) Orttung, Lussier, and Paretskaya, op. cit., p. 442.

192) Вера Соломонова, "Я устал. Я остаюсь?" *Псковское агенство информации,* 2009. 2. 6, http://www.informapskov.ru/videology/48743.html (검색일 2012. 4. 6).

193) Ibid.

194) "Уйдёт, не уйдёт, уйдёт,,," *Полит Псковь. Независимое интернет-издание,* 2006. 5. 24, http://www.politpskov.com/index.php/information/690-message941.html (검색일 2012. 4. 12).

195) 2004년 9월 베슬란 인질 사태 직후인 9월 13일 푸틴 대통령은 긴급 정치개혁안을 발표하여 연방 구성체(주, 공화국 등)의 수장은 종전의 직선제 대신에 대통령이 추천하는 자를 지방 의회가 인준하는 방식으로 선출하게끔 변경하였다. 정한구, 『러시아 국가와 사회: 새 질서의 모색, 1985-2005』 (서울: 한울아카데미, 2005),p. 524.

196) "Турчак Андрей Анатольевич," *Псковская область,* http://www.pskov.ru/vlast/ispolnitelnaya/gubernator (검색일 2011. 9. 20).

197) Там же.

198) "Турчак, Андрей Анатольевич," *Википедия,* www.ru.wikipedia.org (검색일2012. 3. 25).

199) "The Russian Region That's Dying on Europe's Doorstep," *Time,* 2011. 5. 9. http://time.com/time/world/article/0,8599,2068398,00.html (검색일 2012. 3. 25). 안드레이 투르

차크은 '레닌예츠' (Ленинец)라는 대형 항공기용 조종–항법장치 및 레이다 기기를 전문으로 제조하는 회사의 회장 겸 최고책임자이다. Холдинговая компания Ленинец. www.testpilot.ru/russia/leninets/index.htm. (검색일2012. 3. 25).

200) "The Russian Region That's Dying on Europe's Doorstep," op. cit.

201) Как стать и остаться губернатором: инструкции от главного специалиста по региональным элитам. 2009. 2. 16. *URA.RU* (Российское информационное агентство). http://www.ura.ru/content/urfo/16-02-2009/articles/1036253262.html (검색일. 2012. 3. 25).

202) "The Russian Region That's Dying on Europe's Doorstep," op. cit.

203) 프스코프 지역 남성의 67%가 은퇴 전에 심장질환으로 인해 사망하는 것을 고려하면 심장 관련 병원의 설립은 이 지역에 큰 혜택이었다. 다만 문제는 새로운 병원에서 일할 인력이 턱없이 모자란다는 점이었다. 프스코프에는 의사를 훈련시킬 기관이 없고 따라서 약 400명이나 되는 의료전문가들을 외부에서 데려와야 하는 상황이었다. 투르차크는 프스코프에서 일할 농부들도 찾기 힘든 마당에 어느 의사가 이곳에 오려고 하겠는가라고 반문했다. "The Russian Region That's Dying on Europe's Doorstep," op. cit.

204) "Заместители Губернатора," *Псковская область,* http://www.pskov.ru/vlast/ispolnitelnaya/administratsiya/zamestiteli (검색일2012. 3. 25).

205) Там же.

206) "Псковское областное Собрание депутатов," http://sobranie.pskov.ru/oblastnoe-cobranie/frakcii (검색일 2012. 3. 19).

207) "Фракции," *Псковское областное собрание депутатов,* http://sobranie.pskov.ru/oblastnoe-cobranie/frakcii. (검색일 2012. 3. 19).

208) "Псковский парламент прекратил полномочия вице-спикера Михаила Гавунаса," http://www.sz.aif.ru/politic/news/71717 (검색일 2012. 4. 17).

209) Предсидатели в Совете Фадерации ФС РФ, http://sobranie.pskov.ru/oblastnot-cobranie/predstaviteli-v-sovete-federacii-fs-rf. (검색일2012. 3. 29).

210) "Псковское обрастное собрание депутатов," http://sobranie.pskov.ru/oblastnoe-cobranie (검색일 2012. 4. 10).

211) Orttung, Lussier, and Paretskaya, op. cit., p. 441.

212) Darrell Slider, Vladimir Gimpel'son, Sergei Chugrov, "Political Tendencies in Russia's Regions: Evidence from the 1993 Parliamentary Elections," *Slavic Review*, Vol. 53, No. 3 (Autumn, 1994), p. 722.

213) Mikhail A. Alexseev and Vladimir Vagin, Russian Regions in Expanding Europe: The Pskov Connection, *Europe-Asia Studies*, Vol. 51, No. 1, (1999), p. 46.

214) Slider, Gimpel'son, and Chugrov, op. cit., p. 718.

215) 전홍찬,『통계로 이해하는 러시아』(서울: 집문당, 2006), p. 34.

216) 년 주지사 선거캠페인에서 당시 주지사 투마노프는 프스코프 주에는 "10가구 중 1가구가 군과 관련 있는 집이다"라고 지적했다. Alexseev and Vagin, op. cit., p. 45.

217) rttung, Lussier, and Paretskaya, op. cit., p. 440; 전홍찬, op.cit., p. 33.

218) Slider, Gimpel'son, and Chugrov, op. cit., p. 723.

219) Orttung, Lussier, and Paretskaya, op. cit., p. 440; 전홍찬, op. cit., p. 35.

220) 당시 미하일로프는 러시아자민당 소속으로는 러시아연방에서 유일하게 선출된 주지사였다. 이 같은 사실 자체도 프스코프 지역의 특수성을 암시해주는 것이다. 당시 그의 주지사 캠페인은 러시아에서 가장 가열되었던 사례로 꼽히는데 옐친 진영은 당시 주지사였던 투마노프의 인기를 끌어올리기 위해 프스코프 주 국경지역의 세관으로부터 걷히는 수익의 50%를 주 정부가 가질 수 있도록 약속하였지만, 결국 선거에서 패했다. 그 이유 중에 하나는 러시아연방 공산당 지지자들이 지리놉스키 지지자들과 합류하여 미하일로프를 지원했기 때문이다. Orttung, Lussier, and Paretskaya, op. cit., p. 441.

221) Alexseev and Vagin, op. cit., p. 44.

222) Ibid.

223) Orttung, Lussier, and Paretskaya, op. cit., p. 441.

224) Ibid.

225) Ibid.

226) Alexseev and Vagin, op. cit., p. 44.

227) 정한구, op.cit., pp. 447-448.

228) Orttung, Lussier, and Paretskaya, op. cit., p. 440; 전홍찬, op. cit., p. 38.

229) Выборы депутатов Государственной Думы Федерального Собрания Российской Федерации четвертого созыва (Дата голосования 2003. 12. 7); Псковская область. Центральная избирательная комиссия Российской Федерации. http://www.vybory.izbirkom.ru/region/izbirkom (검색일 2012. 3. 22); 전홍찬, op. cit., p. 41.

230) Результаты выборов. Выборы депутатов Государственной Думы Федерального Собрания Российской Федерации пятого созыва. (Дата голосования 2007. 12. 2). ЦИК России Псковская область. Центральная избирательная комиссия Российской Федерации. http://www.vybory.izbirkom.ru/region/izbirkom (검색일 2012. 3. 22).

231) Результаты выборов. Выборы депутатов Государственной Думы Федерального Собрания Российской Федерации шестого созыва. (Дата голосования 2011. 12. 4). ЦИК России Псковская область. Центральная избирательная комиссия Российской Федерации. http://www.vybory.izbirkom.ru/region/izbirkom (검색일2012. 3. 25).

232) Orttung, Lussier, and Paretskaya, op. cit., p. 440.

233) Ibid.

234) 전홍찬, op. cit., p. 27; Выборы Президента Российской Федерации. Псковская область. Центральная избирательная комиссия Российской Федерации.http://www.vybory.izbirkom.ru/region/region/izbirkom?action (검색일2012. 3. 30).

235) Сведения о проводящихся выборах и референдумах. Центральная избирательная комиссия Российской Федерации. http://www.vybory.izbirkom.ru/region/izbirkom (검색일 2012. 3. 25).

236) Там же.

237) Н. К. Тетерина, "Промышленность Псковской области Современное состояние и перспективы развития," *Псковский регионологический журнал,* No. 2(2006), с. 64.

238) 외국 장비 중에는 일본 미쓰비시 사는 물론 한국 두산 중공업의 기계도 포함되어있었다. Там же. с. 65.

239) "Псковская область: робкие надежды на светлое будущее," *Росбалт,* 2004. 5. 24, http://www.rosbalt.ru/main/2004/05/24/162439 (검색일2012. 5. 2).

240) Там же.

241) Индекс промышленного производства по субъектам Российской Федерации. Федеральная служба государственной статистики, http://www.gks.ru/wps/wcm/connect/rosstat/rosstatsite/main/enterprise/industrial/# (검색일2012. 3. 30).

242) ment memorandum of the Pskov Region," http://invest.pskov.ru/sites/default/files/memorandum_eng_light.pdf(검색일 2012. 5. 5).

243) Ibid.

244) 필자 촬영

245) Тетерина, указ. соч. с. 67.

246) Там же.

247) Там же.

248) "Северо-западный федеральный округ. Псковская область," *Регионы России. Основные характеристики субъектов Российской федерации.* (2011), с. 218.

249) Индекс производства по виду экономической деятельности “Обрабатывающие производства” по субъектам Российской Федерации. Федеральная служба государственной статистики. http://www.gks.ru/wps/wcm/connect/rosstat/rosstatsite/main/enterprise/industrial/# (검색일 2012. 3. 30).

250) “РАСПРЕДЕЛЕНИЕ ЧИСЛА ПРЕДПРИЯТИЙ И ОРГАНИЗАЦИЙ ПО ВИДАМ ЭКОНОМИЧЕСКОЙ ДЕЯТЕЛЬНОСТИ в 2009г.,” *Регионы России. Социально-экономические показатели* (2010), с. 402.

251) “Investment memorandum of the Pskov Region,” op. cit.

252) 필자 촬영

253) Тетерина, указ. соч. с. 66.

254) http://old.pskov.ru/uploaded_files/documents/2006/20060724095320.gif (검색일 2012. 5. 20).

255) Gulnara Roll, Tatiana Maximov, and Eero Mikenberg, “The External Relations of the Pskov Region of the Russian Federation,” SCHIFF-texte Nr. 63. (2001), p. 9.

256) Ibid.

257) “ПРОДУКЦИЯ СЕЛЬСКОГО ХОЗЯЙСТВА,” *Регионы России. Социально-экономические показатели* (2010), с. 526.

258) “Investment memorandum of the Pskov Region,” op. cit.

259) “ПРОДУКЦИЯ СЕЛЬСКОГО ХОЗЯЙСТВА,” указ. соч., с. 526. 농업생산 지표에 포함되는 것은 곡물, 야채, 과일 등 농업 경작물은 물론 가축과 같은 축산물도 모두 포함한다.

260) “ТОВАРНАЯ СТРУКТУРА ЭКСПОРТА В 2009 г.,” *Регионы России. Социально-экономические показатели* (2010), с. 991.

261) “Внешняя торговля,” Регионы России. Социально-экономические показатели (2010), с. 988.

262) Roll, Maximov, and Mikenberg, op. cit., p. 11.

263) 소비에트 시절인 1990년 유럽으로 수출되는 소련 상품 10%가 프스코프 지역을 통과해서 팔려나갔다. Mikhail A. Alexseev and Vladimir Vagin, Russian Regions in Expanding Europe: The Pskov Connection, *Europe-Asia Studies,* Vol. 51, No. 1, (1999), p. 50.

264) Ibid., p. 46.

265) Ibid., p. 47. 2000년 당시 프스코프 주의 가장 큰 교역 상대자는 에스토니아로 전체 수출 물량의 36%가 에스토니아로 향했다. 1998년 기준으로 프스코프의 물건을 두 번째로 많이 사들이는 나라는 벨라루스(22%)였고 그 다음으로 독일(16%), 라트비아(13%), 우크라

이나(11%) 순이었다. 역으로 프스코프 주가 가장 많이 수입하는 국가는 독일, 라트비아, 에스토니아 순이었다. Roll, Maximov, and Mikenberg, op. cit., p. 12.

266) C. Clemens, *The Baltic Transformed: Complexity Theory and European Security* (Lanham: Rowman & Littlefield, 2001), p. 205.

267) Roll, Maximov, and Mikenberg, op. cit., p. 11.

268) Clemens, op. cit., p.182. 1997년의 경우 러시아 선적 화물의 60%가 발트 해 항구를 통해서 이루어졌다. 그 결과 라트비아, 에스토니아가 러시아 물품 운송을 담당하면서 올리는 수입은 상당했다. 에스토니아는 GNP가 증가했고 라트비아의 경우 예산안 수입의 1/4이 러시아의 수출품 (특히, 원유, 석유) 선적과 관련된 것이었다. Alexeev and Vagin, op. cit., p. 53, 56.

269) Alexeev and Vagin, op. cit. p. 53.

270) Robert W. Orttung with Danielle N. Lussier and Anna Paretskaya, ed., *The Republics and Regions of the Russian Federation : A Guide to Politics, Policies, and Leaders* (Armonk, N.Y. : M.E. Sharpe, 2000), p. 442.

271) Clemens. op. cit., p. 205.

272) Alexeev and Vagin, pp. 47-48.

273) Clemens, op. cit., p. 205.

274) 미하일로프 주지사는 모스크바의 지방에 대한 무성의, 무관심에 대한 예로 중앙 정부가 지어준 프스코프 지역의 세관 검문소의 비효율적인 시설을 예로 들었다. 그는 철저한 감시가 필요한 국경 검문소에는 별다른 장비 없이 방치해 놓은 반면 별로 중요하지 않은 국경 검문소에는 값비싼 감시 및 검사 장비를 설치해 놓았다고 지적했다. Orttung, Lussier, and Paretskaya, op. cit., p. 442.

275) "Latvia's Economy Ministry Signs Agreement for Closer Cooperation with Pskov Region," *The Baltic Course,* 2010. 9. 17. www.baltic-course.com (검색일. 2011. 2. 6).

276) The Pskov Region: The Potential for Business Development Is Practically Inexhaustible!" *Торгово-промышленная палата Пского Области,* http://www.cci.pskov.ru/eng/region.html (검색일 2011. 2. 6).

277) "Investment memorandum of the Pskov Region," op. cit.

278) ИНОСТРАННЫЕ ИНВЕСТИЦИИ В ЭКОНОМИКУ РОССИЙСКОЙ ФЕДЕРАЦИИ," *Регионы России. Социально-экономические показатели* (2010), c. 952-953.

279) 필자 촬영

280) Российская федерация," *Федеральная служба государсевенной статистики,* http://

www.gks.ru/free_doc/new_site/business/invest/in-inv3.htm (검색일2012. 3. 25).

281) "ОРГАНИЗАЦИИ С УЧАСТИЕМ ИНОСТРАННОГО КАПИТАЛА," *Регионы России. Социально-экономические показатели* (2010), с. 426.

282) Конусная попытка переписать историю. Между Москвой и Таллином вновь разгорелся скандал из-за памятника Воину-Освободитлею," *Взгляд,* 2011. 4. 4. http://www.vz.ru/politics/2011/4/4/481119.html (검색일2011. 5. 7).

283) Там же.

284) "Bronze Soldier of Tallinn," http://www.search.com/reference/Bronze_Soldier (검색일 2012. 5. 9).

285) 송준서, "다큐멘타리 필름 〈소비에트 이야기〉와 러시아의 과거청산 문제,"『2010 러시아는 어디로 가는가?』, 홍완석 편저 (서울: 한국외국어대학교, 2010), pp. 195-197.

286) Проекты Фонда《Центр стратегических разработок Север-Запад》по Северо-Западному региону. Центр стратегических разработок《Северо-запад》(2010), с. 2.

287) Там же.

288) Проекты Фонда《Центр стратегических разработок Север-Запад》, указ. соч., с. 3.

289) 년 1000만 루블이 과세 및 비과세수입을 계획하였는데 이는 2008년에 비해 12.2% 감소한 것임. Там же.

290) Там же. с. 4.

291) 필자 촬영

292) *Регионы России. Основные характеристики субъектов Российской Федерации* (2011), с. 219; "Население," http://www.pskov.ru/region/naselenie; "ЧИСЛЕННОСТЬ НАСЕЛЕНИЯ," *Регионы России.Социально-экономические показатели* (2010), с. 56, 60, 62; 전홍찬, 『통계로 이해하는 러시아』(서울: 집문당, 2006), p. 84.

293) "Население," *Регионы России. Социально-экономические показатели* (2010), с. 56; Население. Псковская область. *Регионы России. Основные характеристики субъектов Российской Федерации* (2011), С. 219; Численность постоянного населения на 1 января, человек, Псковская область, Федеральная служба государственной статистики, http://www.gks.ru/scripts/db_inet/dbinet.cgi (검색일 2011. 7.1).

294) "Russia's Ghost Towns," *Global Post*. www.globalpost.com/dispatch/news/regions/europe/russia/110720/russia-rural-population-demographics (검색일 2012. 4. 6).

295) "Население," *Регионы России*, указ. соч., с. 56.

296) "ИЗМЕНЕНИЕ ЧИСЛЕННОСТИ НАСЕЛЕНИЯ," *Регионы России. Социально-*

экономические показатели (2010), с. 74.

297) "Russia's Ghost Towns," op. cit.

298) Ibid.

299) Ibid.

300) 반면 인근 상트페테르부르크 시의 경우는 인구의 유입률이 2005년 대비 2배가 늘었는데, 프스코프 주에 비해 전입인구가 10배 이상 많음을 알 수 있다.

301) КОЭФФИЦИЕНТЫ МИГРАЦИОННОГО ПРИРОСТА," *Регионы России. Социально-экономические показатели* (2010), с. 92.

302) ОБЩИЕ КОЭФФИЦИЕНТЫ РОЖДАЕМОСТИ," *Регионы России. Социально-экономические показатели* (2010), с. 76.

303) ОБЩИЕ КОЭФФИЦИЕНТЫ Смертности," *Регионы России. Социально-экономические показатели* (2010), с. 78.

304) "Социальный атлас Российских регионов. Портреты регионов. Псковская область," *Независимый институт Социальной политики*, http://atlas.socpol.ru/portraits/ps.shtml#settle (검색일 2012. 4. 8).

305) ОБЩИЕ КОЭФФИЦИЕНТЫ РОЖДАЕМОСТИ"; "ОБЩИЕ КОЭФФИЦИЕНТЫ Смертности"; "ИЗМЕНЕНИЕ ЧИСЛЕННОСТИ НАСЕЛЕНИЯ," указ. соч., с. 74, 76, 82.

306) "ОБЩИЕ КОЭФФИЦИЕНТЫ СМЕТНОСТИ," указ. соч., с. 78.

307) "Социальный атлас Российских регионов," указ. соч.

308) "ОЖИДАЕМАЯ ПРОДОЛЖИТЕЛЬНОСТЬ ЖИЗНИ ПРИ РОЖДЕНИИ," *Регионы России. Социально-экономические показатели* (2010), с.84.

309) "КОЭФФИЦИЕНТЫ МЛАДЕНЧЕСКОЙ СМЕРТНОСТИ," *Регионы России. Социально-экономические показатели* (2010), с. 80.

310) 필자 촬영

311) "ОЖИДАЕМАЯ ПРОДОЛЖИТЕЛЬНОСТЬ ЖИЗНИ ПРИ РОЖДЕНИИ," указ. соч., с. 84.

312) "ЧИСЛЕННОСТЬ ВРАЧЕЙ НА 10 000 ЧЕЛОВЕК НАСЕЛЕНИЯ," *Регионы России. Социально-экономические показатели* (2010), с. 310.

313) "ЧИСЛЕННОСТЬ НАСЕЛЕНИЯ НА ОДНОГО ВРАЧА," *Регионы России. Социально-экономические показатели* (2010), с. 312.

314) "ЧИСЛО БОЛЬНИЧНЫХ КОЕК НА 10 000 ЧЕЛОВЕК НАСЕЛЕНИЯ," *Регионы России. Социально-экономические показатели* (2010), с. 300.

315) 전홍찬, op. cit., p. 73.

316) Ibid., pp. 69-72를 토대로 재구성함. 북서연방관구는 굵은 색으로 표시. 9위와 10위의 경우 HDI가 0.762로 같은데 순위가 다른 것은 소수점이하 네 번째 자리에서 반올림했기 때문에 같아진 것임. 실제로는 9위의 경우 (소득지수+수명지수+교육지수)/3=0.7643점이고 10위는 0.7636점 임.

317) "ВАЛОВОЙ РЕГИОНАЛЬНЫЙ ПРОДУКТ НА ДУШУ НАСЕЛЕНИЯ," *Регионы России. Социально-экономические показатели* (2010), с. 361.

318) "Среднедушевые денежные доходы населения," *Регионы России. Социально-экономические показатели* (2010), с. 164.

319) "СРЕДНЕМЕСЯЧНАЯ НОМИНАЛЬНАЯ НАЧИСЛЕННАЯ ЗАРАБОТНАЯ ПЛАТА," *Регионы России. Социально-экономические показатели* (2010), с. 166.

320) "СРЕДНИЙ РАЗМЕР НАЗНАЧЕННЫХ ПЕНСИЙ," *Регионы России. Социально-экономические показатели* (2010), с. 168.

321) 2009년 4/4분기. "ВЕЛИЧИНА ПРОЖИТОЧНОГО МИНИМУМА, УСТАНОВЛЕННАЯ В СУБЪЕКТАХ РОССИЙСКОЙ ФЕДЕРАЦИИ за IV квартал 2009г.," *Регионы России. Социально-экономические показатели* (2010), с. 182.

322) "Уровень безработицы," *Регионы России. Социально-экономические показатели* (2010), с. 136.

323) 최저생계비 이하의 소득을 버는 사람 비율. "ЧИСЛЕННОСТЬ НАСЕЛЕНИЯ С ДЕНЕЖНЫМИ ДОХОДАМИ НИЖЕВЕЛИЧИНЫПРОЖИТОЧНОГО МИНИМУМА," *Регионы России. Социально-экономические показатели* (2010), с. 184.

324) 필자 촬영

325) Проекты Фонда《Центр стратегических разработок Север-Запад》по Северо-Западному региону. Центр стратегических разработок《Северо-запад》(2010). с. 2.

326) "НАЛИЧИЕ КВАРТИРНЫХ ТЕЛЕФОННЫХ АППАРАТОВ СЕТИ ОБЩЕГО ПОЛЬЗОВАНИЯ НА 1000 ЧЕЛОВЕК," *Регионы России. Социально-экономические показатели* (2010), с. 690. 농촌 지역의 경우는 2009년 현재 133대로 83개 연방주체 중 29위이다.

327) "ЧИСЛО ПЕРСОНАЛЬНЫХ КОМПЬЮТЕРОВ НА 100 РАБОТНИКОВ," *Регионы России. Социально-экономические показатели* (2010), с. 702.

328) Там же.

329) 필자 촬영

330) 강혜련, 『러시아 국가와 시민사회』 (서울: 오름, 2003), p. 11.

331) 언론에 보도에 의하면 2011 국가두마선거의 부정 및 투표 결과에 대한 2011년 12월 및

2012년 1월 규탄 시위 참여자가 전국적으로 10여만 명을 헤아렸다. 비록 그 보다는 적은 수지만 2012년 3월 4일 대통령 선거 다음날 모스크바 거리로 나와 푸틴 3선에 대한 반대 시위를 벌인 인원은 약 20,000명으로 추산되고, 그 주 주말인 3월 10일 기획된 푸틴 반대 시위에는 경찰 추산 10,000명, 시위조직위 측에서는 25,000-30,000명으로 추산했다. 3월 10일 벌어진 푸틴 규탄 시위는 전국적으로 동시에 벌어졌는데, 니즈니 노브고로드에서는 100명이 참가했고 예카테린부르크에서는 2,500명의 시민들이 반 푸틴 시위에 참여하였다. "Did Russian Civil Society Wake Up In 2011?" Radio Free Europe/ Radio Liberty, 2011. 12. 29. www.rferl.org/articleprintview/24437163.html (검색일 2012. 1. 10).

332) Ibid. 1998년 중산층은 전 국민의 5-10%로 추정되었으나 현재는 20-30%에 달하는 것으로 추정된다. 제성훈, "3기 푸틴 정부의 대내외정책 전망," 『2012년 러시아 대선 리포트: 푸틴의 복귀와 러시아의 미래』 (한국외대 러시아연구소, 2012), p. 62.

333) 이런 점에서 이 기사는 오늘날 길거리에 뛰쳐나온 러시아의 중산층을 1980년대 말 한국, 대만, 칠레의 중산층과 유사하다고 보았다. "Did Russian Civil Society Wake Up In 2011?" op. cit. 러시아 중산층뿐만 아니라 경제적 성과를 우선시 하면서 민주주의를 억누르는 소위 '개발독재정책'을 펼치고 있는 푸틴을 1960, 70년대 한국의 박정희 대통령과 인도네시아의 수하르토 대통령에 비유한 분석의 예로는 다음을 참조. "Vladimir Vladimirovich Shuharto," Radio Free Europe/ Radio Liberty, 2012. 4. 10 www.rferl.org/articleprintview/24543903.html (검색일 2012. 4. 11).

334) "Dozen Arrested As Moscow Protesters Call For New Elections," Radio Free Europe Radio Liberty, 2012. 3. 10. www.rferl.org/articleprintview/24510968.html (검색일2012. 4. 11).

335) 강윤희, "러시아 환경 NGO의 발전 현황과 전망: 시베리아 및 극동 지역 환경 NGO의 가용자원과 네트워크를 중심으로," 『러시아의 선택: 탈소비에트 체제전환과 국가·시장·사회의 변화』, 하용출 외 (서울: 서울대학교, 2006), pp. 500-501.

336) 구체적인 사례연구로는 송준서, "포스트소비에트 시기 러시아 지역 정체성 변화: 우랄 지역 모노고로드를 중심으로," 『러시아 인문공간: 자연·인간·사회』, 라승도 편 (서울: 한국외국어대학교, 2012), pp. 102-105; 강윤희, op. cit., pp. 497-537참조.

337) Kelly M. McMann and Nikolai V. Petrov, "A Survey of Democracy in Russia's Regions," *Post-Soviet Geography and Economics*, vol. 41, no. 3 (2000), p. 160. 이것은 하버드대학교 러시아연구소인 데이비스 센터(Davis Center for Russian Studies)의 켈리 맥만(Kelly McMann)과 모스크바 카네기 센터(Moscow Carnegie Center)의 니콜라이 페트로프(Николай Петров)가 1990년대 말, 2000년대 초에 러시아연방주체 57개 지역을 대상으로 민주주의 정도를 측정한 연구의 결과이다. Ibid.

338) Ibid. p. 158. 연방회의 의원들의 경우 러시아연방의 각 구성주체에서 2명의 대표를 선발하여 구성되는 것으로 타지방으로부터 선발된 의원들과 접촉을 많이 하게 되고, 그러다 보면 자기 출신 지방에 대해서 뿐만 아니라 타 지방의 상황에 대해서도 정통하게 된다.

339) Ibid. p. 160. 본 조사에서 사용된 '민주주의' 정치체제의 특성으로 조사자들은 다음 사항들이 보장되는 체제로 규정하고 있다. 1. 결사의 자유 2. 표현의 자유 3. 누구나 공직에서 일할 수 있는 가능성 4. 정치 지도자들이 지지를 확보하기 위해 경쟁할 수 있는 권리 5. 투표할 권리, 자유롭고 공정한 선거 6. 투표자의 선호도를 바탕으로 정책을 만들 수 있는 제도 등. Ibid., p. 159.

혹자는 러시아 시민들의 민주주의에 대한 이해는 서구에서 사용되는 민주주의와 다르기 때문에 서구식 민주주의의 기준을 잣대로 측정하는 것은 무리가 따른다고 주장한다. 비록 소련 해체 직후 한동안 서방 시민들과는 민주주의에 대한 이해가 달랐을지 몰라도, 최근 여론 조사에 의하면 러시아 시민들도 이제는 서구에서 보편적으로 사용되는 개념으로 민주주의를 이해하고 있음을 보여준다. 러시아 여론조사 기관인 레바다 센터의 최근 조사 결과에 의하면 "민주주의에서 가장 중요한 가치는?" 이라는 질문에 응답자들의 45%는 언론, 집회, 결사의 자유를, 31%는 '유권자에 대한 책임 이행,' 27%는 '기회의 균등,' 20%는 '삼권분립,18%는 '정치적 견제와 경쟁' 등을 골랐다(복수 응답 가능). 이는 곧 민주주의를 규정하는 지표가 서방에서 이해하는 것과 별반 차이가 없을뿐더러 중요시 여기는 가치도 서방처럼 '표현의 자유'에 해당하는 '언론·집회·결사의 자유'를 가장 많이 선택한 것으로 나타났다. "[소련 해체 20년] 민주주의 원하면서도 차르(제정러시아 시기 황제)형 리더 선호… 푸틴 "소프트 독재' 낳아," 『조선일보』. 2011년 12월 8일. http://news.chosun.com/site/data/html_dir/2011/12/08/2011120800229.html (검색일 2011. 12. 26).

340) McMann and Petrov, op. cit., p. 160.

341) Anders Uhlin, *Post-Soviet Civil Society: Democratization in Russia and the Baltic States* (London and New York: Routledge, 2006).

342) Democratization: Local and Transnational Perspectives Survey (DLTPS) 1999-2000; Uhlin, op. cit., p. 159에서 재인용.

343) 여명을 대상으로 한 이 여론조사에서는 정치지도자에 대한 3가지 설명에 대해 강력히 동의, 동의, 반대, 강력히 반대의 4가지 답을 고르게 하였다. 〈설명1〉 "어떠한 단체나 개인은 (어떤 사회, 경제, 정치적) 이슈에 대해 반대 세력을 결성할 권리를 갖는다." 〈설명2> "정부는 모든 사회적 약자를 보호해야하는 책임을 가지고 있다." 〈설명3〉 "정책결정 과정에 광범위한 참여는 원하지 않는 충돌을 종종 야기할 것이다." 표의 수치는 단언 1-2의

경우 강력 동의에 100을 곱하고, 동의에는 80, 반대에는 20, 강력 반대에는 0을 곱하여 얻은 수치와 단언 3의 경우에는 거꾸로 강력 동의에 0, 동의 20, 반대 80, 강력 반대에는 100을 곱한 수치를 모두 합한 후 각 문항에 대답한 1451, 1453, 1438명의 숫자로 나누어서 산출된 것이다. Uhlin, op. cit., p. 159

344) Democratization: , op. cit. Uhlin, op. cit., p. 160에서 재인용. 이 조사결과는 아래의 질문에 대한 답을 '지역 엘리트들의 민주주의적 가치에 대한 지지도, 1999-2000'의 경우처럼 4개 형태 답을 고르게 하여 얻어진 수치이다. 〈설명1〉 "대부분의 결정은 전문가(관료)들이 결정해야한다." 〈설명2〉 "늘 몇몇의 강력하고 능력 있는 지도자가 모든 것을 결정하고 이끌어야 한다." 각 설명에 대답한 사람의 수는 각각 1451명, 1453명이다. Ibid.

345) Uhlin, op. cit., p. 82.

346) Ibid.

347) Ibid., p. 83.

348) Ibid., pp. 83-84.

349) Ibid., p. 84.

350) Ibid., p. 119.

351) Ibid..

352) Alfred B. Evans Jr. and Vladimir Gel'man, *The Politics of Local Government in Russia* (Lanham: Rowman & Littlefield, 2004), p. 161.

353) Uhlin, op. cit., p. 119.

354) "Pskov: the Paratroopers' *Town, My Town," OD[open democracy] Russia. Post-Soviet World,* 2009. 8. 27, http://www.opendemocracy.net/article/email/pskov-the-paratroopers-town-my-town (검색일2011. 12. 26).

355) 프스코프 시 시민단체의 경우 지역의 사기업으로부터 물질적 지원을 받는 경우가 거의 없었다. 지역의 사기업은 주로 정치권 인맥들과 좋은 관계를 유지해야 하기 때문에 인권 문제 같은 이슈에 관여한 시민단체에는 지원을 꺼렸다. Uhlin, op. cit., p. 130.

356) Ibid., p. 119.

357) Nicolai N. Petro, "A Tale of Two Regions: Novgorod and Pskov as Models of Symbolic Development," *The Journal of Socio-Economics* (2006), p. 949.

358) Uhlin, op. cit., p. 119.

359) Ibid., p. 118.

360) Ibid.

361) 1991년부터 시작된 독립국가연합국가 지원 프로그램으로 유럽연합(EU) 산하의 유럽 위

원회가 맡아서 추진하고 있다. 이들은 구소련 붕괴이후 독립한 공화국들의 연합인 독립국가연합(CIS)과 러시아가 민주적 시장체제로 성공적으로 이행하도록 도움을 제공하는 것을 임무로 하고 있다. 독립국가 연합에 해당하는 국가는 아르메니아, 아제르바이잔, 벨라루스, 그루지야, 카자흐스탄, 키르기스탄, 타지키스탄, 투르크메니스탄, 우즈베키스탄, 몰다비아 등이다.

362) Uhlin, op. cit., p. 118.

363) Ibid.

364) 시민단체 중에는 국가단체인지 시민단체인지 구분이 모호한 경우도 있었다. 예를 들어 프스코프 시의 '대중의 창의성을 위한 지역 센터'는 시민단체로 구분되어있지만 사실은 지방 정부 기관의 한 부분이나 마찬가지였다. 왜냐하면 이 단체는 지역 정부의 문화부에 의해 자금을 조달받고 있었기 때문이다. 이 단체는 2000년대 초반 약 100만 루블의 예산을 가지고 운영되었다. 문화부는 프스코프 지역의 모든 '문화의 전당'(Дворец Культуры)에 대한 재정적 지원을 하고 있는데 프스코프 주에는 500여개에 달하는 문화의 전당이나 클럽이 있고, 그중 460여개는 소도시나 마을에 위치하고 있다. 문화의 전당이나 클럽에 종사하는 사람들의 수는 약 1,200명이며 각 클럽의 회원 수는 많지 않아 약 10명 내외이고, 지방자치단체로부터 재정 지원을 받는다. 시민들의 문화 활동에 관련된 것은 국가가 지원한다는 소련 시기 전통이 관례로 남아있음을 보여준다. Ibid., p. 120.

365) 프스코프와 달리 상트페테르부르크와 같은 대도시 NGO는 대부분 국가 보다는 개인적 루트를 통해서 재정지원을 받고 있으며 NGO활동범위도 지방에만 머무르는 것이 아니라 전국적으로 연계 되어있다. 상대적으로 자율적이고 기존 정책에 반대하는 성격이 강하다. Ibid., pp.169-170.

366) 년 8월 기준으로 프스코프 주에는 총 1,117개의 비정부기구(NGO)가 등록되어있다. 이 숫자는 정당의 프스코프 지부 조직 6개를 포함하여 356개의 사회단체(общественный объединение), 240개의 노동조합과 262개의 종교단체, 259개의 비영리단체를 포함한다. "С начала года в Псковской области зарегистрировано 40 вновь созданных НКО," 2009. 8. 17. *ПЛН,* http://www.pln-psklov.ru/print/67536/html (검색일 2012. 4. 6).

367) 탄원서의 원제목은 아래와 같다. ≪Акты об индивидуальной реабилитации жертв не восполняют необходимости создания общественно значимого мемориала≫ Неправительственные организации Псковской области требуют от власти увековечить память невинно репрессированных. 출처. *Газета Псковская губерния,* No. 23 (342) 13~19 июня 2007, http://gubernia.pskovregion.org/number_342/09.php?print (검색일 2011. 7. 27).

368) Ibid.

369) Установка закладного камня на месте будущего памятника жертвам политических репрессий, *ВЕЛИКОЛУКСКОЕ ОБРАЗОВАНИЕ. УПРАВЛЕНИЕ ОБРАЗОВАНИЯ АДМИНИСТРАЦИИ Г.ВЕЛИКИЕ ЛУКИ,* http://www.eduvluki.ru/metod/detail_news.php?publ_id=2189&publ_catid=259&publ_type=2 (검색일 2012. 4. 13).

370) Там же.

371) ≪Акты об индивидуальной реабилитации жертв не восполняют необходимости создания общественно значимого мемориала≫, указ. соч.

372) Там же. 탄원서에서 시민단체 일동은 이 기념비에 대한 관리는 '메모리알'단체의 프스코프 지부와 프스코프의 성모 마리아 교회(храм Святые Жены-Мироносицы) 공동체가 책임질 준비가 되어있다고 밝혔다. Там же.

373) Установка закладного камня на месте... Указ. соч.

374) Там же.

375) 2011년 10월 30일 행사에 대해서는 "Литию по жертвам политических репрессий отслужили в Пскове," *Псковское агенстово информации,* http://informapskov.ru (검색일2012. 4. 13) 참조.

376) "Общество "Мемориал" намерено создать в Пскове музей памяти жертв политических репрессий," *Скбари.ру,* 2009. 10. 30, http://www.skobari.ru/novost859.html (검색일 2012. 4. 13).

377) "Убитые дороги Пскова," http://dogogipskova.ru/about/us (검색일 2011. 10. 1).

378) ≪Я плачу налоги – где дороги?!≫, http://dorogipskova.ru/about/events/55/ (검색일 2011. 10. 2).

379) Там же.

380) "Убитые дороги Пскова," Указ. соч.

381) "Жесть по-псковски," http://courier-pskov.ru/news/page/44/ (검색일 2011. 4. 12).

382) http://vk.com/dorogipskova#/albums-1743489 (검색일 2012.5.10).

383) ≪Нам нужны нормальные дороги≫ http://dorogipskova.ru/about/events/57/ (검색일 2012.5.2).

384) Там же.

385) "Убитые дороги Пскова," Указ. соч.

386) Там же.

387) 예를 들어 2011년 8월 11일 '망가진 도로' 대표 알렉산드르 바실리예프는 프스코프 시

정부 관계자를 방문해 25개의 제안을 했는데 지역 언론에는 바실리예프가 설명을 하고 있고 지역 관리는 경청하고 있는 사진과 함께 게재하고 있다. http://auto.phn24.ru/automir/autonews/97421.html. *ПЛН.* 2011년 8월 11일 보도.

388) "Деньги на дороги Пскова больше не закапывают в ямы," *Вести,* 2011. 8. 12, http://www.vesti.ru/doc.html?id=536253 검색일(2011. 12. 20).

389) http://vk.com/dorogipskova (검색일 2011. 12. 20).

390) 물론 전국단위로 확대된 '망가진 도로'의 홈페이지를 보면 이 사회운동의 본거지인 프스코프가 러시아 지도에 표시되어있다. 홈페이지 http://dorogirussia.ru/ 참고.

391) '전러시아 인민전선' 홈페이지에 인민전선에 가입한 188개 전국 규모 단체 중 이 단체는 19번에 등록되어있다. Общероссийский народный фронт, http://narodfront.ru/organization/20110606/379742791.html (검색일 2012. 4. 14).

392) "Политические итоги – 2011," *Псковская Лента Новостей*(ПЛН). 2011. 12. 30, http://pln-pskov.ru/politics/105373.html (검색일 2012. 4. 11).

393) "Убитые дороги Пскова," указ. соч.

394) Svetlana Kalmykov, "People's Front Advances," *The Voice of Russia* (June 17, 2011) http://cnglish.ruvr.ru/ print/52013330.html. 전러시아 인민전선도 '망가진 러시아 도로'를 후원하고 있는데 '망가진 러시아 도로' 홈페이지를 보면 이 단체가 주관하는 블라디보스토크-칼리닌그라드 자동차 경주 광고에 인민전선의 로고가 나와 있음을 볼 수 있다.

395) 한편 '망가진 도로'의 예에서 보았듯이 러시아 정부는 NGO를 조합주의 성격을 지닌 단체로 만듦으로써 러시아식 NGO만들기에 나서고 있다. 러시아 정부의 시민사회에 대한 '포섭' 및 협력관계에 대해서는 박수헌, "탈공산주의 체제전환기 국가와 시민사회: 러시아의 경험," 『세계정치』 제31집 1호 (2010. 8), pp. 157–188참고.

396) "Автопробег Владивосток — Калининград," http://www.vladivostok-kaliningrad.ru/ (검색일 2011. 11. 10)

397) 많은 경우 볼셰비키 혁명 이전 제정 러시아 시기의 전통 복원 및 재조명을 통해 지역 정체성을 새롭게 창조해내고 있다. 예를 들어 Nicolai Petro, *Crafting Democracy: How Novgorod Has Coped with Rapid Social Change* (Ithaca and London: Cornell University Press, 2004), pp. 164–176 참조. 우랄 지역의 예로는 송준서, "포스트소비에트 러시아 지역 정체성 변화: 우랄 지역 모노고로드를 중심으로," 『러시아 인문공간: 자연·인간·사회』, 라승도 편 (서울: 한국외국어대학교, 2012), pp. 85–124 참조.

398) 사실 지방 상징에 대한 이해의 중요성은 단지 학술적인 공백을 메운다는 측면에서 뿐만

아니라 지극히 실용적인 차원, 예를 들면 한국 기업의 러시아 시장 진출 차원에서도 무척 중요하다. 최근 중국에 진출한 한국 기업이 그 지역 출신의 역사적 인물의 동상을 세우자 그 기업 상품판매 및 기업 이미지 제고에 커다란 효과를 얻었다. 성동기,「중국 진출 기업이 동상 세워 히트 친 비결은?」, 2011. 12. 21. ChosunBiz. http://biz.chosun.com/site/data/html_dir/2011/12/21/2011122103148.html (검색일2011. 12. 30). 러시아의 경우도 마찬가지이다. 획일적으로 대도시 중심의 마케팅 전략을 지방에 그대로 이식하는 것보다 지방 고유의 역사 및 문화와 관련된 현지화 전략은 큰 효과가 있을 것이다. 이를 위해서는 지방 문화 및 역사에 대한 숙지는 필수 선결조건일 것이다.

399) 올가가 기독교인이 된 것을 957년으로 보기도 한다. 각주 75번 참조.

400) 올가가 죽은 후 루시를 다스린 그녀의 손자 블라디미르 공은 올가를 성인으로 추대하였다. 정식으로 교회에 의해 성인으로 시성된 것은 13세기 중반으로 여겨진다. 이후 1547년 올가는 사도와 동급인 성인으로 추대되었는데 여성으로 그 같은 급에 추대된 사람은 정교회 역사상 단지 5명뿐이었다. "Ольга (княгиня Киевская)," http://ru.wikipedia.org. (검색일: 2011. 5. 25).

401) 필자 촬영

402) 탈소비에트 프스코프 지방 정부와 지역 엘리트들이 올가 공후를 지역 상징으로 만드는 작업에 대해서는 송준서, "올가 공후의 부활: 탈소비에트 프스코프의 상징과 지역 정체성의 형성,"『노어노문학』, 제23권 3호 (2011. 9) 참조.

403) 본 절의 내용은 송준서, "탈소비에트 러시아 국경지방의 상징 만들기: 프스코프의 상징, 알렉산드르 네프스키,"『서양사론』, 112호 (2012. 3), pp. 217-245의 내용을 부분적으로 재인용한 것임.

404) Amos, "Pskov," *The Moscow Times* (June 5. 2011).

405) Ibid.

406) "Мэрия хочет организовать псковичей в шествие в честь 1105-летия Пскова," 2008. 5. 20. *ПЛН*, http://pln-pskov.ru/society/53013.html (검색일 2011. 11. 26). 도브몬트 공후는 리투아니아 인이었지만 프스코프 역사가들은 그를 러시아 영토의 수호자로 간주한다. 그의 재위 기간 동안 그는 헌신적으로 그리고 영웅적으로 외적의 침입을 막아냈기 때문이다. 그는 1268년 4월 60명의 군사를 이끌고 프스코프 국경 마을을 침범한 리보니아 군사 800명을 물리치기도 하였고 1272년에는 수천 명의 리보니아 군대를 괴멸시킴으로써 오랫동안 리보니아 군대가 프스코프를 넘보지 못하도록 하였다. 도브몬트 공후는 1299년 5월 20일 사망하였고 그의 유해는 프스코프의 '삼위일체 성당'에 안치되었다. "Вторую книгу из серии 《Псковская земля. История в лицах》 презентуют в областной библиотеке,

" 2008. 1. 14. *ПЛН* (Псковская Лента Новостей–프스코프 지역 뉴스 포탈사이트), "Псков," http://pln-pskov.ru/culture/49035.html (검색일 2011. 12. 10).

407) Олег Слепынин, "Александр Невский. Киевская брешь," http://odnarodyna.com.ua/articles/4/2195.html. (검색일 2011. 12. 20).

408) Alexander Nevsky," *Great Soviet Encyclopedia*(New York, 1977), p. 238.

409) Ibid.

410 Русская народная линия. Информационно-аналитическая служба. Орден святого Александра Невского, http://www.ruskline.ru/analitika/2010/06/02/orden_svyatogo_aleksandra_nevskogo. (검색일 2012. 1. 10)

411) 1944년의 넵스키 훈장 우표, 1967 넵스키 초상화 우표 및 1990년의 네바강 전투 750주년 기념우표 참조. "Филателия. Каталог почтовых марок СССР 1918—1991г," www.webmarki.com (검색일 2012. 1. 8).

412) 탱크 뒤 배경인물 중 제일 왼쪽이 넵스키임. http://www.ganesha.org/hall/suvorov.html (검색일 2012. 1. 10).

413) 이 포스터 하단에는 "칼로 우리를 침략한 자는 우리의 칼에 죽게 될 것이다"라고 네프스키가 말한 구절이 적혀있다. 출처: Олег Слепынин, "Александр Невский. Киевская брешь." http://odnarodyna.com.ua/articles/4/2195.html. (검색일 2011. 12. 20).

414) Александр Селезнев, "Орден святого Александра Невского," Русская народная линия, http://www.ruskline.ru/analitika/2010/06/02/orden_svyatogo_aleksandra_nevskogo (검색일 2012. 1. 8)

415) "День памяти святого князя Александра Невского отмечают православные," *ПЛН,* 2010. 12. 6. http://pln-pskov.ru/society/85326.html. (검색일 2012. 1. 10)

416) "Мощи Александра Невского привезут в Псков," *ПЛН,* 2007. 9. 3. http://pln-pskov.ru/society/45036.html (검색일2012. 1. 10)

417) 러시아 혁명 이전 넵스키 이름을 딴 교회와 예배당을 지니고 있던 도시는 상트페테르부르크, 예카테린부르크, 야로슬라블, 툴라, 노브고로드, 볼로그다, 쿠르간, 바르나울, 프스코프 등이며 러시아뿐만 아니라 정교회 신앙을 믿는 아제르바이잔, 그루지야(오늘날의 조지아), 불가리아, 세르비아, 폴란드, 에스토니아, 우크라이나 등에도 넵스키 이름의 교회가 있다. "Память об Александре Невском," http://ru.wikipedia.org. (검색일 2012. 1. 10). 프스코프 주 공식 홈페이지에는 1547년 러시아 역사상 최초로 넵스키 이름을 딴 교회가 세워진 곳이 프스코프라고 밝히고 있다. 프스코프에는 1917년 러시아 혁명 직후까지만 해도 넵스키 이름을 딴 교회와 작은 예배당이 5개에 달했으나 소비

에트 시기 이후 한 개만 남아있다. Персоналии. Александр Невский. Наследие земли Псковской. Культура и история Пскова и Посковской области. http://culture.pskov.ru/ru/persons/object/22 (검색일2011. 10. 30).

418) *По древнерусским городам. Новгород, Старая Русса, Псков, Старый изборск* (Москва: Профиздат, 1983), с. 157–260.

419) Morozkina, *Pskov: A Guide*(Moscow, 1984), pp. 107–115

420) "Псков," *Большая советская энциклопедия* (Москва: Советская энциклопедия, 1969–1978).

421) Наталья Лактионова, "Воинский храм в Пскове," К 100–летию храма благоверного князя Александра Невского в Пскове. www.pravoslavie.ru/put/28564.htm. (검색일 2011. 11. 10). 이 부대의 창설 역사는 18세기 말로 거슬러 올라간다. 1797년 쿠투조프 사령관에 의해 창설되었는데 이후 1812년 나폴레옹 군대와 맞서 전투를 벌이기도 하였다. 1863년 나폴레옹과의 전투에서 공을 세운 코포르스크(Копорск)의 소총부대와 통합되면서 '옴스크'라는 부대 이름이 붙여졌다. Ibid.

422) Ibid.

423) http://xn--b1agiabgbe5aioifcjdn1f.xn--p1ai/wp-content/uploads/2011/12/433px-Nevski_Pskov.jpg (검색일2011. 12. 10).

424) http://fotki.yandex.ru/users/alekseenko-sveta2010/view/525421/?page=1 (검색일 2011. 12. 10).

425) Достопримечательности. Монумент в память Ледового побоища, http://culture.pskov.ru/objects./object/225 (검색일 2012. 1. 10) 하지만 이후 약 10년 동안 동상 건립이 미뤄오다 1981년 러시아연방공화국 각료회의와 프스코프 당, 정부 기관의 심의를 거쳐 공산당 중앙위원회 서기가 최종적으로 현재의 소콜리하 언덕에 동상을 세우기로 결정되었다. 장소를 소콜리하 언덕으로 정한 이유는 1242년 넵스키의 군대가 이곳을 통해 추츠코예 호수로 이동하였기 때문이었다. Ibid.

426) Память об Александре Невском", *Википедия,* http://ru.wikipedia.org/wiki/%D0%A4%D0%B0%D0%B9%D0%BB:Statue_of_Alexander_Nevsky_(Kobylie_Gorodishe)_april.jpg (2011. 7. 19).

427) Имя Россия. Исторический выбор 2008, http://www.nameofrussia.ru/ (검색일 2011. 9. 6). 2008년 12월의 최종 투표까지는 여러 단계를 거쳤다. 먼저 그해 5월 청취자, 시청자 등을 대상으로 러시아 역사에서 가장 중요한 인물을 투표에 붙여 500명을 선정하였다. 이후 6월 12일 '러시아의 날'에 그중에서 50명을 선정하였고, 10월 5일에는 12

명, 그리고 12월 27-28일에는 최종 투표를 통해 한 명을 선정하도록 했다. 코메르산트의 보도에 의하면 12명으로 후보가 좁혀졌을 때 결과는 넵스키가 200만 여 표를 얻어 평균 100만 표를 얻은 나머지 11명과 비교해 두 배나 많은 표를 획득하여 부동의 1위를 차지했다. 투표에 참가한 총 인원수는 450만 명이었다. "Russia's Hero is Grand Prince Alexander Nevsky", *Kommersant,* 2008. 9. 24. www.kommersant.com/doc.asp?id=-13283 (검색일 2012. 1. 9).

그 후 최종 투표에는 총 4,498,840명이 참가하였으며, 그중 넵스키는 524,575표 (전체 표의 11.6%)를 받았다. 2위에는 523,766표를 획득한 제정 러시아 황제 니콜라이 내각의 일원으로 자본주의 개혁을 시도하였던 스톨리핀(П.А. Столыпин) 총리가 올랐으며, 3위는 스탈린 (519,071), 4위, 푸시킨 (516,608), 5위, 표트르 대제 (448,857), 6위, 레닌 (424,283), 7위, 도스토예프스키 (348,634), 8위, 나폴레옹 전쟁당시 혁혁한 공훈을 세운 수보로프 장군, 9위, 주기율표를 발명한 멘델예프, 10위, 이반 뇌제 (270,570), 11위, 예카테리나 2세 (152,306), 12위는 농노해방을 이끌어 낸 알렉산드르 2세 (134,622)가 차지했다. Имя россия. указ. соч.

428) 예를 들어 대조국전쟁(1941~45) 이후 나치 독일군에 의해 파괴되었던 우크라이나 소재 군항도시 세바스토폴의 도시 재건 계획은 세바스토폴을 한 번도 방문해 본 적이 없는 모스크바에서 활동하는 건축가에 의해 수립되었다. 그는 전통적인 항구 도시의 경관을 무시하고 도시 한복판에 100미터가 넘는 전쟁승리 기념비와 스탈린, 레닌의 동상을 세우는 계획을 수립했다. Karl Qualls, "Local-Outsider Negotiations in Postwar Sevastopol's Reconstruction, 1944-53", in *Provincial Landscapes: Local Dimensions of Soviet Power, 1917-1953,* ed. by Donald J. Raleigh (Pittsburgh, 2001), pp. 276-298.

429) 2010년 11월 29일 개정을 거쳐 현재 총 16개의 날이 '군사명예의 날'로 선정되어 있다. Федеральный закон от 13 марта 1995 г. N 32-ФЗ "О днях воинской славы и памятных датах России (с изменениями и дополнениями), http://base.garant.ru/1518352/ (검색일2011. 12. 30). 이외에도 2006년 5월 푸틴 정부는 애국적 전통을 지닌 도시에 '군사명예의 도시'라는 칭호를 수여하는 제도를 신설하였다. 이 제도에 의해 2007년부터 매년 3~5정도의 도시를 선별하여 '군사명예의 도시' 명칭을 수여하고 해당 도시에 기념탑을 세워준다. 송준서, "기억의 정치학: 러시아 국가통합 도구로서 전쟁의 기억,『중소연구』, 제36권 제1호 (2012. 5), pp. 182-199.

430) УКАЗ Президента РФ от 07.09.2010 N 1099 "О мерах по совершенствованию государственной наградной системы российской федерации," http://graph.document.kremlin.ru/page.aspx?1;1297283 참고 (검색일2011. 12. 30).

431) "Фонд Святого Всехвального апостола Андрея Первозванного," www.fap.ru; "Мощи Александра Невского привезут в Псков," 2007. 9.3. *ПЛН,* http://pln-pskov.ru/society/45036.html (검색일 2012. 1. 9).

432) "Фонд Святого Всехвального апостола Андрея Первозванного," указ. соч.

433) "Памятник Александру Невскому," *Описание,* www.otdihinfo/ru/catalog/1931.html (검색일 2012. 1. 10)

434) "Памятник Александру Невскому в Курске," http://raduga/lekks.ru/Klykov/Pages/15.html (검색일 2012. 1. 9).

435) 시 정부 공식 사이트에 소개된 정보이며, 이 사이트의 제목은 '페레슬라블 관광'으로서 인구가 겨우 42,000명밖에 되지 않은 소도시 정부가 넵스키와 관련된 행사를 도시의 관광 상품의 하나로 선전하고 있음을 알 수 있다. 이 사이트는 심지어 외국 관광객을 배려하여 영어, 독일어로도 번역되어있다. "Золотое кольцо России. Туристический Переславль," www.tourismperreslavl.ru/news.html?newsId=20 (검색일 2011. 12. 30).

436) *По древнерусским городам,* указ. соч., с. 199.

437) "10 лет назад 234-му Псквской дивизии было присвоено имя Алкександра Невского," 2006. 4. 18. *ПЛН,* http://pln-pskov/ru/news/29956.html (검색일 2011. 11. 10).

438) 프스코프 소재 넵스키 동상의 높이는 30미터에 달하며, 가로 12.5미터, 세로 7.5미터에 달하는 거대한 조형물로 러시아에 현존하는 넵스키 동상 중 가장 큰 규모이다. "Памятники истории и культуры Пскова и Псковского края," www.opskove.ru/txt/1242.html (검색일 2011. 11. 10).

439) "Реконструкция Ледового побоища в будущем будет укрупняться," 2008. 4. 21. *ПЛН,* http://pln-pskov.ru/culture/52186.html (검색일 2011. 12. 8). 2008년 4월 20일 전년도에 이어 두 번째로 행해진 이 전투 재현 행사에는 많은 전문가 및 동호인들이 참석하였는데 프스코프 지역에서 뿐만 아니라 벨라루스, 우크라이나, 프랑스의 전쟁史 클럽 회원들도 참석함으로써 국제 행사의 성격을 띠게 되었다. 얼음 위의 전투는 1242년 4월 5일(신력으로는 18일) 벌어졌고, 현재 전투 재현 행사는 신력을 기준으로 행해지고 있다. Там же.

440) "Немецкие рыцари и русские воины прошли по центру Пскова," 2007. 4. 21. *ПЛН,* http://pln-pskov.ru/news/40709.html (검색일 2011. 12. 9).

441) "Спустя 765 лет после Ледового побоища русские воины вновь одержали победу над немецкими рыцарями," 2007. 4. 22. *ПЛН,* http://pln-pskov.ru/news/40710.html (검색일 2011. 12. 9).

442) Там же. 한편 이 행사를 주관해온 全러시아 전쟁사 협회는 넵스키의 군대가 싸웠던 얼음 위 전투는 13-14세기는 물론 중세시기에 벌어진 모든 전투와 비교해도 가장 커다란 규모의 전투였다고 지적하면서 현재 1.5-2㎢의 공간에서 300명 정도의 인원으로 행해지고 있는 이 전투 재현행사의 규모를 앞으로 더욱 확대해 나갈 것이라고 발표하였다. "Реконструкция Ледового побоища в будущем будет укрупняться," указ. соч.

443) 필자 촬영

444) "День воинской славы России в честь победы Александра Невского в Ледовом побоище отметят 18 апреля в Пскове," 2008. 4. 10. *ПЛН,* http://pln-pskov.ru/society/51861.htm (검색일 2011. 12. 9)

445) 매년 정기적으로 행해지는 이 대회의 기원은 소련 시기인 1987년으로 거슬러 올라간다. "День воинской славы России, посвященный 765-й годовщине Ледового побоища, отметят в Пскове," 2007. 4. 5.ПЛН, http://pln-pskov.ru/news/40122.html (검색일 2011. 12. 9). 이 마라톤 대회는 비록 소비에트시기에 프스코프에서 오늘날처럼 넵스키를 지역 상징으로 크게 부각시킨 적은 없지만 1980년대 후반 페레스트로이카가 진행되면서 그의 이름을 딴 지방 차원의 행사가 만들어졌음을 보여준다.

446) 예를 들어 다음을 참조. "На горе Соколихе прошел митинг в честь Дня воинской славы," 2006. 4. 18. *ПЛН,* http://pln-pskov.ru/news/29973.html. (검색일2011. 12. 15). "День воинской славы России в честь победы Александра Невского в Ледовом побоище отметят 18 апреля в Псков," 2008. 4. 10. ПЛН, http://pln-pskov.ru/culture/52186.html (검색일 2011. 11. 20).

447) "День воинской славы России, посвященный 765-й годовщине Ледового побоища, отметят в Пскове," указ. соч.

448) "Храм Александра Невского," http://fotki.yandex.ru/users/natali120654/view/476760/?page=1 (검색일2011. 10. 28).

449) "Почти на два месяца застянутся в Пскове Всероссийские Александро-Невские чтения," 2011. 1. 29, *ПЛН,* http://pln-pskov.ru/society/87607/html. (검색일 2011. 12. 8).

450) 필자 촬영

451) 예로써 프스코프 지역의 인터넷 뉴스 등에 실리는 넵스키의 이미지는 주로 러시아 정교의 이콘화에 등장하는 이미지이다. 다음의 기사를 참조. "День воинской славы России, посвященный 765-й годовщине Ледового побоища, отметят в Пскове," указ. соч. ; "Жители Москвы могут поклониться мощам Александра Невского," 2007. 9. 20, *ПЛН,*

http://pln-pskov.ru/society/45668.html (검색일 2011. 12. 20); "В Храме Александра Невского в Пскове почтили память святого князя," 2007, 12, 6, *ПЛН*, http://pln-pskov.ru/society/48168.html; "День памяти святого князя Александра Невского отмечают Православные," 2010. 12. 6. *ПЛН*, http://pln-pskov.ru/society/85326.html (검색일 2011. 12. 30).

452) "В храме Александра Невского в Пскове почтили память святого князя," указ. соч.

453) Там же. 이 기사는 입관식 때 일어났던 기적을 다음과 같이 상세하게 소개하고 있다. "성자 알렉산드르 넵스키의 시신을 관에 넣을 때 입관식을 집행한 키릴 대주교와 세바스티안 집사가 넵스키 손에 송별시를 적은 종이를 쥐어주려고 그의 손을 벌리려고 했다. 그때 넵스키는 마치 살아있는 사람처럼 손을 벌려서 키릴 대주교의 손에 있던 종이를 받아 쥐었다." Там же.

454) "Икона святого великого князя Александра Невского," http://pravosludm.narod.ru/arxiv/n09125/img/06nevski.html (검색일 2012. 2. 10).

455) "Калининград примет ковчег с частицей мощей Александра Невского," 2007. 9. 27, *ПЛН*, http://pln-pskov.ru/socity/45887.html (검색일 2012. 1. 10).

456) "Мощи Александра Невского привезут в Псков," 2007. 9. 3, *ПЛН*, http://pln-pskov.ru/society/45036.html (검색일 2012. 1. 10) 유해가 전시될 9개의 도시는 모스크바, 칼리닌그라드, 리가, 프스코프, 벨리키 노브고로드, 야로슬라블, 블라디미르, 니즈니 노브고로드, 예카테린부르크이다.

457) "Жители Москвы могут поклониться мощам Александра Невского," указ. соч.; "Калининград примет ковчег с частицей мощей Александра Невского," указ. соч.

458) "Принесение мощей Александра Невского в Псков – уникальное событие для Псковщины – отец Андрей(Таскаев)," 2007. 10. 3, *ПЛН*, http://pln-pskov.ru/society/46078.html (검색일 2012. 1. 10). "Псковская епархия намерена организовать для десантников поклонение мощам святого князя в храме Александра Невского," 2007. 10. 3, *ПЛН*, http://pln-pskov.ru/society/46084.html (검색일 2012. 1. 10)

459) "Тысячи людей укрепятся в вере – Владимир Бушуев," 2007. 10. 3, *ПЛН*, http://pln-pskov.ru/society/46079.html (검색일 2012. 1. 15)

460) "В Пскове почтили память Александра Невского," 2006. 9. 12, *ПЛН*, http://pln-pskov.ru/news/33481/html (검색일 2012. 1. 15). 참고로 9월 12일은 러시아 정교회에서 알렉산드르 넵스키에 대한 공식 추모 기도회를 갖는 날 중의 하나이다. 1724년

이 날 (구력 8월 30일) 표트르 대제의 명령에 의해 넵스키 공후의 유해가 블라디미르에서 페테르부르크의 '알렉산드르 넵스키 수도원'으로 옮겨져 안치되었다. "Translation of the relics of St Alexander Nevsky. Commemorated on August 30," http://ocafs.oca.org/FeastSaintsLife.asp?FSID=102424 (검색일 2012. 1. 15). 테오르 신부의 설교 중 "라틴이즘"이라는 용어는 서구 문화 및 종교를 상징적으로 칭한 것으로 넵스키 공이 "라틴이즘을 수용하지 않았다"는 것은 그가 1240년 가톨릭교도들인 독일 기사단을 공격을 물리친 것을 빗대어 말한 것이다.

461) "Сегодня православные почитают святых мучеников эстонской земли," 2006. 12. 1, *ПЛН,* http://pln-pskov.ru/news/33481.html (검색일 2012. 1. 1)

462) "6 декабря православные будет совершать память Святого Князя Александра Невского," 2006. 12. 5, *ПЛН,* http://pln-pskov.ru/news/36123.html (검색일 2011. 12. 9.).

463) "한국 기업, 러시아 통신·전자 산업 진출 계획,「연합뉴스」, 1992. 9. 14. http://media.daum.net/news/vview/print?newsID=199209141844400764 (검색일2012. 3. 16).

464) Ibid.

465) "삼성전자, 러시아에 교환기 수출 계약 체결,' 「연합뉴스」, 1994. 5. 4. http://news.naver.com/main/tool/print.nhn?oid=001&aid=0003851095 (검색일2012. 3. 16).

466) Ibid.

467) "한-러, 중소기업 교류 넓힌다," 「아시경제」, 2009. 6. 15. http://www.asiae.co.kr/news/print.htm?idxno=2009061510451235256&udt=undefined (검색일 2012. 3. 16).

468) Ibid.

469) http://informpskov.ru/business/55097.html (검색일 2012. 5. 4).

470) "Владимир Зубов возглавит российскую делегацию предпринимателей в Южную Корею," 2009. 6. 5, *ПЛН,* http://pln-pskov.ru/print/65301.html (검색일 2012. 5. 1).

471) Там же.

472) Там же.

473) "Азия становится ближе," 2009. 6. 26, *Псковская Правда,* http://pravadapskov.ru/rubric/4/2127/?print. (검색일 2012. 5. 1).

474) Там же.

475) "Компания из Сингапура поможет создать 'псковское Сколково'." *Renum,* www.regnum.ru/news/fd-nw/139\87765.html (검색일2011. 3. 20).

476) 물론 이 프로젝트 수행을 위해선 주롱 측과의 협약에 따라 약 1000,000 루블의 자금이

필요하다. 프스코프 주로서는 이 자금을 지원할 여력이 없으며, 주 정부는 가즈프롬과 MRSK North–West (МРСК Северо–Запада) 기업과 자금 지원에 대한 논의를 하고 있다. Там же.

477) "Trade Routes," http://improveyoureq.blogspot.kr/2009/02/trade–routes.html (검색일 2011. 3. 20).

478) 2005년 초 현재. Andrey Makarychev, "Pskov at the Crossroads of Russia's Trans–border Relations with Estonia and Latvia: Between Provinciality and Marginality," *Europe-Asia Studies*, Vol. 57, No. 3 (May 2005), p. 486.

479) 송준서, "교육의 표준화, 현대화, 세계화를 향한 노력과 난관들," 「2011 Russia Report」 (용인: 한국외국어대학교 러시아연구소, 2012), p. 106.

480) "Social Project," Stockholm School of Economics, Russia," http://www.sseru.org/index.php?tpl=second&mid=4;131&pid=166&lang=en (검색일 2012. 5. 2).

481) Ibid.

482) "The Baltic Sea Region Programme 2007–2013," http://www.eu.baltic.net/Co_operation_area.103.html? (검색일 2012. 3. 28).

483) "Stockholm School of Economics · Russia," http://www.sserussia.org/ (검색일 2012. 3. 21).

484) Eero Mikenberg, "Pskov, Leningrad Regions and Estonia: Transborder Cooperation or Competition?" http://www.ut.ee/ABVKeskus/?leht=publikatsioonid&aasta=2000&dok=transborder_ cooperation (검색일 2012. 5. 5).

485) Ibid.

486) Makarychev, op. cit., p. 487.

487) http://event.interact–eu.net/604900/604902/603766/646178 (검색일 2012. 5. 5).

488) Makarychev, op. cit., p. 488.

489) Ibid., p. 491.

490) Ibid., p. 488.

491) Ibid., p. 491.

492) Ibid., p. 488. 이 사건은 1920년 타투 평화조약에 의해서 이루어졌다.

493) Ibid., p. 492.

494) Ibid.

495) Ibid. 2004년 3월 29일 에스토니아는 라트비아, 리투아니아와 함께 NATO회원국을 가입하였다.

496) Ibid.

497) Ibid. p. 492.

498) Mikhail A. Alexseev & Vladimir Vagin, Russian Regions in Expanding Europe: The Pskov Connection, *Europe-Asia Studies,* Vol. 51, No. 1, (1999), p. 48.

499) 벨라루스어 발음으로 표기. 러시아어로는 알렉산드르 루카셴코 임.

500) 박정호, "벨라루스 국가건설과정과 정체성 요인,"『유라시아 지역의 국가·민족 정체성』, 한양대학교 아태지역연구센터 러시아·유라시아연구사업단 엮음 (서울: 한울아카데미, 2009), p. 179. 바로 이 과정에서 옐친 정부는 '러시아와 벨라루스 연방 건설방안(Союзное государство России и Беларуси)'을 발표했다. 이는 언어, 문화가 서로 유사한 두 국가가 합하여 연방 국가를 건설하자는 안으로 가스, 석유, 전기 등 자원 면에서 전적으로 러시아에 의존하고 있는 벨라루스에게 러시아가 전폭적인 경제적 지원을 하고 대신 벨라루스는 러시아에게 정치적 협력과 충성을 약속받고자하는 러시아 측의 의도가 담긴 일종의 거래였다. Ibid.

501) Ibid., p.183.

502) "Russia to adopt market gas price with Belarus from 2007, "*People's Daily Online,* April 17, *2006,* http://english.people.com.추/200604/17/print20060417_258874.html (검색일2012. 4. 25); Jan Maksymiuk, "Belarus: Whose Friend Now?" *Radio Free Europe/Radio Liberty,* January 30 2007, http://www.rferl.org/articleprintview/1074385.html (검색일2012. 4. 25). 러시아로부터 저렴한 가격에 석유를 수입하여 사용하는 덕분에 2006년 한 해 벨라루스가 얻은 경제적 이득은 약 70억불에 이른다. Ibid.

503) "Russia: Moscow Pushes Ahead with Pipeline Bypassing Belarus," Radio Free Europe/Radio Liberty, May 16, 2008, http://www.rferl.org/articleprintview/1117499.html (검색일2012. 4. 25).

504) http://online.wsj.com/article/SB126255698457614053.html (검색일 2012. 4. 20).

505) "Belarusian specialists to build dairy production facility in Pskov oblast," Belarusian *Telegraph Agency,* August 23, 2006, http://news.belta.by/en/print?id=107413 (검색일 2012. 4. 25).

506) "Minsk, Pskov will implement joint projects in business, tourism, culture and education," *Belarusian Telegraph Agency,* March 15, 2007, http://news.belta.by/en/print?id=142989 (검색일 2012. 4. 25).

프스코프 주 이야기

색인

[ㅁ]

[ㅇ]

[ㅈ]

[ㅎ]

프스코프 주 이야기: 변방의 요새에서 북서 러시아의 관문으로

초판 인쇄 | 2012년 6월 15일
초판 발행 | 2012년 6월 25일
기획 | 한국외국어대학교 러시아연구소
130-791 경기도 용인시 처인구 모현읍 왕산리 산 89
전화: 031-330-4852
팩스: 031-330-4840
홈페이지: http://www.rus.or.kr
전자우편: hufsirs@hufs.ac.kr
지은이 | 송준서
발행인 | 박 철
발행처 | 한국외국어대학교 출판부
130-791 서울특별시 동대문구 이문로 107
전화: 02-2173-2495~7
팩스: 02-2173-3363
홈페이지: http://press.hufs.ac.kr
전자우편: press@hufs.ac.kr
출판등록 | 제6-6호(1969. 4. 30)
편집·디자인 | 디자인 퍼브(02-2254-4301)
인쇄·제본 | SM C&P(02-468-6100)

ISBN 978-89-7464-752-0 94920 정가 15,000원
ISBN 978-89-7464-750-6 (세트)
*잘못된 책은 교환하여 드립니다.